t.

TRAUNER VERLAG

GASTRONOMIE

Service

Die Meisterklasse

WILHELM GUTMAYER

HANS STICKLER

HEINZ LENGER

WALTER KALINKA

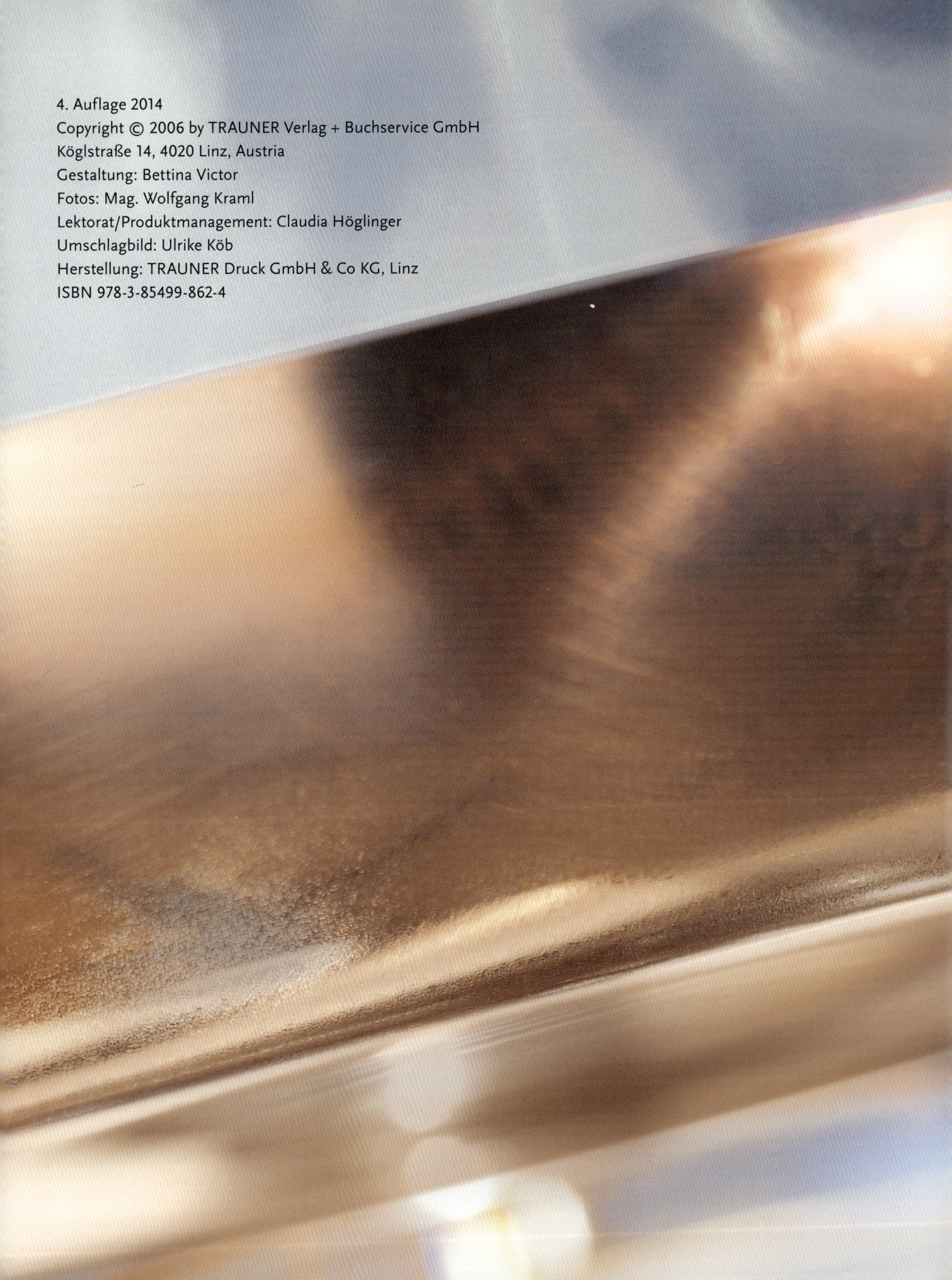

4. Auflage 2014

Copyright © 2006 by TRAUNER Verlag + Buchservice GmbH
Köglstraße 14, 4020 Linz, Austria
Gestaltung: Bettina Victor
Fotos: Mag. Wolfgang Kraml
Lektorat/Produktmanagement: Claudia Höglinger
Umschlagbild: Ulrike Köb
Herstellung: TRAUNER Druck GmbH & Co KG, Linz
ISBN 978-3-85499-862-4

Service

Die Meisterklasse

WILHELM GUTMAYER

HANS STICKLER

HEINZ LENGER

WALTER KALINKA

Inhaltsverzeichnis

Tranchieren

Das Wort „tranchieren" kommt aus dem Französischen und bedeutet „zerschneiden". Heute bezeichnet der Franzose die Tätigkeit als „découpage". Man versteht darunter das portionsgerechte Zerteilen von großen Fleischstücken, wie z. B. Steaks und Grosses-Pièces-Stücken, oder von ganzen Tieren wie Geflügel.

Tranchieren ist eine Kunstfertigkeit, die seit Jahren in der heimischen Gastronomie ein Schattendasein fristet. Dabei zählt dieses Handwerk sozusagen zu den höheren Weihen eines jeden Servicemitarbeiters – es zeichnet ihn als Meister seines Faches aus. Der französische Restaurantkritiker und Gourmet Grimod de la Reynière brachte es in seiner unvergleichlichen Weise auf den Punkt: „Ein Gastgeber, der nicht vorschneiden kann, gleicht dem Besitzer einer schönen Bibliothek, der das Lesen nicht erlernt hat: Das eine ist so schmählich wie das andere."

Wie alles begann ...

Eine der ersten schriftlichen Aufzeichnungen über das Tranchieren lieferte uns der griechische Dichter Homer. So berichtet er, dass Odysseus die schwierige Aufgabe des Aufteilens bei verschiedenen Festlichkeiten zu Ehren der Geladenen selbst übernommen hatte.

Wohlhabende Römer hatten so genannte "scissores" (Vorschneider), die bei festlichen Anlässen große, im Ganzen gebratene Tiere fachgerecht aufteilten und servierten.

Im Mittelalter und in der Renaissance gehörte das kunstgerechte Zerlegen der Speisen zu jenen Fertigkeiten, die ein Mann in gehobener Stellung unbedingt zu beherrschen hatte. An den europäischen Höfen gab es das Amt des Trancheurs, der häufig auch als Vorkoster fungierte. Diese Stellung galt als äußerst angesehen. Bei den fränkisch-merowingischen Königen übernahm gar der oberste Hausdiener, der "Seneschall", diesen Posten. Die höfischen Trancheure zerlegten die Speisen am Tisch des Königs, indem sie ihm gegenüber stehend arbeiteten und meist auch das portionierte oder gar mundgerecht zerteilte Gericht vor seinen Augen kosteten.

Die Literatur hält einige Kostbarkeiten parat, in denen das Tranchieren umfangreich beschrieben wird. Schon daran ist das allgemeine Interesse an der Kunst des Tranchierens in der damaligen Zeit zu erkennen.

Das erste darüber geschriebene Buch (1776), "Arte Cisoria" (Die Kunst des Zerlegens), stammt von dem Spanier Don Henrique de Aragón, einem Mitglied der königlichen Familie von Aragonien.

Vincenco Cervios Tranchierbuch mit dem Titel "Il Trinciante" (Das Tranchiermesser) wurde wenig später in Venedig gedruckt und in mehrere Sprachen übersetzt.

Die Tradition des Tranchierens hat sich bis in unsere Tage erhalten und zählt heute noch zur gehobenen Esskultur.

Besonders in England ist das kunstgerechte Zerlegen von Fleisch, Geflügel und Wild seit jeher eine Fertigkeit, die jedem Gentleman geläufig sein muss. In vielen englischen Restaurants sind nach wie vor geschickte Kellner tätig, die dem Gast ganz selbstverständlich "a cut from the joint" – einen Teil vom ganzen Stück – vorlegen.

Warum tranchieren?

Wer kennt sie nicht, die Speisen, die mit viel Kreativität von geschickten Köchen auf Tellern angerichtet werden, um das Auge des Gastes zu verwöhnen bzw. zu verführen. Aber einmal ehrlich: Ist das noch so ungewöhnlich, haben sich die Freunde der gehobenen Gastronomie nicht längst an diesen Standard gewöhnt?

Wird in einem Restaurant fachkundig und geschickt tranchiert, ist der optische Anreiz für den Gast und somit der Verkaufserfolg wesentlich größer als beim Tellerservice. Überdies wird die Küche vom Anrichten entlastet, was nicht heißt, dass die Küche bei dieser Art von Service nicht ebenso entscheidend am Erfolg oder auch Misserfolg beteiligt ist. Mit der Auswahl an erstklassigen Grundmaterialien, der richtigen Vorbereitung und der optimalen Zubereitung in der Küche steht und fällt der gute Eindruck beim Gast.

Das Tranchieren vor dem Gast ist in vielerlei Hinsicht sinnvoll. Zunächst wirkt ein Stück, im Ganzen präsentiert, von sich aus und benötigt nicht so viel Aufwand an Garnitur und Dekoration wie viele Einzeltranchen.

Ein weiterer Vorteil ist, dass sich der Gast bei dieser Art des Service nicht nur eigens von der Qualität des Gebotenen überzeugen kann, sondern auch die Möglichkeit hat, bei der Auswahl seiner Portion mit zu entscheiden: Ob er lieber magere oder eher durchzogene Stücke, Geflügelbrust oder -keule, durchgebratenes oder blutiges Fleisch isst – hier kommt er zu seinem Gustostück.

Schließlich wird durch das Tranchieren vor dem Gast ein frühzeitiger und unnötig großer Saftverlust vermieden und das Fleisch kühlt nicht so rasch aus.

Sie sehen, dass es viele Argumente für das Tranchieren gibt. Ein Punkt ist jedoch noch besonders hervorzuheben: Beim Tranchieren vor dem Gast werden alle seine Sinne auf Vorfreude eingestimmt. Diese Vorgangsweise wirkt äußerst appetitanregend – und das nicht nur am Tisch des Bestellers!

Die Übung macht den Meister

"Grau, teurer Freund, ist alle Theorie und grün des Lebens goldner Baum."
Johann Wolfgang von Goethe

Wir können Ihnen das theoretische Wissen über richtiges Tranchieren mit diesem Buch vermitteln. Wie jedes Handwerk ist aber auch die Kunst des Tranchierens niemals ausschließlich in der Theorie zu perfektionieren.

Um mit jeder Faser ein guter Trancheur zu werden, heißt es üben, üben und nochmals üben. Nutzen Sie jede Gelegenheit, das theoretische Wissen praktisch umzusetzen. Der Sonntagsbraten zu Hause ist also die Chance, selbst Hand anzulegen und in aller Stille zum Meister zu reifen.

Serviergegenstände

Ob in der Gastronomie oder im privaten Kreis, ob vor dem Gast oder in der Küche – für perfektes Tranchieren ist eine gute Ausrüstung das absolute Muss. Hierbei gilt die Regel: „Wer billig kauft, kauft teuer." Grundsätzlich benötigt man neben der üblichen Ausrüstung für Arbeiten vor dem Gast (also standfestem, ausreichend großem Guéridon, Platemaster, Vorleger usw.) folgende Tranchierbehelfe, die in ihrer Ausführung zur übrigen Ausstattung des Betriebes passen sollen.

Tranchierbretter

Die Tranchierbretter, die in der Küche verwendet werden, sind meist größer und schwerer. Um vor dem Gast bequem arbeiten zu können, kann der Trancheur nur leichtes Material und mittlere Größen verwenden.

Das Material für Tranchierbretter ist Holz oder nicht poröser, hitzebeständiger Kunststoff. Holztranchierbretter sind zwar schön und zur Verwendung im Restaurant zugelassen, aus hygienischen Gründen sind jedoch Kunststoffbretter zu bevorzugen. Sie lassen sich nämlich geruchsfrei abwaschen und schonen die Messer.

Um flott arbeiten zu können, sind mehrere Bretter der gleichen Sorte nötig. Andernfalls entstehen Reinigungspausen oder die gründliche Pflege dieser Arbeitsunterlagen wird vernachlässigt. Tranchierbretter müssen vor jedem Service einwandfrei sauber sein.

Fleischtranchierbretter sind zirka 70 x 40 cm groß und mit Saftrinne und Saftbecken versehen.

Fleischtranchierbrett aus Holz

Fleischtranchierbrett aus Kunststoff

Oft findet man im Handel Tranchierbretter, die der Form der zu tranchierenden Tiere angepasst sind (z. B. ovale Tranchierbretter für Geflügel). Stehen keine derartigen Spezialbretter zur Verfügung, wird auf rechteckige Fleischtranchierbretter zurückgegriffen.

Schinkenspanner

Schinkenspanner sind ca. 60 bis 80 cm lang, und haben eine Klammervorrichtung (zirka 20 cm hoch). Mit dieser Halterung kann das Fleischstück (z. B. Prager oder Beinschinken, Lammkeule) fixiert werden, damit es vor dem Gast fachgerecht aufgeschnitten werden kann. Der Schinkenspanner wird vor allem bei Buffets verwendet.

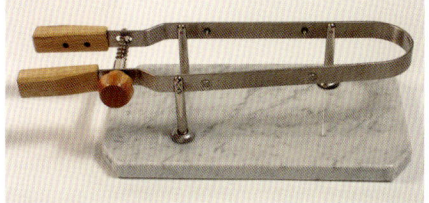

Tranchiermesser

Es gibt Messersätze für die Küche und solche für das Tranchieren vor dem Gast. Der Unterschied liegt im Griff des Tranchiermessers. Während in der Küche ein Hartholz- oder Kunststoffgriff genügt, bedient man sich vor dem Gast einer Besteckgarnitur mit Edelstahl-, Horn- oder Geweih-, versilberten oder silbernen Dekorgriffen. Oft sind aber die heutigen Küchenmesser so formschön, dass damit auch vor dem Gast gearbeitet werden kann.

Wichtig ist bei allen Tranchiermessern die Schneide. Am besten ist Edelstahl mit Feinschliff. Vom Wellenschliff ist abzuraten, da eine schöne Schnittführung damit nicht möglich ist (Ausnahme: Fleischstücke in der Teigkruste).

Tranchiermesser sollten aus zwei Gründen zur persönlichen Grundausstattung eines Servicemitarbeiters gehören: Erstens ist das Arbeiten mit gewohntem Werkzeug für den Trancheur leichter, und zweitens sollen die Reinigung (in Geschirrspülern löst sich bei bestimmten Messern bald die Klinge bzw. die Schneide leidet) und die Pflege des Messers in der Hand der Person liegen, die das Messer laufend benutzt.

Nach dem Verwendungszweck unterscheidet man verschiedene Größen und Formen.

Großes Fleischtranchiermesser
Zum Tranchieren von Tafelspitz, Kalbs- oder Lammrücken, Roastbeef und großem Geflügel wie Truthahn oder Gans; hat eine relativ große Klingenfläche und ist spitz; Größe: 25–30 cm

Mittelgroßes Tranchiermesser
Zum Zerteilen von kleineren Fleischstücken (z. B. Steaks) und Geflügel; ist etwas kleiner und spitzer und hat einen breiteren Rücken, oft hat es eine leicht geschwungene Klinge

Kleines Tranchiermesser
Zum Durchtrennen von Wirbeln und Knorpeln und für das Tranchieren von Kalbs- oder Schweinsstelzen

Tranchelards
Zum Tranchieren von Beinschinken, Reh- oder Hammelkeulen, man kann damit hauchdünne Tranchen oder Filets schneiden; sind dünne, biegsame Messer; Größe: ca. 40–50 cm

Sägemesser
Werden nur ausnahmsweise beim Tranchieren von Gerichten im Teigmantel verwendet; Größe: ca. 30 bis 40 cm

Tranchiergabeln

Zweizinkige, große, gewölbte Gabel
Für große Fleischstücke, vor allem für großes Geflügel

Zweizinkige, gerade Gabel
Für Fleisch (wird vorwiegend in der Küche benutzt)

Zweizinkige, mittelgroße, gewölbte Gabel
Für Steaks

Zweizinkige, feine, gewölbte Gabel
Für kleines Geflügel oder Rehrücken

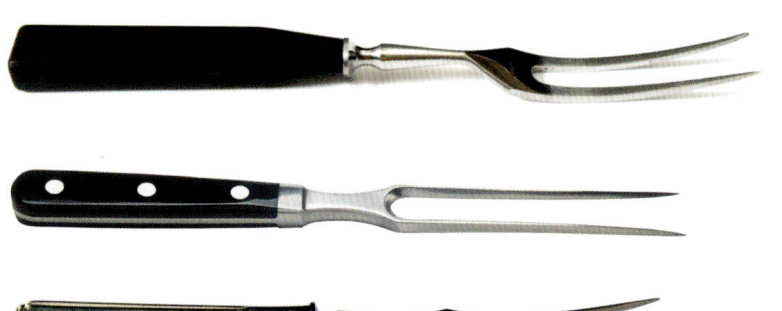

Im Handel werden Tranchiermesser und -gabeln vorwiegend im Set angeboten. Ein guter Trancheur wird – wie schon erwähnt – danach trachten, mit seinem eigenen Tranchierbesteck zu arbeiten, an das er gewöhnt ist. Andernfalls kann es passieren, dass auch geübte Trancheure mit unbekanntem Werkzeug vor dem Gast eher kläglich agieren.

Fleischwagen (Voiture)

Mit versenkbarem Kippdeckel, zum Warmhalten und Tranchieren von Grosses-Pièces-Stücken, Braten und Bollito misto.

Die Voiture hat einen Einsatz mit Wasser, das wie bei einem Bain-Marie erhitzt werden kann. Dieser Einsatz ist mit einer Platte mit zwei Dampflöchern abgedeckt, auf die die Fleischstücke gelegt werden. Der aufströmende Wasserdampf verhindert das Austrocknen des Fleisches.

Bei vielen Fleischwägen sind versenkte Einsätze montiert, in denen die Beilagen und Saucen bereitgehalten werden können. An der Seite des Fleischwagens befinden sich Halterungen für das Tranchierbesteck sowie aufklappbare Halterungen für vorgewärmte Teller.

Wird auf dem Fleischwagen tranchiert, ist keine eigene Mise en Place notwendig, da sich alle Arbeitsgeräte bereits darauf befinden.

Spezialbestecke

Hummerzange
Zum Aufbrechen der Scheren und Gelenke von Hummern, Langusten, Krebsen und Krabben sowie zum Abtrennen der Beine;
Größe: ca. 20 cm

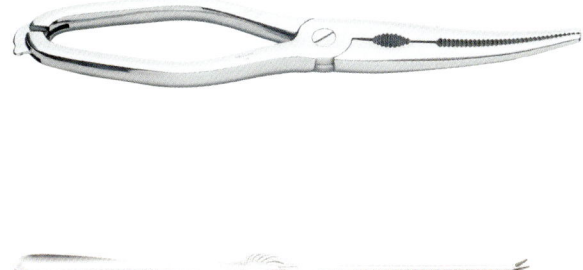

Hummergabel (Hummerpike, Hummerspatel)
Zum Herausziehen und Herausschälen des Fleisches aus den Scherengelenken und Beinen von Krustentieren;
Größe: 18–20 cm

Grundregeln des Tranchierens

Machen Sie reinen Tisch

Alle Geräte müssen tadellos sauber und gebrauchsbereit sein, die Messer gut geschliffen. Messer schärft man nicht in Gegenwart des Gastes.

Alles zu seiner Zeit

Die Tranchier-Mise-en-Place muss entweder bereits vor Servicebeginn vollständig sein oder sofort nach der entsprechenden Bestellung hergerichtet werden. Eine klare Absprache zwischen Küche und Service ist nötig, damit das Gericht tranchierbereit aus der Küche kommt. Nichts darf den eigentlichen Ablauf vor den Augen des Gastes unterbrechen.

Ordnung ist das halbe Leben

Der Guéridon (Beistelltisch) muss so vorbereitet und aufgebaut werden, dass ein rationelles und zugleich praktisches Arbeiten möglich ist. Wegen Platzmangels ist es oft erforderlich, mit zwei Guéridons zu arbeiten.

Ein gut platzierter Guéridon soll ein Arbeiten mit dem Gesicht zum Gast erlauben, aber weder den Besteller noch den übrigen Restaurantablauf stören.

Das Fleisch in die Zange nehmen

Das Tranchiergut wird mit dem Vorlege- oder Tranchierbesteck von der Anrichteplatte auf das Tranchierbrett gehoben.

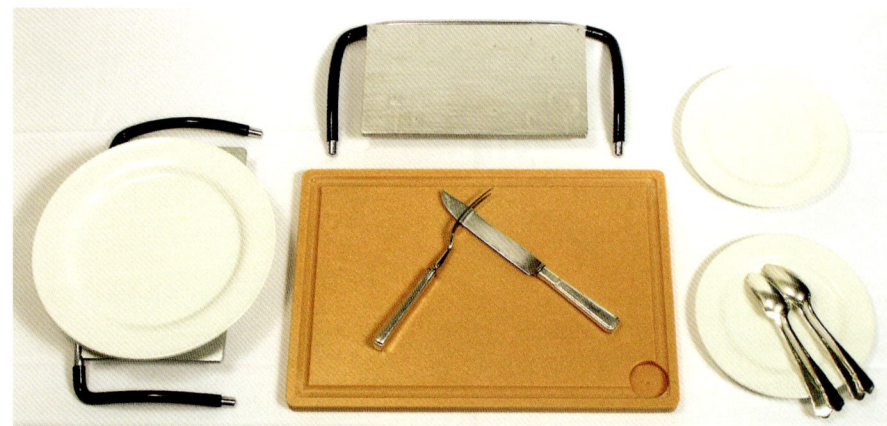

Möglicher Aufbau der Mise en Place

Das Tranchierbesteck wird folgendermaßen gehandhabt: Das Messer unter das Fleischstück schieben und mit der flach gehaltenen Tranchiergabel dagegen halten.

Die Richtung stimmt

Das Tranchiergut muss so auf das Tranchierbrett gelegt werden, dass es wie das Brett selbst quer vor dem Trancheur zu liegen kommt. Es ist wichtig, die Faserrichtung festzustellen, damit das Tranchiergut richtig geschnitten wird. Der Faserverlauf muss quer von links nach rechts bzw. von rechts nach links verlaufen. Abweichungen von dieser Regel werden bei den einzelnen Gerichten im Detail erläutert.

Dem Fleisch in die Quere kommen

In der Regel schneidet man senkrecht und quer zur Faser, da im umgekehrten Fall die Tranchen ein wenig appetitliches Aussehen bekämen und das zarteste Fleisch dadurch zäh würde. Durch das Querschneiden wird die Faser gekürzt – das Fleisch lässt sich leichter schneiden und beißen.

> **Joseph Roth brachte es in seinem Buch „Radetzkymarsch" auf den Punkt:**
>
> „Sehn Sie, meine Gnädigste, es genügt nicht, beim Fleischer ein zartes Stück zu verlangen. Man muss darauf achten, in welcher Art es geschnitten ist. Ich meine Querschnitt oder Längsschnitt. Die Fleischer verstehen heutzutage ihr Handwerk nicht mehr. Das feinste Fleisch ist verdorben, nur durch einen falschen Schnitt. Sehen Sie her, Gnädigste! Ich kann es kaum noch retten. Es zerfällt in Fasern, es zerflattert geradezu. Als Ganzes kann man's wohl mürbe nennen. Aber die einzelnen Stückchen werden zäh sein, wie Sie bald sehen werden."

Es gibt natürlich wie bei allem die Ausnahme von der Regel: Bei manchen Fleischstücken, die später noch beschrieben werden, sind die Tranchen schräg zu schneiden.

Auf Messers Schneide

Das Messer wird mit leichter Hand geführt. Übt man mit dem Messer großen Druck aus, fließt der Saft aus allen Poren. Neben der Tatsache, dass sich der Saft auf immer verabschiedet, wird auch das Aussehen der Tranchen darunter leiden. Jeder Schnitt muss sauber verlaufen, damit der Gast ansehnliche, möglichst gleich große Tranchen erhält.

Zuerst werden die gewünschten bzw. die besten Stücke verteilt, wobei jeder Gast gleich viele Tranchen erhält. Der Rest wird für das Nachservice warm gehalten.

Stichhaltige Argumente

Niemals darf mit der Gabel in rosa oder blutig gebratenes Fleisch, wie z. B. Entrecôte double oder Chateaubriand, gestochen werden. Das Fleisch (und folglich auch der Gast) würde es sehr übel nehmen. Meistens genügt es, das Fleischstück mit der flach gehaltenen Gabel festzuhalten.

Damit das Fleisch nicht die Farbe wechselt

Rosa gebratene Fleischstücke (z. B. Roastbeef, Lammrücken) ziehen nach, wenn sie für das Nachservice warm gestellt werden. Um Reklamationen vorzubeugen, sollte bereits bei der Bestellung der Speisen auf diesen Umstand hingewiesen werden.

Die Hand im Spiel

Speisen werden nie mit den Fingern berührt. Falls nötig, verwendet man zum Festhalten eine saubere Serviette (z. B. bei einer Lammkeule).

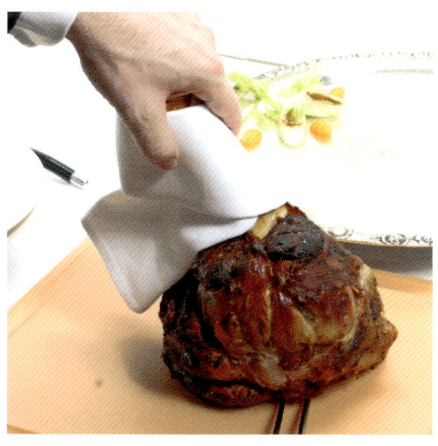

Auf den Punkt genau

Die Arbeit eines Trancheurs ist mit der eines Chirurgen vergleichbar. Neben Fingerspitzengefühl muss der Trancheur genaue Kenntnise über die Lage der Knochen und Gelenke sowie den Verlauf der Fleischfasern jedes zu tranchierenden Tieres haben.

Vor dem Gast werden keine Knochen zerhackt. Sehnen und Knorpel von Geflügel werden zerteilt.

Man muss das Eisen schmieden, solange es heiß ist

Der Gast kommt nur dann in den vollen Genuss der Speise, wenn der Trancheur rasch und ohne Unterbrechung arbeitet. Zu großer Wärmeverlust senkt die Qualität der Speise.

In knappen Worten bedeutet dies: Das Bratenstück direkt aus der Küche holen – dem Gast präsentieren – dann warm stellen bzw. sofort zerlegen.

In vielen Restaurants arbeiten zwei Restaurantfachleute beim Tranchieren zusammen; der eine tranchiert, der andere richtet die Beilagen, Garnituren und Tranchen auf den Tellern an und serviert sie sofort.

Manche mögen's heiß

Die Tranchen werden mit dem Vorlegebesteck auf heißen Tellern angerichtet oder auf eine auf dem Rechaud oder Platemaster stehende Platte zurückgelegt (evtl. Cloche bereithalten). Für das Nachservice wird eine zweite Garnitur heißer Teller bereitgestellt.

Bratensaft oder Saucen werden nie über das Fleisch (und die Beilagen) nappiert, da rosa gebratenes Fleisch durch die Wärme der Jus nachdunkelt und unansehnlich wird. Man richtet vielmehr einen Saucenspiegel bzw. Saft auf dem Teller an und legt dann das Fleisch darauf.

Wenn der Vorhang fällt

Nach Beendigung der Tranchierarbeit werden alle nicht mehr benötigten Utensilien wie Tranchierbesteck und Bretter ebenso wie Karkassen und sonstige Abfälle, die bekanntlich keine Augenweide sind, entfernt.

Tranchieren von Rindfleisch

In den meisten Restaurants werden Rindfleischgerichte dem Gast bereits portioniert auf Tellern serviert. Wird hingegen fachkundig und geschickt tranchiert, stellt dies einen optischen Anreiz für den Gast dar. Der Verkaufserfolg gegenüber dem Tellerservice könnte somit wesentlich vergrößert werden.

Fleischteile des Rindes in Österreich **Fleischteile des Rindes in Deutschland**

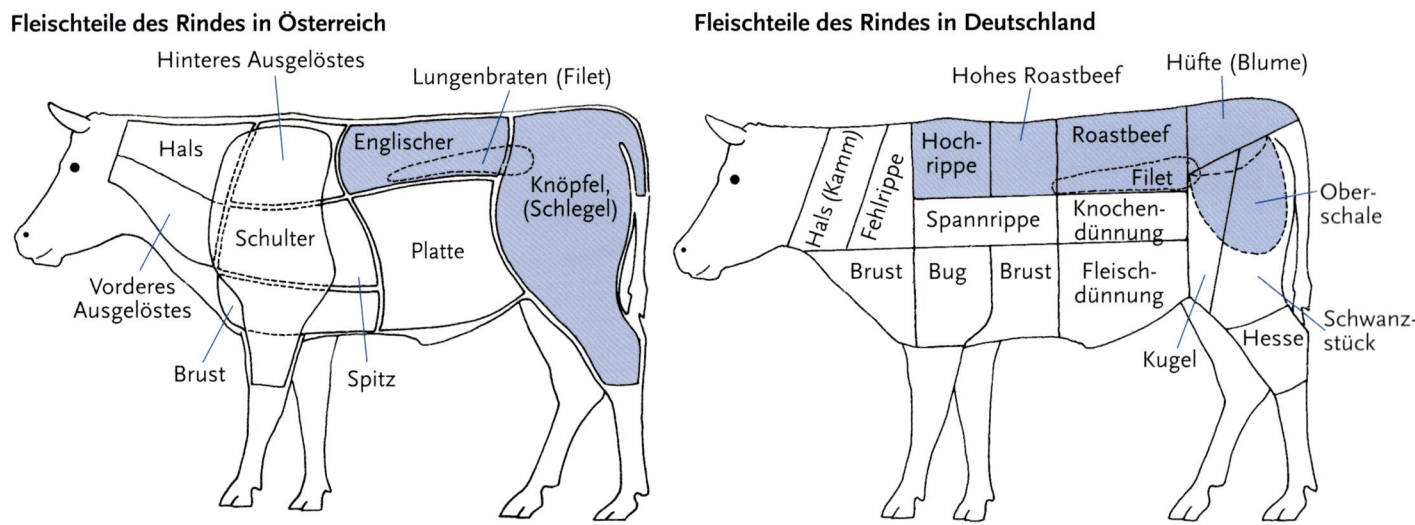

Die Fleischteile des Rindes, die in diesem Kapitel tranchiert werden, sind in der Grafik farbig unterlegt.

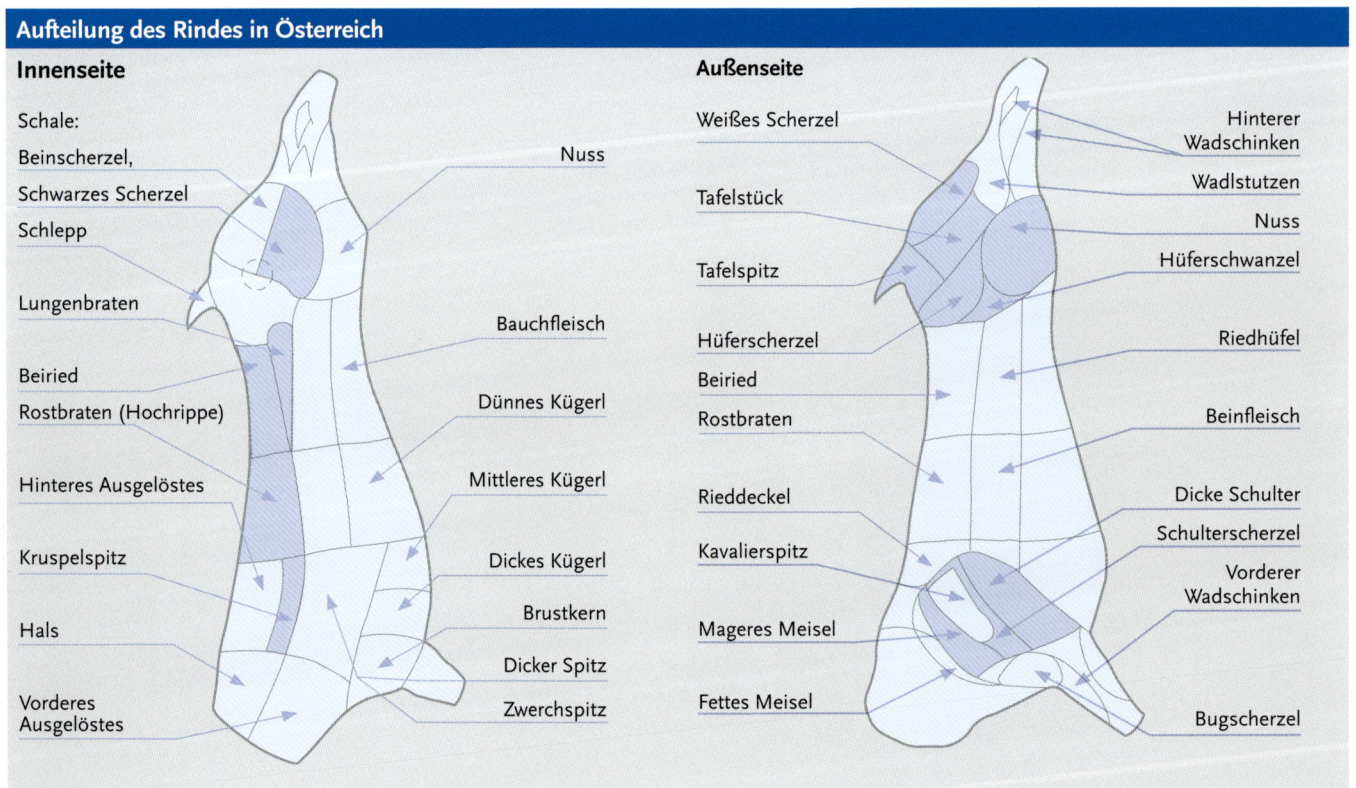

Gekochtes und gedünstetes Rindfleisch

Bœuf bouilli et braisé

Im Restaurant wird im Allgemeinen gekochtes Rindfleisch (z. B. Tafelspitz, Rindszunge) vor dem Gast tranchiert, während gedünstete Rindfleischgerichte meist auf Tellern angerichtet aus der Küche kommen. Die Fleischteile, die tranchiert werden, müssen in der Küche so vorbereitet werden, dass sie den Gästen in einer schönen Form präsentiert werden können.

Mise en Place

- Fleischtranchierbrett mit Saftrinne und Saftbecken
- Großes Fleischtranchierbesteck
- Rechaud oder Platemaster für die Platte
- Zwei Vorleger (Suppenlöffel und Fleischgabeln) auf einem Desserteller
- Ablageteller (Dessertteller)
- Weiterer Platemaster mit sehr heißen Fleischtellern (zwei pro Gast)

Werden bei einer bestimmten Tranchiermethode zusätzliche Utensilien benötigt, so sind sie dort angeführt.

Gekochter Tafelspitz

Pointe de culotte bouillie

Der Tafelspitz ist eine typisch österreichische Delikatesse. Er gehört zu jenen Spezialitäten, die gerne vom Wagen (siehe Seite 11) oder bei warmen Buffets serviert werden.

Mise en Place

Wird der Tafelspitz in der Suppe angerichtet, muss zusätzlich ein Schöpflöffel für die Suppe mitserviert werden.

Arbeitsmethode

1 Den Tafelspitz in der Terrine auf dem Platemaster warm stellen …

… und den Deckel heben.

2 Den Tafelspitz mit dem Tranchierbesteck oder dem Vorleger aus der Terrine heben und mit der dünneren Spitze nach rechts auf das Tranchierbrett legen. Man kann dabei auch mit der Tranchiergabel in das Rindfleisch stechen.

3 Nun den Tafelspitz mit der flach gehaltenen Tranchiergabel fixieren und die vorderste Spitze abschneiden.

Der Anschnitt wird nicht serviert und daher auf dem Abfallteller in die Küche zurückgebracht.

4 Die weiteren Scheiben im leichten Schrägschnitt, am dünnen Ende beginnend, von rechts nach links tranchieren. Die Stärke der Scheiben ist von der Portionsgröße im jeweiligen

Betrieb und vom Gästekreis abhängig. In Wien bevorzugt man pro Portion zwei Scheiben von etwa 1 cm Stärke. Die Anzahl der Portionen ist abhängig von der Fleischgröße.

In Frankreich und in der Schweiz wird eine Tranche von zirka 1 bis 1½ cm Stärke serviert.

5 Mit dem Vorlegebesteck die Tranchen auf heißen Fleischtellern anrichten.

6 Das Reststück des Tafelspitzes in die Terrine zurückheben, um das Fleisch auf dem Platemaster für das Nachreichen warm zu halten.

7 Anschließend die warmen Beilagen und zuletzt die kalten Garnituren auf den Tellern anrichten. Zum Schluss wird mit einem Schöpflöffel etwas Suppe über das Fleisch gegossen.

Wegen der großen Auswahl an warmen Beilagen und kalten Garnituren ist das rasche Servieren des Tafelspitzes sehr arbeitsintensiv. Damit das Rindfleisch und die warmen Beilagen nicht auskühlen, sollte dem Trancheur ein Commis de Rang zur Seite stehen.

Der Gästeteller

Gekochte Ochsen- oder Rindszunge
Langue de bœuf bouillie

Die gekochte Zunge ist eine internationale Spezialität, die auch gerne in der österreichischen Gastronomie angeboten wird. Sie wird häufig gemeinsam mit Tafelspitz und gekochtem Geflügel als „Bollito misto" („Gemischtes Gekochtes" – eine Spezialität aus Südtirol und Trient) angeboten.

Mise en Place
Es kann ein großes oder mittelgroßes Tranchierbesteck verwendet werden.

Arbeitsmethode

1 Die Terrine mit der gekochten Zunge auf den Platemaster stellen und den Deckel abheben.

2 Die Rindszunge mit dem Vorlege- oder Tranchierbesteck aus der Terrine heben und auf das Tranchierbrett legen, wobei das dicke Ende der Zunge rechts zu liegen kommt.

3 Nun die Zunge mit der flach gehaltenen Tranchiergabel fixieren und von rechts nach links in senkrechte, zirka 0,5 cm dünne Scheiben schneiden.

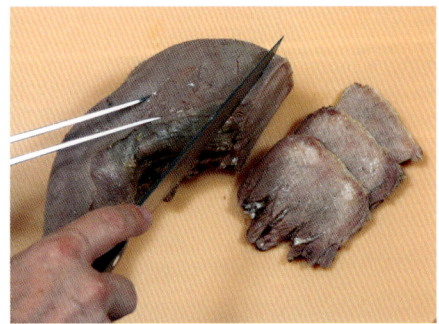

4 Erst wenn beim Tranchieren die schmälere Zungenspitze erreicht wird, schneidet man allmählich dickere Tranchen. Das Messer wird dabei schräger gehalten, um die Fläche der Stücke zu vergrößern. Mit der Gabel sollte nicht in die Zunge gestochen werden, da sonst viel Saft verloren geht. Außerdem könnten die Tranchen aus der Form geraten. Den Rest der Zungenspitze,

der mit der Tranchiergabel schwer zu halten ist, gibt man zur Seite und schickt man in die Küche zurück.

5 Die Reststücke in die Terrine zurückheben und auf dem Platemaster zum Nachreichen warm halten.

6 Für jeden Gast werden auf heißen Fleischtellern drei Zungenscheiben treppenförmig angerichtet, daneben die Beilagen und die Sauce.

Der Gästeteller

Zwerchspitz
Plat de côtes

Der Zwerchspitz ist ein ausgezeichnetes, geschmackvolles Fleisch, das sich sehr gut zum Kochen eignet. Die Knochen werden vom Koch meist im Rohzustand ausgelöst.

- Den Zwerchspitz schneidet man senkrecht von rechts nach links in zirka 1 cm dicke Scheiben.
- Der Zwerchspitz mit den Rippen wird von rechts nach links in zirka 3–5 cm dicke (je nach Breite der Rippen) senkrechte Tranchen geschnitten.

Hüferscherzel
Aiguillette de rumsteak

Das Hüferscherzel ist sehr saftig und im Ganzen zum Kochen und Dünsten geeignet. Gut abgelegen kann man es auch braten, und zwar im Ganzen wie Roastbeef oder portioniert als Rumpsteak. Wird das Hüferscherzel gekocht, ist es senkrecht von rechts nach links in etwa 1 cm dicke Scheiben zu schneiden.

Kavalierspitz
Pièce parée

Der so genannte Kavalierspitz ist der innere Schulterblattmuskel. Dieses Stück eignet sich sehr gut zum Kochen. Den Kavalierspitz schneidet man in 2 cm dicke, senkrechte Tranchen.

Kruspelspitz
Os blanc

Der unter der Schulter liegende Kruspelspitz ist grobfasrig und von einem weichen Knorpel durchzogen. Er ist sehr saftig und eignet sich besonders zum Kochen im Ganzen. Er wird senkrecht in zirka 1 cm dicke Scheiben geschnitten.

Mageres Meisel
Macreuse

Unter dem Mageren Meisel versteht man den vordersten Teil der Schulter. Das Fleisch ist sehr mager und sehnenfrei und eignet sich besonders zum Kochen oder Dünsten im Ganzen. Es wird senkrecht in Tranchen von zirka 1 cm Dicke portioniert.

Beinfleisch (Zwerchried)
Plat de côtes découvert

In Österreich ist das saftige, mit Fett durchzogene Fleisch der Zwerchried eine besondere Spezialität. Man sollte jedoch davon absehen, diese Spezialität Liebhabern mageren Fleisches zu empfehlen – die Enttäuschung der Gäste wäre vorprogrammiert.

Schulterscherzel
Pièce parée

Das Schulterscherzel ist ein saftiges, von Sehnen durchzogenes Fleisch, das sich zum Kochen oder Dünsten im Ganzen eignet. Es wird von rechts nach links in senkrechte, zirka 1 cm dicke Scheiben tranchiert.

Schwarzes Scherzel
Semelle

Dieses Fleischstück ist ein quadratischer, magerer Muskel, der sich gespickt sehr gut zum Dünsten eignet. Nach der Zubereitung schneidet man das Schwarze Scherzel senkrecht in Tranchen von etwa 1 cm.

Weißes Scherzel
Rond de gîte à la noix

Das Weiße Scherzel eignet sich zum Kochen oder gespickt als Dünstfleisch; es ist bröselig und trocken. In Österreich wurde es daher früher auch als Bröselfleisch bezeichnet und mit Semmelkren zum Frühschoppen oder zu Mittag serviert. Das Weiße Scherzel wird senkrecht in zirka 1 cm dicke Scheiben tranchiert.

Gebratenes und gegrilltes Rindfleisch
Bœuf rôti et grillé

Ob blutrünstig oder staubtrocken – über Geschmack lässt sich bekanntlich streiten. Damit es erst gar nicht dazu kommt, dass der Gast mit dem Fehdehandschuh wirft, sollte der vorausschauende Servicemitarbeiter bei der Bestellung von gebratenem oder gegrilltem Rindfleisch immer fragen, welche Garstufe dem Gast genehm ist.

Garstufen und Merkmale	Deutsch	Französisch	Englisch	Farbabstufungen
innen roh	stark blutig	bleu	rare	
innen nicht mehr ganz roh, starke Konzentration von blutigem Saft	blutig, englisch	saignant	medium rare	
innen rosa gebraten, zum Kern hinzunehmende Saftkonzentration, nicht mehr blutig	halbdurch	à point	medium	
durchgebraten, innen grau, kaum noch saftig	durchgebraten	bien cuit	well done	

Übrigens: In den USA, der „Heimat der Steaks", gibt es zwischen „medium" und „well done" noch eine weitere Garstufe: „medium well".

Der Englische

Zum Braten und Grillen eignet sich besonders der Englische, der aus drei Teilen besteht.

A   Rostbraten oder Hochrippe
     (Train de côtes)
B   Beiried oder Roastbeef
     (Contrefilet)
C   Lungenbraten oder Filet
     (Filet de bœuf)

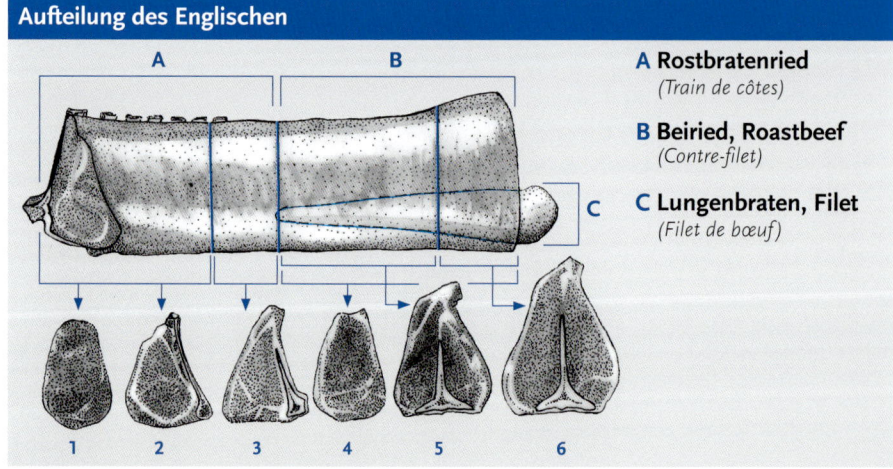

Aufteilung des Englischen

A **Rostbratenried**
(Train de côtes)

B **Beiried, Roastbeef**
(Contre-filet)

C **Lungenbraten, Filet**
(Filet de bœuf)

Teil A

1 Rostbratenstücke: werden aus dem ausgelösten Rostbraten, von dem der äußere Rieddeckel entfernt wurde, geschnitten.

2 Côte de Bœuf (Rindskotelett): Vom Rostbratenstück wird nur der Rückgratknochen entfernt, dann wird mit der Rippe ein Kotelett für zwei bis vier Personen geschnitten.

3 Clubsteak: wird aus dem Rostbratenstück, aber ohne Lungenbraten geschnitten. Aus dem Steak ergeben sich etwa zwei bis vier Portionen.

Teil B

4 Entrecôte (Sirloin-Steak): ist eine Portionsschnitte von der ausgelösten Beiried (ein doppeltes Entrecôte oder Entrecôte double ist für zwei Personen gedacht).

Sirloin-Steak: ist ein doppeltes Entrecôte für zwei oder mehrere Personen.

Rumpsteak: wird in den angloamerikanischen Ländern aus dem Hüferscherzel geschnitten. In Österreich und in Deutschland ist es üblich, ein Entrecôte zu servieren.

5 T-Bone-Steak: wird quer aus der Beiried und dem Lungenbraten zusammen mit dem typischen T-Knochen geschnitten. Es eignet sich für zwei bis vier Personen.

6 Porterhouse-Steak: wird quer aus Lungenbraten und Beiried aus jener Stelle geschnitten, an der der Lungenbraten am stärksten ist. Es hat daher einen größeren Filetanteil als das T-Bone-Steak und reicht für mehrere Personen.

Teil C

Der Lungenbraten bzw. das Filet ist der zarteste und edelste Teil des Rindes, weil die Fleischfasern arm an Bindegewebe sind. Der parierte Lungenbraten (ohne Kette und Spitzen) wird Natur oder gespickt im Ganzen gebraten, in Kohlblätter gehüllt und gebraten (Filet Colbert, siehe S. 27) oder in Blätterteig gehüllt und gebacken (Filet Wellington, siehe S. 27) – in diesem Fall kann ein Sägemesser zum Tranchieren verwendet werden.

Der Lungenbraten

A   Filetkopf
B   Filetmittelstück
C   Filetspitze
D   Filetkette (Filetstrang)

Teil A

1 **Chateaubriand (doppeltes Filetsteak):** wird aus dem Filetkopf ebenso wie aus dem Filetmittelstück geschnitten.

Teil B

2 **Filetsteak (Beefsteak):** wird aus dem Filetmittelstück geschnitten (à 180 g).

3 **Tournedos:** Zwei Stücke (à 90 g) werden aus dem Filetmittelstück geschnitten.

Teil C

4 **Filets mignons:** Drei Stücke (à 60 g) werden aus der Filetspitze geschnitten.

5 Die **Spitzen** werden zu Filetgulyás oder Bœuf Stroganoff sowie gehackt für Beefsteak tatare verarbeitet.

Teil D

Die abgezogenen weichen Teile werden für Spieße, gedünstete Kleinfleischgerichte, Ragouts usw. verwendet.

Mise en Place

- Fleischtranchierbrett mit Saftrinne und Saftbecken
- Mittelgroßes oder großes Fleischtranchierbesteck
- Rechaud oder Platemaster für die Platte
- Zwei Vorleger (Suppenlöffel und Fleischgabeln) auf einem Dessertteller
- Ablageteller (Dessertteller)
- Weiterer Platemaster mit sehr heißen Fleischtellern (zwei pro Gast)

Menagen wie Salz- und Pfeffermühle, Senf, Tomatenketschup, Worcestersauce usw. können auf dem Gästetisch eingestellt werden.

Werden bei einer bestimmten Tranchiermethode zusätzliche Utensilien benötigt, so sind sie dort angeführt.

Doppeltes Rindskotelett
Côte de bœuf double

Dieses Gericht wird wegen seines Gewichts (zirka 400 g) als doppelt bezeichnet und daher für zwei Personen angeboten. Das Rindskotelett ist in Knochenstärke portioniert und wird meist gegrillt. Wegen des fetten, knusprigen Randes wird es häufig von Feinschmeckern dem mageren Filet- oder Rumpsteak vorgezogen.

Der Tranchiervorgang und das Service sind dieselben wie beim T-Bone- und Porterhouse-Steak (siehe Seite 25 f.). Der Unterschied liegt darin, dass das doppelte Rindskotelett aus dem Rost-braten geschnitten wird und daher nur ein Kotelett zu tranchieren ist, während beim T-Bone- und Porterhouse-Steak zwei Fleischteile, nämlich Lungenbraten und Beiried, tranchiert werden.

Arbeitsmethode

1 Das doppelte Rindskotelett den Gästen präsentieren und die Platte anschließend auf dem Platemaster warm stellen.

2 Das Rindskotelett mit dem Vorlegebesteck auf das Tranchierbrett heben.

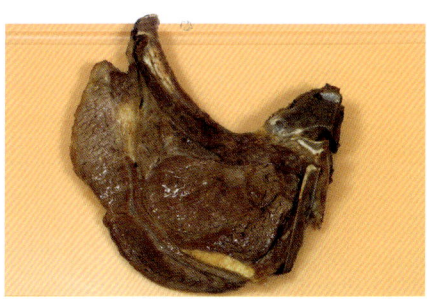

3 Das Fleisch entlang des Knochens einschneiden und vom Knochen lösen.

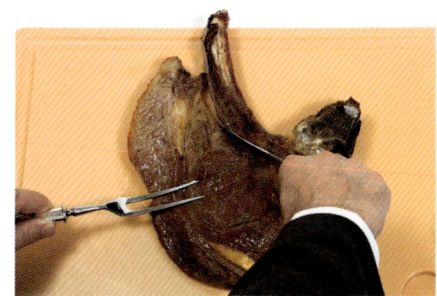

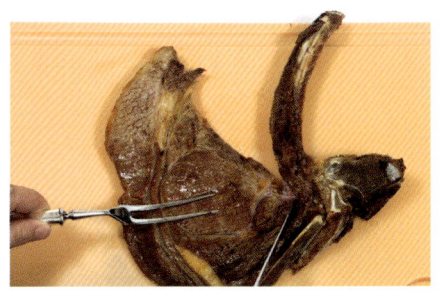

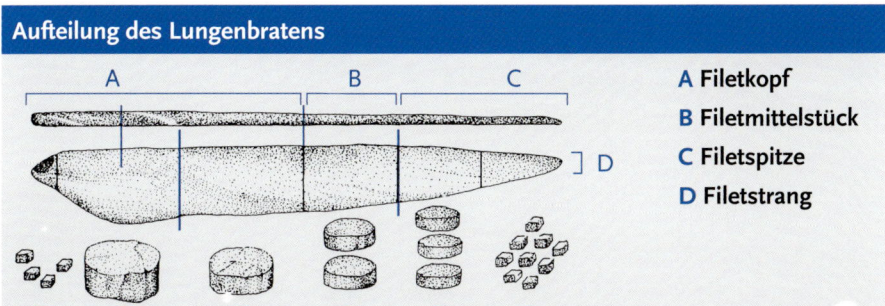

Aufteilung des Lungenbratens

A Filetkopf
B Filetmittelstück
C Filetspitze
D Filetstrang

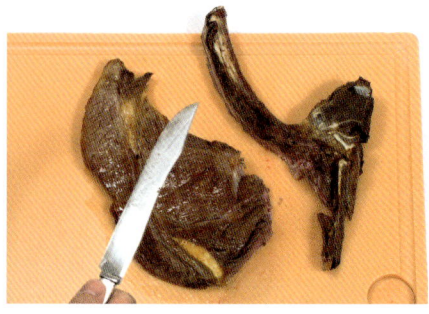

4 Den Knochen auf die Platte zurücklegen.

5 Das Fleisch mit flach gehaltener
Tranchiergabel fixieren und die Tranchen in einer Stärke von 1 cm schräg
schneiden.

6 Die Fleischtranchen werden am
besten auf die Platte zurückgelegt,
indem das Tranchiermesser unter die
Fleischstücke geschoben und mit dem
Gabelrücken dagegen gehalten wird.
Auf diese Weise kommen die Tranchen
möglichst rasch auf die Platte zurück.
Man kann diesen Arbeitsschritt aber
auch überspringen und sofort mit
Punkt 7 fortfahren.

7 Auf den heißen Fleischtellern mit
dem Vorlegebesteck je zwei Tranchen
mit Beilagen anrichten und eventuell
daneben eine Sauce nappieren.

Clubsteak

Wird das Clubsteak im Ganzen gebraten oder gegrillt, tranchiert und serviert man
es wie das T-Bone- oder Porterhouse-Steak (siehe Seite 25 f.). Allerdings wird das
Clubsteak wie das doppelte Rindskotelett aus dem Rostbratenstück geschnitten und
man muss daher nur ein Fleischstück statt zwei tranchieren.

Das Clubsteak eignet sich für zwei bis vier Personen. Es sollte daher von den Gästen gemeinsam geklärt werden, welche Garstufe gewünscht wird.

Arbeitsmethode

1 Das Clubsteak den Gästen präsentieren und die Platte anschließend auf
dem Platemaster warm stellen.

2 Das Clubsteak mit dem Vorlegebesteck auf das Tranchierbrett heben.

3 Das Fleisch mit flach gehaltener
Tranchiergabel fixieren, entlang des
Knochens einschneiden und lösen.

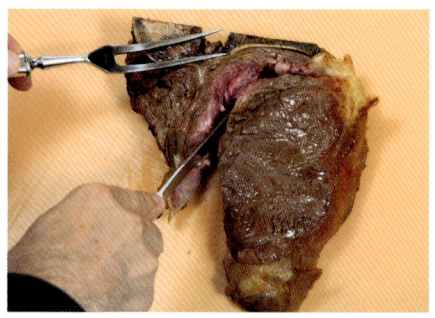

4 Den Knochen auf die Platte zurücklegen.

5 Das Fleisch in ca. 1 cm dicke, schräge Tranchen schneiden.

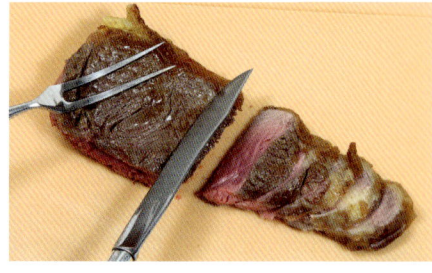

6 Die Tranchen auf die Platte zurückheben und mit dem Knochen zu einem
Ganzen arrangieren.

7 Auf den heißen Fleischtellern mit
dem Vorlegebesteck je zwei Tranchen
mit Beilagen anrichten und das Fleisch
eventuell mit einer Sauce nappieren.

Roastbeef mit Knochen (Hochrippe)

Milieu de train de côtes

Unter der Hochrippe versteht man den nicht ausgelösten, halben Rücken eines Rindes. Die Hochrippe wird mit den Rippen englisch gebraten, damit sie saftig und geschmackvoll bleibt. In vielen Restaurants wird die Hochrippe „en voiture" (siehe Fleischwagen, S. 11) oder bei Brunchbuffets serviert.

Mise en Place

Es wird ein großes Tranchierbesteck verwendet.

Arbeitsmethode 1

Diese Methode kommt am häufigsten zur Anwendung.

1 Die Hochrippe auf der Voiture den Gästen präsentieren.

2 Die Hochrippe mit den Rippenknochen so legen, dass die Knochenenden zum Trancheur weisen.

3 Das Fleischstück mit der flach gehaltenen Tranchiergabel fixieren und von rechts nach links senkrechte Tranchen von zirka 1 bis 1½ cm Dicke schneiden. Man erhält abwechselnd eine Tranche mit und eine ohne Knochen.

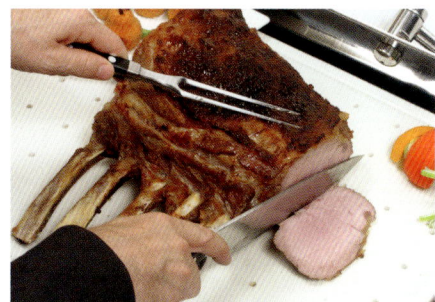

4 Eine Tranche mit oder ohne Knochen, je nach den Wünschen der Gäste, mit dem Vorlegebesteck oder mit dem Tranchierbesteck auf die heißen Fleischteller legen.

Die Beilagen anrichten und das Fleisch mit Bratensaft nappieren. Die Fleischtranche kann aber auch auf einen Saucenspiegel gelegt werden.

Um ein Austrocknen zu vermeiden, sollte die Anschnittfläche immer mit Alufolie abgedeckt werden.

Es geht auch anders...
In vielen Restaurants wird häufig nur das Fleisch beim Tisch des Gastes tranchiert. Die Garnituren und Beilagen werden von einem weiteren Servicemitarbeiter bereits fertig angerichtet aus der Küche gebracht.

Der Gästeteller

Arbeitsmethode 2

1 Die Hochrippe mit dem Tranchierbesteck aufrecht stellen, sodass die Knochen links liegen.

2 Mit der Tranchiergabel in das Fleisch zwischen den Knochen hineinstechen, um die Hochrippe zu fixieren. Nun waagrecht zum Knochen eine Scheibe von etwa 1 bis 1½ cm Dicke schneiden.

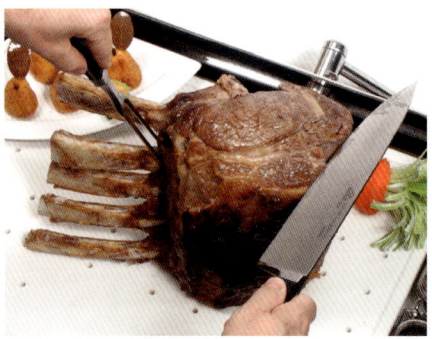

3 Mit einem senkrechten Schnitt am Knochen entlang die Tranche von den Rippen lösen.

4 Auf der Anrichteplatte das Reststück der Hochrippe für das Nachservice warm halten.

5 Die Tranchen mit dem Vorlegebesteck oder mit dem Tranchierbesteck auf die heißen Gästeteller legen.

Arbeitsmethode 3

In Amerika und England werden die Tranchen der Hochrippe mit Knochen serviert. In der Küche muss dafür bereits die Teilung der Koteletts vorgenommen werden, sodass die Tranchen zwischen den Rippen beginnend zum Fleisch hin geschnitten werden können (englische Methode). Die Stärke der Tranchen richtet sich dabei nach der Dicke der Knochen.

Die Hochrippe wird stehend wie bei der Arbeitsmethode 2 tranchiert.

Anrichten des Gästetellers

Roastbeef ohne Knochen (Niedere Beiried)
Contre-filet

Mise en Place
Es wird ein großes Tranchierbesteck verwendet.

Arbeitsmethode

1 Den Gästen das Roastbeef präsentieren und die Platte auf dem Platemaster warm stellen.

2 Das Roastbeef mit dem Vorlegebesteck von der Platte heben und so auf das Tranchierbrett legen, dass die Fasern des Fleischstückes quer verlaufen.

3 Nun das Fleischstück mit der flach gehaltenen Tranchiergabel fixieren und den Anschnitt mit dem Tranchiermesser senkrecht abtrennen, sodass eine schöne Schnittfläche entsteht. Den Anschnitt auf der Anrichteplatte warm stellen.

In Österreich werden von rechts nach links etwa 3 bis 5 mm dünne, senkrechte Tranchen geschnitten.

Bei der zweiten, international gebräuchlicheren Art, schneidet man ebenfalls senkrechte, aber zirka 1 cm dicke Tranchen.

4 Der Anschnitt und das Ende des Roastbeefs sind meist mehr durchgebraten. Sie können entweder, entsprechend der Zahl der Gäste, geteilt werden (man serviert dann jeweils ein Stück des Anschnitts mit den anderen Tranchen) oder sie werden nur den Gästen serviert, die durchgebratenes Fleisch bevorzugen.

5 Die restlichen Tranchen des Roastbeefs auf die Platte zurückheben, um das Fleisch für das Nachreichen auf dem Platemaster warm zu halten.

6 Die Roastbeeftranchen und die Beilagen mit dem Vorlegebesteck auf den heißen Fleischtellern anrichten. Die Tranchen eventuell mit Sauce nappieren. Die Sauce kann aber auch neben dem Fleisch angerichtet werden.

Der Gästeteller

Doppeltes Rumpsteak
Entrecôte double

In Österreich und Deutschland wird das doppelte Rumpsteak aus der ausgelösten Beiried, in den angloamerikanischen Ländern aus dem Hüferscherzel geschnitten und für zwei Personen serviert. Besonders wichtig ist es, bei Steaks auf die vom Gast gewünschte Garstufe zu achten (siehe Garstufen, S. 18).

Mise en Place

Es wird ein mittelgroßes Tranchierbesteck benötigt.

Arbeitsmethode

1 Den Gästen die Platte mit dem garnierten doppelten Rumpsteak präsentieren und anschließend auf dem Platemaster warm stellen.

2 Mit dem Vorlegebesteck das doppelte Rumpsteak aus der Garnitur heben und so auf das Tranchierbrett legen, dass die Fasern quer verlaufen.

3 Das doppelte Rumpsteak mit der flach gehaltenen Tranchiergabel fixieren und die leicht mit Fett durchzogene Spitze, falls vorhanden, abschneiden.

4 Von rechts nach links leicht schräge Tranchen in einer Stärke von 1 bis 2 cm schneiden. Man sollte sechs bis acht Stücke erhalten.

5 Die Tranchen mit Hilfe des Tranchierbestecks wieder auf die Platte zurückheben.

Man kann diesen Arbeitsschritt aber auch überspringen und sofort mit Punkt 6 fortfahren.

6 Auf den heißen Fleischtellern mit dem Vorlegebesteck je zwei Tranchen mit Beilagen anrichten. Die Sauce neben dem Fleisch anrichten oder die Tranchen damit nappieren.

7 Die Endstücke und die übrigen Tranchen für das Nachservice auf dem Platemaster warm stellen.

Die Gästeplatte

T-Bone-Steak und Porterhouse-Steak

Steak Porterhouse et Steak T-bone

Als die besten Steaks gelten jene, bei denen die Beiried flacher und das Filet dicker ist (stellt man sich das Rind vor, liegt die Quelle dieses Genusses also in Richtung Hüfte). Bei beiden Steaks liegt der Lungenbraten (Filet) auf der einen und die Beiried auf der anderen Seite.

T wie Trennung
Der Name T-Bone-Steak kommt aus Amerika und bezieht sich auf den T-förmigen Knochen in der Mitte des Steaks, der den Lungenbraten von der Beiried trennt.

Das T-Bone-Steak ist das kleinere und dünnere der beiden Steaks mit einem Gewicht von 300 bis 600 Gramm und wird meist für zwei Personen serviert. Das Porterhouse-Steak ist größer und dicker und eignet sich für mehrere Personen. Es wiegt zwischen 750 Gramm und einem Kilogramm.

Da sich das T-Bone- und das Porterhouse-Steak neben dem unterschiedlichen Filetanteil nur in Größe und Dicke (und somit im Gewicht) unterscheiden, werden sie gleich tranchiert.

Mise en Place

Es wird ein mittelgroßes Tranchierbesteck verwendet.

Arbeitsmethode

1 Das Steak wird den Gästen im Ganzen auf einer Platte präsentiert und anschließend auf dem Platemaster warm gestellt.

2 Das Steak mit dem Vorlegebesteck von der Anrichteplatte heben und auf das Tranchierbrett legen. Das T des Knochens soll für den Trancheur entweder lesbar sein oder auf dem Kopf stehen. Diese Positionen erleichtern das Auslösen des Knochens wesentlich. Die am Knochen eingeschnittene Seite des Steaks nach unten auf das Brett legen, sodass sie nicht sichtbar ist.

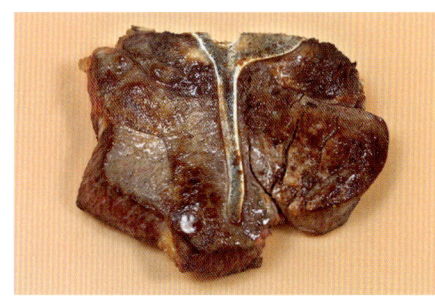

3 Mit der Tranchiergabel das Fleischstück am Knochen festhalten, indem man den Knochen zwischen die Zinken nimmt oder mit dem Gabelrücken fixiert. Nun werden mit der Spitze des Tranchiermessers der Lungenbraten und die Beiried vom Knochen gelöst.

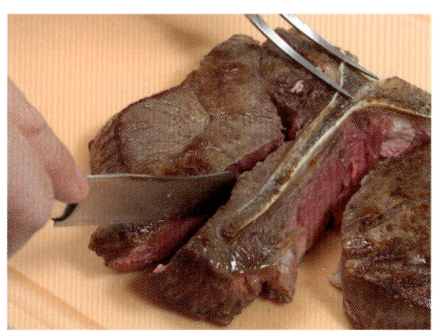

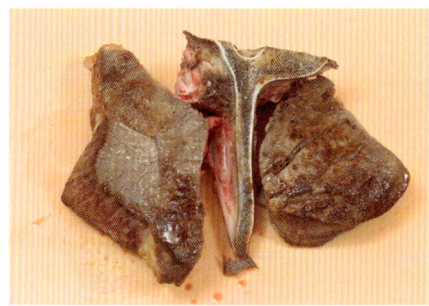

Nun ist das T des Knochens deutlich zu sehen.

4 Den freigelegten Knochen mit dem Vorleger oder dem Tranchierbesteck auf die Platte zurücklegen.

5 Mit dem Rücken der Tranchiergabel den Lungenbraten festhalten und von rechts nach links in einem Winkel von zirka 30 Grad 1½ – 2 cm breite, schräge Tranchen schneiden.

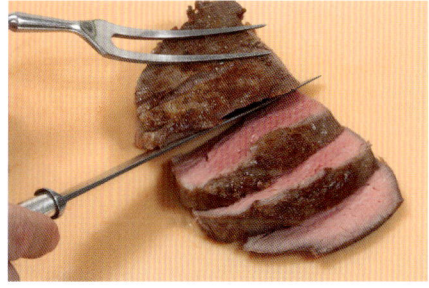

Mit der Beiried ebenso verfahren.

Die Anzahl der Tranchen wird von der Anzahl der Gäste bestimmt. Meist schneidet man vom kleineren Lungenbraten pro Gast eine Tranche und von der größeren Beiried zwei Tranchen.

6 Mit dem Tranchierbesteck nacheinander die Tranchen auf die Anrichteplatte heben und auf ihre ursprüngliche Stelle neben dem Knochen zurücklegen.

7 Den Gästen noch einmal die Platte präsentieren. Man kann diesen Arbeitsschritt aber auch überspringen und sofort mit Punkt 8 fortfahren.

8 Mit dem Vorleger jeweils ein Stück vom Lungenbraten und zwei Stücke von der Beiried auf die heißen Fleischteller legen. Die Beilagen, Garnituren und eine Sauce neben den Steakstücken anrichten.

9 Auf dem Platemaster die Platte mit den restlichen Stücken für das Nachservice warm halten.

Lungenbraten, Lende (Rindsfilet im Ganzen)
Filet de bœuf

Mise en Place

Es wird ein mittelgroßes Tranchierbesteck verwendet.

Arbeitsmethode

1 Den ganzen Lungenbraten auf der Platte präsentieren und anschließend auf dem Platemaster warm stellen.

2 Mit dem Vorlegebesteck den Lungenbraten aus der Garnitur heben und mit der Spitze nach rechts auf das Tranchierbrett legen.

3 Bedingt durch die Form des Lungenbratens, ist die Spitze stets etwas stärker durchgebraten als das dickere Ende. Je nach Beschaffenheit des Lungenbratens wird mehr oder weniger von der Spitze weggeschnitten. Ist die Spitze des Lungenbratens sehr dünn, werden bis zu 10 cm entfernt und für Gäste reserviert, die durchgebratenes Fleisch mögen.

4 Dann den Lungenbraten von rechts nach links in leicht schräge, zirka 1 cm schmale Tranchen schneiden. Ist der Lungenbraten gespickt, müssen die Tranchen senkrecht geschnitten werden, damit der Spickspeck nicht aus dem Fleisch fällt.

5 Je zwei Tranchen mit dem Vorlegebesteck auf den heißen Fleischtellern vorlegen. Beilagen, Garnituren, Bratensaft oder Sauce neben dem Fleisch anrichten.

6 Das restliche Lungenbratenstück auf dem Platemaster für das Nachservice warm stellen.

Der Gästeteller

Filet Colbert und Filet Wellington

Filet de bœuf Colbert et filet de bœuf Wellington

Chateaubriand

Doppeltes Filetsteak

Filet Colbert wird am besten mit einem langen Sägemesser oder einem großen, scharfen Tranchiermesser tranchiert, damit der Lungenbraten und die Umhüllung auch in Tranchen geschnitten eine Einheit bilden. Filet Wellington wird wie das Filet Colbert auf die gleiche Weise tranchiert, allerdings wesentlich seltener vor dem Gast.

Arbeitsmethode

1 Den Gästen das Filet Colbert auf einer Platte präsentieren und auf dem Platemaster warm stellen.

2 Das Filet Colbert mit dem Tranchierbesteck von der Platte heben und mit dem schmäleren Ende nach rechts auf das Tranchierbrett legen.

3 Nun das Filet Colbert mit der flach gehaltenen Tranchiergabel fixieren und die Umhüllung, die nicht mit Fleisch gefüllt ist (Anschnitt), mit einem senkrechten Schnitt abtrennen. Der Anschnitt wird nicht serviert, sondern in die Küche zurückgebracht.

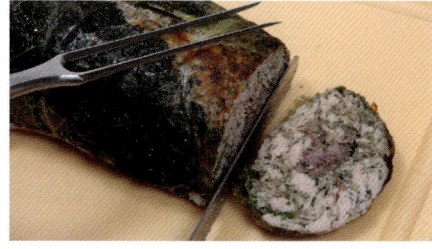

4 Die weiteren Tranchen ebenfalls senkrecht in einer Stärke von zirka 2 cm (bei Filet Wellington 2–3 cm) von rechts nach links schneiden. Schmälere Stücke zu schneiden ist nicht empfehlenswert, da sie zerfallen würden.

5 Auf den heißen Fleischtellern die Tranchen, die Beilagen und evtl. eine Sauce mit dem Vorlegebesteck anrichten.

6 Das Reststück des Filets Colbert auf dem Platemaster zum Nachreichen warm halten.

Dieses saftige, große Steak wird aus dem Mittelstück und dem Filetkopf des Lungenbratens geschnitten. In österreichischen Betrieben hat das Chateaubriand zirka 350 bis 450 g und wird für zwei Personen angeboten.

Auch hier sind die gewünschten Garstufen bei Steaks zu beachten (siehe Garstufen, S. 18).

Der Tranchiervorgang, das Service und die Beilagen sind dieselben wie beim doppelten Rumpsteak (siehe Seite 24).

Der Gästeteller

Tranchieren von Kalbfleisch

„Das Nierenstück gilt für das Beste, und man könnte in Bezug darauf das Kalb mit Recht als vierfüßiges Masthuhn bezeichnen. ... Das Kalb gibt sich in seiner Gutmütigkeit zu so vielen Metamorphosen her, dass man es, ohne ihm zu nahe zu treten, das Chamäleon der Küche nennen kann.“

Grimod de la Reynière, 1805

Fleischteile des Kalbes (österreichische Aufteilung)

Fleischteile des Kalbes (deutsche Aufteilung)

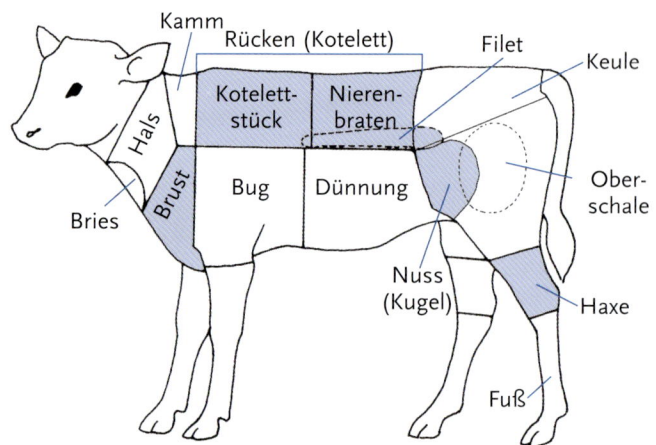

Die Fleischteile des Kalbes, die üblicherweise tranchiert werden, sind in der Grafik farbig unterlegt.

Mise en Place

- Fleischtranchierbrett mit Saftrinne und Saftbecken
- Großes Fleischtranchierbesteck
- Rechaud oder Platemaster für die Platte
- Zwei Vorleger (Suppenlöffel und Fleischgabeln) auf einem Dessertteller
- Ablageteller (Dessertteller)
- Weiterer Platemaster mit sehr heißen Fleischtellern (zwei pro Gast)

Werden in diesem Kapitel bei einer Tranchiermethode weitere Utensilien benötigt, so sind sie dort angeführt.

Kalbsrücken (Kalbssattel)

Selle de veau

Der Kalbsrücken besteht aus dem hohen Teil mit dem Nierenstück und den langen Rippen (Rippenstück) sowie aus dem niederen Teil (Sattelstück) mit den kurzen Rippen. Wird in einem Restaurant das Sattelstück (Kalbssattel) angeboten, so ist es genauso wie der Kalbsrücken zu tranchieren. Dieses Gericht ist für mindestens zwei Personen vorgesehen.

Da der Kalbsrücken seltener angeboten und tranchiert wird als der Lammrücken, werden die Tranchiermethoden im Kapitel „Tranchieren von Lammfleisch" erläutert (siehe Seite 36 ff.).

Mise en Place

Im Gegensatz zum Lammrücken wird statt dem mittelgroßen ein großes Tranchierbesteck verwendet.

Gerollter Kalbsnierenbraten

Longe de veau en rognonnade

In Österreich wird der Kalbsnierenbraten sowohl gerollt als auch mit Rippe (Karree) zubereitet und meist „en voiture" (siehe Fleischwagen, S. 11) oder bei warmen Buffets serviert. Er besteht aus dem kurzen Karree und den ersten drei langen Rippen.

Arbeitsmethode

1 Den Gästen den gerollten Kalbsnierenbraten auf der Platte präsentieren und auf dem Platemaster warm stellen.

2 Nun den gerollten Kalbsnierenbraten mit dem Tranchierbesteck oder dem Vorleger von der Platte heben und quer auf das Tranchierbrett legen.

3 Den Braten mit der flach gehaltenen Tranchiergabel festhalten und von rechts nach links in senkrechte Tranchen von zirka 1 bis 1½ cm Dicke schneiden. Den Anschnitt möglichst gering halten, warm stellen und nur auf Wunsch servieren.

4 Die Tranchen mit dem Tranchierbesteck auf die Platte zurückheben. Die Nieren dürfen dabei nicht aus der Umhüllung fallen.

5 Den noch nicht aufgeschnittenen Kalbsnierenbraten mit dem Vorlegebesteck auf die Platte zurückheben und auf dem Platemaster für das Nachservice warm stellen.

6 Die Tranchen und die Beilagen mit dem Vorleger auf den heißen Fleischtellern anrichten und das Fleisch mit Sauce nappieren.

Der Gästeteller

Kalbskarree
Carré de veau

Arbeitsmethode

1 Das Kalbskarree mit der Garnitur auf der Platte präsentieren und auf dem Platemaster warm stellen.

2 Das Kalbskarree mit dem Vorlege- oder Tranchierbesteck von der Platte heben und so auf das Tranchierbrett legen, dass die Rippenenden zum Trancheur zeigen.

3 Das Kalbskarree mit der flach gehaltenen Tranchiergabel festhalten, von rechts nach links zwischen den Rippenknochen senkrecht einschneiden ...

... und das Fleisch durch einen waagrechten Schnitt vom Grat lösen.

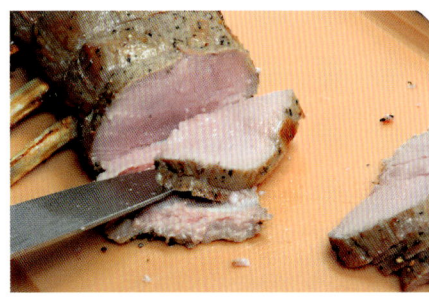

Es entstehen dabei Tranchen mit und ohne Knochen.

4 Mit dem Tranchiermesser unter die Tranchen fahren und diese auf die Platte heben.

5 Das nicht tranchierte Stück und den Anschnitt ebenfalls auf die Platte zurücklegen, um sie für das Nachservice warm zu halten.

6 Die Tranchen und die Beilagen mit dem Vorlegebesteck auf den heißen Fleischtellern anrichten. Das Fleisch mit Bratensaft nappieren oder diesen neben den Tranchen anrichten.

Der Gästeteller

Kalbskrone
Couronne de veau

Die Kalbskrone wird selten angeboten, deshalb ist die Tranchiermethode bei der Lammkrone genau erläutert (siehe Seite 39 ff.).

Mise en Place
Die Mise en Place sollte bei diesem Gericht um ein mittelgroßes Tranchierbesteck erweitert werden.

Kalbsnuss
Noix de veau

Arbeitsmethode

1 Die Platte mit der garnierten Kalbsnuss den Gästen präsentieren und auf den Platemaster stellen.

2 Die Kalbsnuss mit dem Tranchierbesteck oder dem Vorleger von der Platte heben und so auf das Tranchierbrett legen, dass die Fleischfasern des Bratens quer verlaufen.

3 Das Tranchiergut mit der flach gehaltenen Tranchiergabel festhalten und senkrechte, möglichst dünne Tranchen (zirka 8 mm) schneiden. Um die Kalbsnuss besser zu fixieren, kann man auch mit der Tranchiergabel in das Ende des Bratens stechen.

4 Das Reststück auf die Platte zurückheben, damit der Braten für das Nachservice warm gehalten wird.

5 Die Tranchen und die Beilagen mit dem Vorleger auf den heißen Fleischtellern anrichten.

Gefüllte Kalbsbrust
Poitrine de veau farcie

Die gefüllte Kalbsbrust ist eine beliebte Speise auf Österreichs Tischen und wird, mit Semmelfülle, gebraten bzw. gedünstet und glaciert angeboten. Die internationale Küche kennt die Kalbsbrust mit Kalbfleisch-, Schweinefleisch- oder Leberfarcefülle.

Sie wird hauptsächlich am Buffet tranchiert.

Arbeitsmethode

1 Die gefüllte Kalbsbrust den Gästen auf einer Platte präsentieren und anschließend auf dem Platemaster warm stellen.

2 Nun die gefüllte Kalbsbrust mit dem Vorleger oder dem Tranchierbesteck von der Platte heben und so auf das Tranchierbrett legen, dass die Fleischfasern quer verlaufen.

3 Die Kalbsbrust mit der flach gehaltenen Tranchiergabel fixieren und zirka 2 cm dicke Tranchen senkrecht von rechts nach links schneiden. Dabei ist Fingerspitzengefühl angesagt, damit nicht die weiche Fülle aus dem Fleisch quillt.

4 Die restliche Kalbsbrust auf die Platte zurückheben und auf dem Platemaster für das Nachservice warm halten. Wenn sich die Gäste für den Anschnitt nicht begeistern können, wird er vorläufig warm gestellt und später in die Küche zurückgeschickt.

5 Die Tranchen und die Beilagen mit dem Vorlegebesteck auf den gut erwärmten Fleischtellern anrichten. Um das Herausfallen der Fülle zu vermeiden, kann dazu auch das Tranchierbesteck verwendet werden. Das Fleisch mit Bratensaft nappieren oder diesen neben den Tranchen anrichten.

Kalbsfrikandeau und Schlussbraten
Fricandeau de veau et sous-noix de veau

Sie sind wie die Kalbsnuss Teile des Schlegels und werden häufig gespickt und im Ganzen gebraten oder gedünstet und glaciert.

Die Tranchiermethode ist dieselbe wie bei der Kalbsnuss.

Kalbsstelze (Kalbshaxe)
Jarret de veau

Die Kalbsstelze ist ein Teil des Kalbschlegels oder des vorderen Stutzens. Je nach Größe wird die vordere Stelze für zwei Personen und die hintere Stelze für drei bis vier Personen serviert.

Mise en Place
Die Mise en Place sollte bei diesem Gericht um ein kleines Tranchiermesser ergänzt werden. Da der Knochen relativ groß ist, empfiehlt es sich, als Ablageteller für den Knochen statt des Desserttellers einen Fleischteller zu verwenden.

Arbeitsmethode

1 Den Gästen die Platte mit der garnierten Kalbsstelze präsentieren und auf dem Platemaster warm stellen.

2 Den Knochen der Kalbsstelze mit einer Stoffserviette umfassen, die Stelze von der Platte heben und auf das Tranchierbrett legen. Die Kalbsstelze kann auch mit dem Tranchierbesteck oder dem Vorleger auf das Tranchierbrett gehoben werden, wobei der Knochen schräg nach links zeigen soll.

3 Den Knochen der Kalbsstelze weiter mit der linken Hand festhalten und aufstellen. Nun mit der Spitze des Tranchiermessers, an der dünnsten Stelle beginnend (der Wadenseite gegenüber), von oben nach unten das Fleisch bis zum Knochen durchschneiden.

4 Das Fleisch mit dem Tranchiermesser vom Knochen lösen, indem man den Knochen dabei leicht dreht.

5 Den Knochen auf den Ablageteller legen.

6 Die Kalbsstelze besteht nun aus zwei Teilen, die in der Mitte zusammenhängen. Das Fleisch wird an dieser Nahtstelle geteilt.

7 Mit der flach gehaltenen Tranchiergabel die beiden Stücke der Kalbsstelze festhalten und mit der Schnittfläche nach unten auf das Tranchierbrett legen.

8 Nun von rechts nach links quer zur Faser ungefähr 2 cm dicke, etwas schräge Tranchen schneiden.

9 Die Tranchen und das Reststück auf die Platte zurückheben und auf dem Platemaster warm stellen.

10 Tranchen und Beilagen mit dem Vorlegebesteck auf heißen Fleischtellern anrichten. Die Tranchen mit Bratensaft nappieren.

Der Gästeteller

Tranchieren von Schweinefleisch

Die Teilstücke des Schweins, die sich zum Tranchieren eignen, können gekocht, gebraten oder gegrillt werden. Vor der Zubereitung ist auf die Qualität des Fleisches zu achten, das blassrosa aussehen und festes, weißes Fett aufweisen sollte.

Fleischteile des Schweines (österreichische Aufteilung)

Fleischteile des Schweines (deutsche Aufteilung)

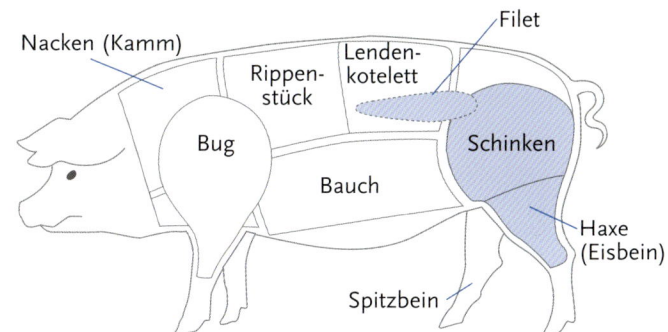

Die Fleischteile des Schweines, die üblicherweise tranchiert werden, sind farbig unterlegt.

Gekochter Beinschinken
Jambon cuit

In der Gastronomie wird Schinken in vielen Zubereitungsarten angeboten. Er wird zuerst gepökelt und geräuchert und in Restaurants roh, gekocht, in Teigkruste, warm oder kalt serviert.

Arbeitsmethode 1

Für ein problemloses Tranchieren sorgt der so genannte Schinkenspanner. In ihn wird der kalte Beinschinken mit der Nuss nach oben eingespannt. Der Schinkenknochen muss somit nicht dauernd festgehalten werden.

Mise en Place

- Schinkenspanner
- Tranchelard
- Kleines Tranchiermesser
- Zwei Vorleger (Suppenlöffel und Fleischgabeln) auf einem Dessertteller
- Ablageteller (Dessertteller)
- Kalte Fleischteller (zwei pro Gast)

1 Den kalten, im Schinkenspanner fixierten Beinschinken präsentieren.

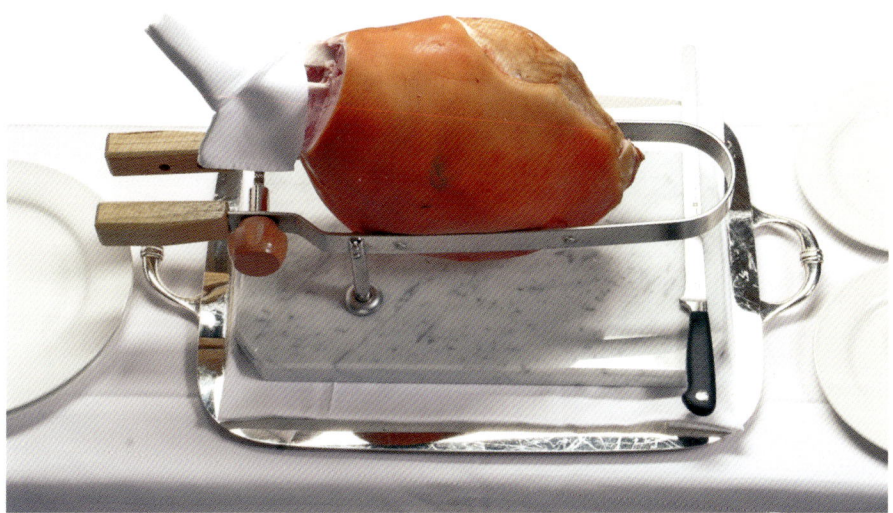

2 Bevor man die Tranchen schneidet, sollte die Schwarte entfernt werden. Da die Schwarte vor dem Austrocknen schützt, sollte sie nur so weit weggeschnitten werden, als man tranchieren möchte.

Die Schwarte mit einem kleinen Tranchiermesser einschneiden, mit einer Fleischgabel aufrollen und auf den Ablageteller legen.

4 Stößt man auf den Knochen, senkrecht zum Knochen einschneiden und wiederum Tranchen schneiden.

5 Die Tranchen auf einem Fleischteller mit Beilagen anrichten und servieren.

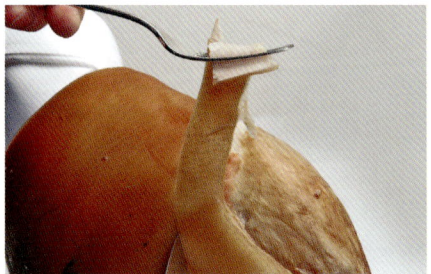

Schwarte aufrollen

3 Die Tranchen mit einem Tranchelard senkrecht zum Knochen schneiden. Man beginnt am dicken Ende und schneidet von rechts nach links zirka 2 bis 3 mm dicke Tranchen.

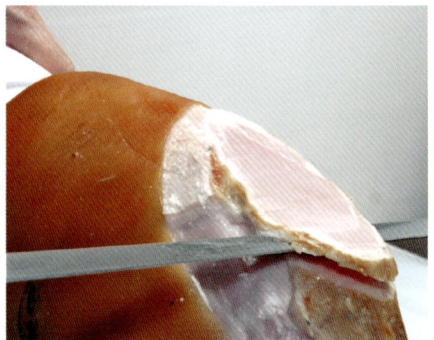

Der Gästeteller

Arbeitsmethode 2

Mise en Place

- Großes Fleischtranchierbrett mit Saftrinne und Saftbecken
- Tranchelard und kleines Tranchiermesser
- Mittelgroßes Fleischtranchierbesteck
- Rechaud oder Platemaster für die Platte
- Zwei Vorleger (Suppenlöffel und Fleischgabeln) auf einem Dessertteller
- Ablageteller (Dessertteller)
- Weiterer Platemaster mit sehr heißen Fleischtellern (zwei pro Gast)

Wird der gekochte, warme Beinschinken mit Knochen serviert, kann man ihn entweder wie einen Lammschlegel (siehe Seite 40 ff.) oder auf die nun folgende Weise tranchieren.

1 Den Beinschinken auf einer Platte präsentieren und anschließend auf den Platemaster stellen.

2 Den Knochen des Beinschinkens mit einer Stoffserviette umfassen, den Schinken von der Platte heben und senkrecht auf das Tranchierbrett stellen.

Statt mit der Stoffserviette kann man den Beinschinken auch mit einer Papiermanschette festhalten, die in der Küche über den Knochen gestülpt worden ist.

3 Mit der linken Hand den Beinschinken festhalten und einen kurzen, senkrechten Schnitt entlang des Knochens durchführen.

4 Die Nuss wird in zirka 5–8 mm dicke, waagrechte Tranchen geschnitten, wobei das Tranchelard oder Tranchiermesser immer bis an den Knochen geführt wird.

5 Wenn die Nussseite aufgeschnitten ist, dreht man den Beinschinken um und tranchiert die zweite Seite ebenso in waagrechte Tranchen von 5 bis 8 mm Stärke.

6 Die Tranchen, die Beilagen und eine Sauce auf den heißen Fleischtellern anrichten und servieren.

7 Das restliche Stück wird auf der Anrichteplatte für das Nachservice warm gehalten.

Arbeitsmethode 3

Mise en Place

Sie ist ident mit der Mise en Place der Arbeitsmethode 2.

Diese Tranchiermethode eignet sich für den warmen Beinschinken, der in der Küche hohl ausgelöst und gebunden wurde.

1 Den Beinschinken mit dem Tranchierbesteck von der Platte heben und so auf das Tranchierbrett legen, dass die dickere Seite nach rechts und die umfangreichere Nuss nach oben weist.

2 Nun mit der Tranchiergabel fixieren und von rechts nach links in senkrechte, zirka ½–1 cm dicke Tranchen schneiden. Den Anschnitt warm stellen und nur dann servieren, wenn ein Gast ihn wünscht.

Schweinsstelze
(Schweinshaxe)
Jarret de porc, Jambonneau de porc

Die Schweinsstelze ist ein deftiges Gericht, das das Herz so manches Österreichers oder Bayerns höher schlagen lässt. Sie reicht für zwei Personen und wird gerne bei warmen Buffets angeboten. Der Preis richtet sich nach Größe und Gewicht der Stelze und ist auf der Speisekarte angegeben.

Die Mise en Place, die Tranchiermethode und das Service können bei der Kalbsstelze nachgelesen werden (siehe Seite 31 f.).

Schweinsfilet im Ganzen
(Lungenbraten, Lende)
Filet de porc

Die Mise en Place, der Tranchiervorgang und das Service sind dieselben wie beim Rindsfilet (siehe Seite 26).

Der Schweinslungenbraten kann im Ganzen zubereitet, gefüllt oder umhüllt werden. Die Tranchiermethode bei Kohlblätter- oder Blätterteighüllen gleicht der des Filets Colbert und des Filets Wellington (siehe Seite 27).

Tranchieren von Lammfleisch

„Der Schafschlegel ist der gewöhnlichste Braten auf dem bürgerlichen Tische. Aber wenn auch alltäglich, ist er doch ein nahrhaftes und kerniges Essen, besonders wenn er, erhofft und ersehnt wie das große Los, mürbe geklopft wie ein auf der Tat ertappter Dieb und blutig wie ein Schreckensmann, seine Schmackhaftigkeit, seine Saftigkeit und seine Zartheit bewahrt."

Grimod de la Reynière, 1805

Fleischteile des Lammes (österreichische Aufteilung)

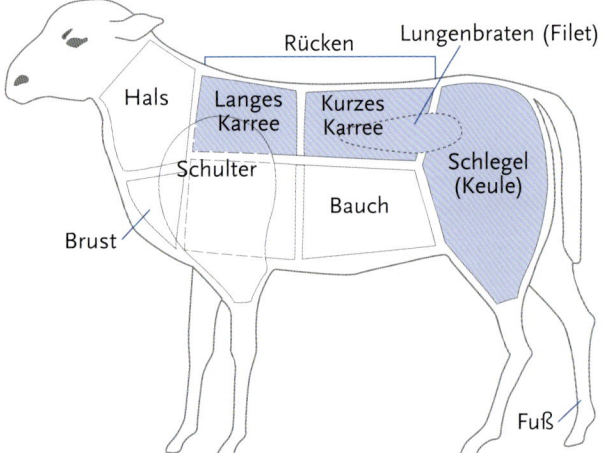

Fleischteile des Lammes (deutsche Aufteilung)

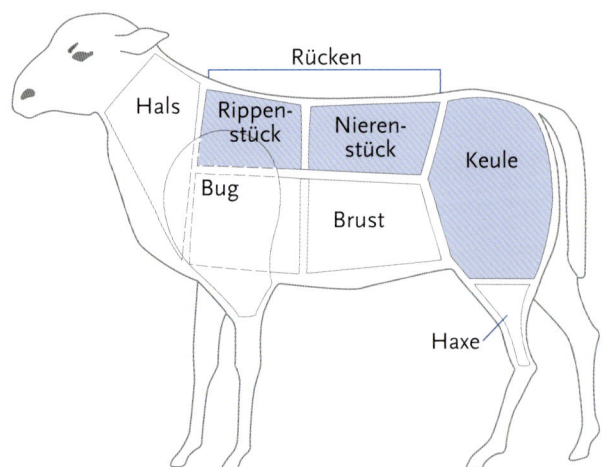

Die Fleischteile des Lammes, die üblicherweise tranchiert werden, sind farbig unterlegt.

Mise en Place

▪ Fleischtranchierbrett mit Saftrinne und Saftbecken
▪ Mittelgroßes Fleischtranchierbesteck
▪ Rechaud oder Platemaster für die Platte
▪ Zwei Vorleger (Suppenlöffel und Fleischgabeln) auf einem Dessertteller
▪ Ablageteller (Dessertteller)
▪ Weiterer Platemaster mit sehr heißen Fleischtellern (zwei pro Gast)

Notwendige Änderungen der Mise en Place werden bei der betreffenden Tranchiermethode beschrieben.

Lammrücken (Lammsattel)

Selle d'agneau

Um das Tranchieren zu erleichtern, sollte in der Küche entlang des Rückenknochens links und rechts eingeschnitten werden.

Arbeitsmethode 1

1 Die Platte mit dem garnierten Lammrücken den Gästen präsentieren und anschließend auf dem Platemaster warm stellen.

2 Den Lammrücken mit dem Tranchierbesteck oder dem Vorleger aus der Garnitur heben und quer auf das Tranchierbrett legen.

3 Den Rücken fixieren, indem man mit der Tranchiergabel so einsticht, dass sich das Rückgrat zwischen den Zinken befindet.

Das Rückenfleisch durch einen beiderseits eng neben dem Rückgrat und parallel geführten Schnitt (von links nach rechts) vom Knochen trennen. Dieser Schnitt muss bis zu den Rippenknochen reichen, damit sich das Fleisch gut lösen lässt.

Aber aufgepasst!
Bei den langen Rippen ist ein senkrechter Schnitt kein Problem. Bei den kurzen Rippen ist jedoch Vorsicht geboten. Das Messer sollte dabei etwas schräg gehalten werden, damit es am Knochengrat hinuntergleiten kann. Andernfalls läuft man Gefahr, in das Filet hineinzuschneiden.

4 Das Fleisch von den Rippen lösen. Dieser Schnitt kann dadurch unterstützt werden, dass man mit der Tranchiergabel das Rückenfilet leicht vom Knochen wegdrückt, ohne hineinzustechen.

5 Das Filet vom Knochen abheben und mit dem Vorleger auf die Platte zurückheben.

Es geht auch anders ...
Man kann jedoch auch sofort mit dem Punkt 10 fortfahren, indem man das ausgelöste Rückenfleisch fertig tranchiert und anrichtet. Dadurch wird ein weiterer Wärmeverlust vermieden. Der übrige Rücken wird inzwischen auf der Platte warm gestellt.

Mit der zweiten Seite wird wie mit der ersten Seite verfahren, wobei der Rücken um 180 Grad gedreht wird, damit das noch auszulösende Rückenfleisch wieder auf der vom Trancheur abgewandten Seite zu liegen kommt.

Es ist auch möglich, den zweiten Rückgratschnitt (siehe Punkt 3) erst jetzt durchzuführen.

6 Sind die kleinen Filets (Filets mignons) mitgebraten worden, so wird jetzt, wo beide Rückenfilets auf der Platte warm gestellt sind, der Lammrücken mit der Unterseite nach oben gedreht.

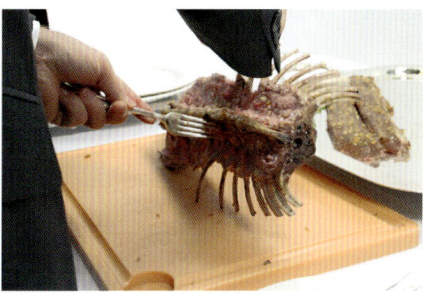

7 Die beiden eigentlichen Filets können nun ausgelöst werden.

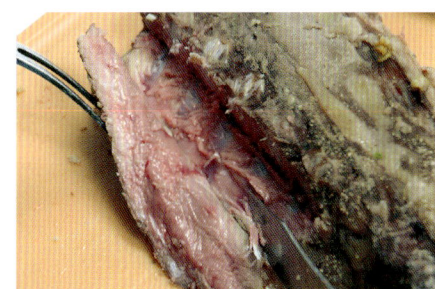

8 Damit eine größere Schnittfläche entsteht, werden die Filets mignons schräg geschnitten und ebenfalls warm gestellt. Je nach Anzahl der Gäste können die Filets mignons so geschnitten werden, dass jeder Gast in den Genuss dieser Köstlichkeit kommt (meist in zwei bis drei Tranchen).

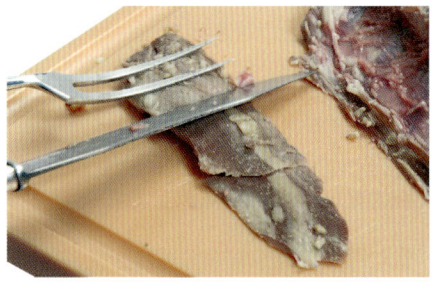

9 Nun die verbleibende Karkasse auf die Platte zurücklegen.

10 Die Rückenfilets auf das Tranchierbrett zurückheben. Das erste Rückenfilet mit der flach gehaltenen Tranchiergabel fixieren und von rechts nach links in zirka 1 bis 1½ cm dicke, etwas schräge Tranchen schneiden (den Anschnitt immer klein halten).

Entweder werden die Tranchen mit den Beilagen jetzt vorgelegt oder es wird mit Punkt 12 fortgefahren.

11 Das zweite Rückenfilet ebenso tranchieren.

12 Auf die Karkasse, die bereits auf der Platte liegt, werden nun die tranchierten Rückenfilets gelegt, sodass die ursprüngliche Form des Lammrückens wieder ersichtlich ist. Dies erreicht man, indem man die Messerklinge unter die tranchierten, noch auf dem Brett liegenden Rückenfilets schiebt und mit der Gabel durch leichten Druck gegen die vorderen Tranchen das Ganze zusammenhält.

Man kann dazu auch das Vorlegebesteck verwenden, was allerdings mehr Zeit in Anspruch nimmt, da nicht das ganze Filet auf einmal erfasst werden kann.

Die Tranchen werden auf die Platte zurückgehoben ...

... und so auf der Karkasse platziert, dass die ursprüngliche Form des Lammrückens wieder gegeben ist.

13 Nun kann die Platte abermals den Gästen präsentiert werden.

Der Gästeteller

14 Die Tranchen (pro Gast ein Stück Filet mignon und ein Stück Rücken-fleisch) rasch mit den Beilagen auf den heißen Fleischtellern anrichten und servieren.

15 Die restlichen Tranchen und die Anschnitte auf der Anrichteplatte für ein Nachservice warm halten. Extra bereitgestellte Beilagen, Jus oder Sauce ebenfalls warm stellen.

Arbeitsmethode 2

Der Lammrücken kann auch auf andere Weise tranchiert werden. Diese Metho-de wird beim Rehrücken (siehe S. 43 f.) näher beschrieben.

Lammkarree
Carré d'agneau

Der halbierte Rücken des Lammes wird genauso tranchiert und serviert wie das Kalbskarree (siehe Seite 30).

Damit die Scheiben des Lammkar-rees beim Tranchieren nicht zu dünn werden, sollte vor der Zubereitung jede zweite Rippe entfernt werden. Die Tranchen erhält man durch senkrechte Schnitte zwischen den einzelnen Rip-pen. Ist das Lamm sehr klein, können Tranchen in der Stärke von zwei Rippen geschnitten werden.

Lammkrone
Couronne d'agneau

Eine Lammkrone dem Gast zu präsentieren und vor ihm zu tranchieren, ist ein Erlebnis der besonderen Art. Wegen der aufwändigen Vorbereitung in der Küche wird sie aber eher selten angeboten.

Arbeitsmethode

1 Den Gästen die Lammkrone auf der Platte präsentieren und anschließend auf den Platemaster stellen.

2 Die Lammkrone mit dem Tranchier- oder Vorlegebesteck von der Platte he-ben und auf das Tranchierbrett stellen.

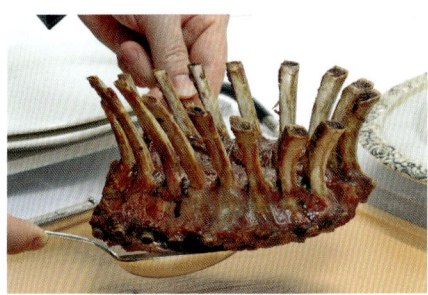

3 Nun einen Rippenknochen zwischen den zwei Zinken der Tranchiergabel einklemmen und so die Lammkrone fixieren. Zwischen den Rippen senkrechte Tranchen schneiden.

4 Die Tranchen mit Hilfe des Tranchierbestecks auf die Platte zurückheben und zusammen mit dem Reststück der Lammkrone auf der Platte für das Nachservice warm halten.

5 Mit dem Vorlegebesteck die Tranchen und die Beilagen auf den heißen Fleischtellern anrichten.

Lammschlegel (Lammkeule)
Gigot d'agneau

Mise en Place

Die zu Beginn des Kapitels beschriebene Mise en Place (siehe S. 36) sollte man mit einem Tranchelard ergänzen.

Arbeitsmethode 1

Diese Arbeitsmethode wird vor allem auf der Voiture im À-la-carte-Service und beim Brunchbuffet angewandt.

1 Den garnierten Lammschlegel den Gästen präsentieren.

2 Den Lammschlegel mit einer Stoffserviette am Knochen umfassen und mit dem dickeren Teil nach unten auf das Tranchierbrett legen.

3 Den Lammschlegel mit der linken Hand am Haxenknochen festhalten und einen Keil am Haxenknochen herausschneiden.

4 Nun die ersten kleineren Tranchen von der Nuss schneiden, abheben und für die Gäste, die Freunde von durchgebratenen Stücken sind, warm stellen.

5 Die Nuss in zirka 1 cm dicke Tranchen schneiden. Um die Tranche vom Knochen zu lösen, verkantet man das Tranchelard oder Tranchiermesser leicht nach oben und hebt das Fleisch ab. Bei diesem Arbeitsschritt verläuft der Schnitt ausnahmsweise zum Trancheur, aber keine Angst, man ist durch den Knochen geschützt.

Die Tranchen können sofort vorgelegt und mit Beilagen serviert werden oder man fährt mit Punkt 6 fort.

6 Nachdem die eine Seite tranchiert ist, wird der Lammschlegel umgedreht und die andere Seite ebenso tranchiert.

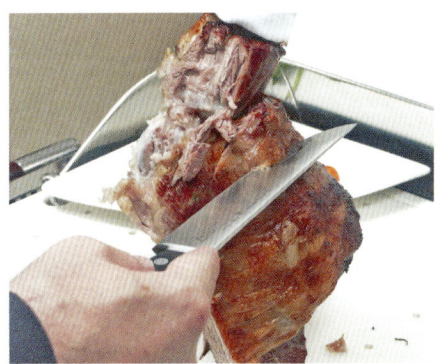

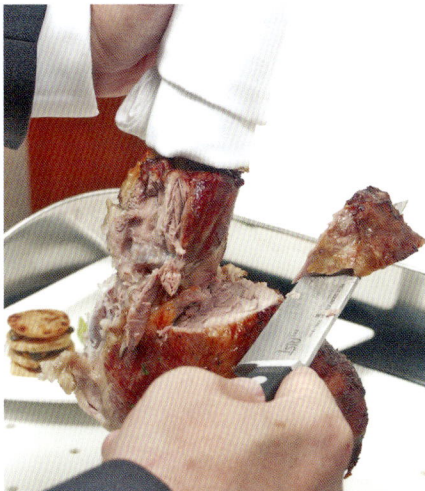

Keil schneiden

Zweite Seite in Tranchen schneiden

7 Die Tranchen und die Beilagen mit dem Vorlegebesteck auf den heißen Fleischtellern anrichten. Den Bratensaft neben dem Fleisch anrichten oder die Tranchen damit nappieren.

Die Tranchen, die nicht sofort serviert werden, verbleiben auf der Voiture, die mit dem Deckel verschlossen wird. Durch den aufsteigenden Wasserdampf werden die Tranchen warm gehalten.

Der Gästeteller

Arbeitsmethode 2

Diese Tranchiermethode ist zu empfehlen, wenn der ganze Lammschlegel vorgelegt wird.

1 Mit der linken Hand den Lammschlegel festhalten und die Nuss von oben nach unten mit dem Tranchiermesser vom Knochen schneiden.

2 Den Lammschlegel umdrehen und das Fleisch ebenso vom Knochen schneiden.

Beide Hälften des Lammschlegels sind nun heruntergeschnitten.

3 Anschließend die seitlichen Fleischstücke herunterschneiden.

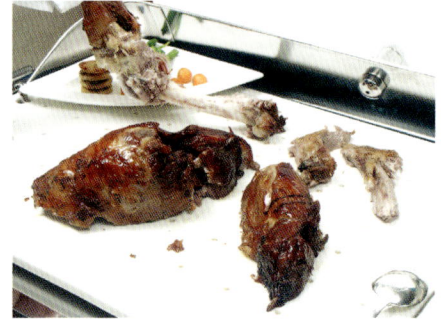

4 Die beiden Hälften des Lammschlegels mit der Schnittfläche nach unten so auf das Tranchierbrett legen, dass die Fasern des Fleischstücks quer verlaufen. Mit der flach gehaltenen Tranchiergabel das Tranchiergut fixieren und mit dem Tranchelard von rechts nach links in etwa 1 cm dicke, senkrechte Tranchen schneiden.

Tranchieren von Haarwild

Das Fleisch von Wild ist eine ganz besondere Delikatesse. In Zeiten, als das Recht zur Ausübung der Jagd nur dem Adel zustand, waren gerade die Gerichte aus Wild auf den üppigen Festtafeln oder innerhalb festlicher Speisenfolgen krönende Höhepunkte.

Das Fleisch des Wildes ist feinfasriger, dunkler, dichter und eiweißreicher als das Fleisch von Schlachttieren. Durch das Abhängen des Wildes wird das Fleisch mürber und es entwickelt sich der typische, arteigene Wildgeschmack. Wild sollte jedoch keinen so genannten Hautgout (Geschmack durch Überlagerung) erhalten, da das Fleisch sich dann bereits zersetzt.

Das helle, feinfasrige Fleisch von Jungtieren wird ungespickt zartrosa gebraten. Das Fleisch von älteren Tieren ist dunkler, grobfasriger und schwerer verdaulich und sollte anders zubereitet, z. B. gespickt und braun gedünstet werden.

Mise en Place

- Fleischtranchierbrett mit Saftrinne und Saftbecken
- Mittelgroßes oder großes Fleischtranchierbesteck (je nach Größe des Wildes)
- Rechaud oder Platemaster für die Platte
- Zwei Vorleger (Suppenlöffel und Fleischgabeln) auf einem Desserteller
- Ablageteller (Dessertteller)
- Weiterer Platemaster mit sehr heißen Fleischtellern (zwei pro Gast)

Notwendige Änderungen oder Ergänzungen der Mise en Place werden bei der betreffenden Tranchiermethode beschrieben.

Rehrücken
Selle de chevreuil

Der ganze Rehrücken kann wie der Lammrücken auf zwei Arten tranchiert werden. Eine Methode wird hier beschrieben, die andere beim Lammrücken auf S. 36 ff.

Um das Tranchieren zu erleichtern, sollte in der Küche entlang des Rückenknochens links und rechts eingeschnitten werden.

Mise en Place

Je nach der Größe des Rehrückens benutzt man ein mittelgroßes oder großes Fleischtranchierbesteck.

Arbeitsmethode

Es wird bei dieser Methode direkt am Knochengerüst tranchiert, wodurch die Arbeit wesentlich rascher vor sich geht und das Fleisch heißer serviert werden kann.

1 Die Platte mit dem garnierten Rehrücken den Gästen präsentieren und anschließend auf dem Platemaster warm stellen.

2 Den Rehrücken mit dem Tranchierbesteck oder dem Vorleger aus der Garnitur heben und quer auf das Tranchierbrett legen.

3 Den Rücken fixieren, indem man mit der Tranchiergabel so einsticht, dass sich das Rückgrat zwischen den Zinken befindet.

4 Das Rückenfleisch durch einen beiderseits eng neben dem Rückgrat verlaufenden Schnitt (von links nach rechts) vom Knochen trennen.

5 Schräge Tranchen quer zur Faser in einer Stärke von 1½ cm schneiden.

Das Messer dabei etwas schräg halten und das Filet entlang des Knochens ablösen.

7 Den Rehrücken um 180 Grad drehen und die Arbeitsschritte 3–6 wiederholen.

6 Die Tranchen auf die Platte zum Warmhalten zurückheben.

8 Die Tranchen können besser warm gehalten werden, wenn sie nicht mehr auf der Karkasse, sondern direkt auf der Platte arrangiert werden.

Die Karkasse wird mit dem Tranchierbrett in die Küche zurückgebracht.

9 Die Tranchen rasch mit den Beilagen auf den heißen Fleischtellern anrichten und servieren.

10 Die restlichen Tranchen auf der Anrichteplatte für ein Nachservice warm halten. Extra bereitgestellte Beilagen, Jus oder Sauce ebenfalls warm stellen.

Der Gästeteller

Hirschrücken
Selle de cerf

Der Rücken von jungen Tieren wird meist gespickt und rosa gebraten, während das Fleisch von älteren Tieren gespickt und gedünstet wird.

Mise en Place
Je nach Größe des Hirschrückens kann ein mittelgroßes oder ein kleines Fleischtranchierbesteck verwendet werden.

Arbeitsmethode
Die Tranchiermethode und das Service sind dieselben wie beim Lammrücken (siehe Seite 36 ff.).

Rehschlegel (Rehkeule)
Cuissot de chevreuil

Die Tranchiermethode und das Service sind dieselben wie beim Lammschlegel (siehe Seite 40 f.). Allerdings werden Rehschlegel selten gebraten, sondern eher gespickt und gedünstet.

Mise en Place
Die zu Beginn dieses Kapitels beschriebene Mise en Place (siehe S. 43) ist um ein Tranchelard zu ergänzen. Je nach Größe des Rehschlegels kann ein mittelgroßes oder ein kleines Fleischtranchierbesteck verwendet werden.

Hasenrücken
Râble de lièvre

> „Dieses wirklich liebenswürdige Tier stürzt sich mit größter Zuvorkommenheit in alle möglichen Saucen, um unsere die Absonderung fördernden Genüsse zu erhöhen."
>
> *Grimod de la Reynière, 1805*

Am besten schmecken bis zu ein Jahr alte Hasen, deren Fleisch noch zart und hell ist. Der Hasenrücken wird eventuell gespickt und rosa gebraten.

Um das Tranchieren zu erleichtern, sollte in der Küche entlang des Rückenknochens links und rechts eingeschnitten werden.

Mise en Place
Die zu Beginn dieses Kapitels angeführte Mise en Place (siehe S. 43) sollte vorbereitet werden, allerdings wird bei diesem Gericht nicht mit einem Tranchierbesteck, sondern mit dem Vorleger gearbeitet.

Arbeitsmethode

1 Den Gästen die Platte mit dem garnierten Hasenrücken präsentieren und auf dem Platemaster warm stellen.

2 Den Hasenrücken mit dem Vorlegebesteck von der Platte heben und quer auf das Tranchierbrett legen.

3 Mit der Gabel des Vorlegebestecks den Rückgratknochen zwischen den Zinken fixieren. Nun bei der vom Trancheur abgewandten Seite beginnend das Fleisch vom Rückgratknochen mit dem Rücken des Vorlegelöffels von links nach rechts lösen ...

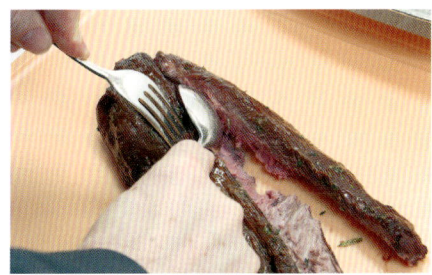

... und sofort auf die Platte zum Warmhalten zurücklegen.

4 Den Hasenrücken um 180 Grad drehen, sodass das noch auszulösende Rückenfleisch auf der vom Trancheur abgewandten Seite zu liegen kommt, und das Fleisch ebenso auslösen und auf die Platte zurückheben.

Da das zarte Hasenfleisch schnell auskühlt, kann das Rückenfleisch auch sofort in Tranchen geschnitten und angerichtet werden (siehe Punkt 8 und Punkt 11).

5 Die Unterseite des Hasenrückens nach oben drehen und die beiden Filets mignons mit dem Vorlegelöffel auslösen.

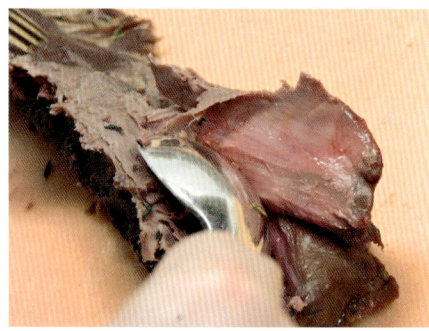

6 Die Filets mignons so teilen, dass zwei schräge Tranchen entstehen.

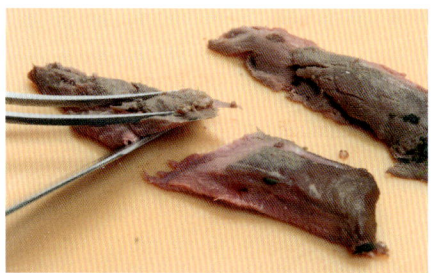

Nun die Filets mignons warm stellen oder mit den Tranchen des Hasenrückens (siehe Punkt 4) vorlegen und servieren.

7 Die Karkasse auf den Abfallteller heben und die zwei großen ausgelösten Teile des Rückens mit der dickeren Seite nach rechts wieder auf das Tranchierbrett legen.

8 Die Rückenteile mit der flach gehaltenen Tranchiergabel festhalten und leicht schräge Tranchen von etwa 1 bis 1½ cm Stärke schneiden. Man kann die Tranchen mit den Beilagen sofort vorlegen oder mit Punkt 9 fortfahren.

9 Die tranchierten Rückenstücke mit dem Vorlegebesteck zu den Filets mignons auf die Platte zurückheben.

10 Die Platte den Gästen präsentieren.

11 Die Tranchen (pro Gast z. B. je ein Stück der Filets mignons und ein Stück Rückenfleisch) rasch mit den Beilagen und Garnituren auf den heißen Fleischtellern anrichten, Sauce oder Wildjus neben das Fleisch gießen oder die Tranchen auf einen Saucenspiegel setzen und servieren.

12 Die restlichen Tranchen auf der Platte für das Nachservice warm halten.

Der Gästeteller

Tranchieren von Geflügel

„Was die Leinwand für den Maler ist, das ist Geflügel für den Koch. Es wird gekocht oder gebraten serviert, heiß oder kalt, ganz oder in Stücken, mit oder ohne Sauce, entbeint, enthäutet oder gefüllt – und jedesmal mit gleich großem Erfolg." Mit diesen Worten huldigte im 19. Jahrhundert der französische Gastrosoph Brillat-Savarin dem Geflügel.

In der Gastronomie versteht man unter Geflügel alle Haus- und Mastgeflügelarten, die zur Eier- und Fleischgewinnung gezüchtet werden. Dazu zählen Hühner, Perlhühner, Enten, Gänse, Truthühner und Tauben.

Das Alter des Geflügels spielt bei der Auswahl der Kochart und der Rezepte eine große Rolle. Junges Geflügel ist zart und fein im Geschmack – es eignet sich also hervorragend zum Grillen und Braten. Mit zunehmendem Alter wird das Fleisch zäher, es entwickelt aber ein Aroma, das es in sich hat. Älteres Geflügel, respektive die alt gediente Suppenhenne, ist also die erste Wahl, wenn es darum geht, einen kräftigen Fond oder eine hervorragende Suppe zu kochen.

Am besten schmeckt Geflügel, wenn es frisch zubereitet mit knuspriger Haut auf den Tisch kommt und vor dem Gast tranchiert wird. Größeres Geflügel wird in mehrere Teile zerlegt, während die kleineren Arten nur halbiert werden. Dabei ist für den Servicemitarbeiter die genaue Kenntnis der Anatomie des Tieres notwendig, denn jede Geflügelart ist anders gebaut. Der Trancheur weicht den Knochen aus und sucht Sehnen und Knorpel, um dort eine Teilung durchzuführen. Knorpel finden sich beim Geflügel in den Gelenken. Die Sehnen sind nach der Zubereitung nicht mehr elastisch und springen beim geringsten Druck. Bei Schwimmvögeln (Ente, Gans) sitzen die Gelenke tiefer und sind daher schwieriger zu erreichen.

Grundregeln für das Tranchieren von Geflügel

Die allgemeinen Grundregeln des Tranchierens am Beginn des Kapitels (siehe Seite 12 f.) sind auch beim Zerlegen von Geflügel anzuwenden. Wegen der besonderen Körperform des Geflügels sind jedoch noch weitere Punkte zu beachten.

- Vor dem Gast werden niemals Knochen zerhackt. Sehnen und Knorpel werden zerteilt.
- Eine genaue Messerführung entlang der Karkasse ist wichtig, damit nicht allzu viele Fleischreste zurückbleiben.
- Geflügelscheren sind zum Tranchieren denkbar ungeeignet, weil damit keine geraden Schnittflächen erzielt werden können.

Mise en Place

- Geflügel- oder Fleischtranchierbrett mit Saftrinne und Saftbecken
- Kleines, mittelgroßes oder großes Fleischtranchierbesteck (je nach Größe des Geflügels)
- Rechaud oder Platemaster für die Platte
- Zwei Vorleger (Suppenlöffel und Fleischgabeln) auf einem Dessertteller
- Ablageteller (Dessertteller)
- Weiterer Platemaster mit sehr heißen Fleischtellern (zwei pro Gast)

Sind in diesem Kapitel bei einer Tranchiermethode Änderungen der Mise en Place notwendig, werden sie dort beschrieben.

Gefülltes Kücken
Poussin farci

Das Kücken ist bei der Schlachtung vier bis fünf Wochen alt und wiegt zirka 300 bis 500 Gramm. Es wird im Ganzen gebraten oder gegrillt für eine Person angeboten. Es ist nicht notwendig, das Kücken zu bridieren.

Mise en Place

Das Knochengerüst des Kückens ist zart und weich und kann daher ohne Mühe mit einem mittelgroßen Tranchierbesteck geteilt werden.

Arbeitsmethode

1 Das Kücken in der Plat russe auf einer Platte mit Stoffserviette den Gästen präsentieren. Anschließend nur die Plat russe auf dem Platemaster warm stellen.

2 Das Kücken mit dem Vorlegebesteck aus der Plat russe heben und mit dem Rücken auf das Tranchierbrett legen. Die Kopfseite des Kückens soll vom Trancheur abgewandt sein.

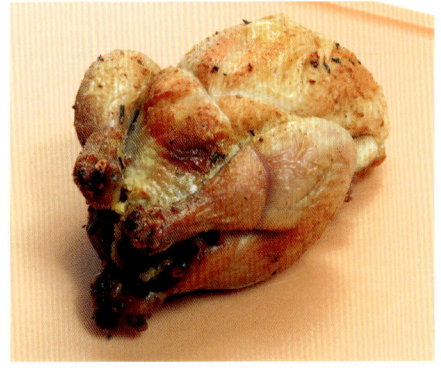

3 Mit der Tranchiergabel oder Vorlegegabel zwischen Keule und Brustfleisch schräg nach unten in die Karkasse stechen.

4 Das Kücken wird nun der Länge nach geteilt, indem man mit dem Tranchiermesser den Brustknorpel bis zum Rückgrat durchschneidet.

Vor dem Rückgrat das Messer schräg nach außen kippen und das Rückgrat durchtrennen.

5 Das Rückgrat, das noch an einer Hälfte des Kückens haftet, in einer Breite von 1 bis 1½ cm abtrennen und auf den Ablageteller legen.

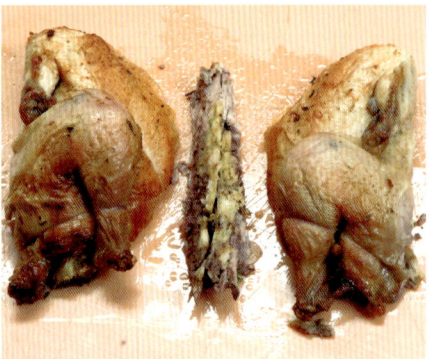

Die beiden Hälften und das Rückgrat

Brathuhn
Poulet rôti

6 Auf dem heißen Fleischteller mit dem Vorlegebesteck eine Hälfte des Kückens mit den Beilagen vorlegen.

Eventuell daneben Bratensaft anrichten.

Der Gästeteller

7 Die zweite Hälfte des Kückens für das Nachservice in der Plat russe warm halten.

Dem Gast sollte unbedingt ein Knochenteller eingestellt werden.

Das klassische Brathuhn ist sieben bis acht Wochen alt und wiegt zirka 1.000–1.200 g. Der Brustbeinknorpel ist in diesem Alter noch biegsam.

Mise en Place

Zum Zerteilen des Brathuhnes eignet sich das mittelgroße Tranchierbesteck.

Arbeitsmethode 1

1 Die Platte mit dem Brathuhn den Gästen präsentieren und anschließend auf dem Platemaster warm stellen.

2 Während des Garens sammelt sich Bratensaft in der Bauchhöhle des Brathuhns. Man sollte daher den Bratensaft heraustropfen lassen, damit sich die knusprig gebratene Haut nicht aufweicht.

Dazu das Messer in die Bauchhöhle schieben, mit der Tranchiergabel am Halsteil dagegen halten und das Brathuhn hochheben. Dann das Brathuhn schräg halten, damit der Bratensaft aus der Bauchhöhle abfließen kann.

3 Das Brathuhn mit dem Tranchierbesteck von der Platte auf das Tranchierbrett heben. Es soll auf dem Rücken liegen und die Bauchöffnung zum Trancheur weisen.

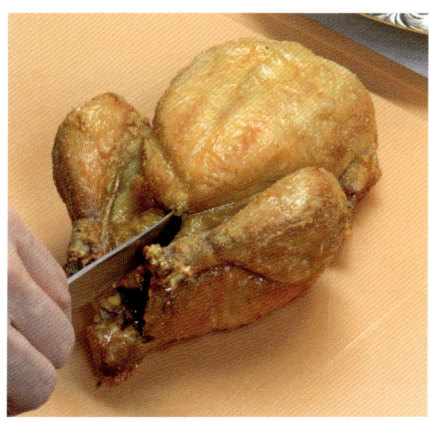

4 Die Haut an der rechten Keule einschneiden.

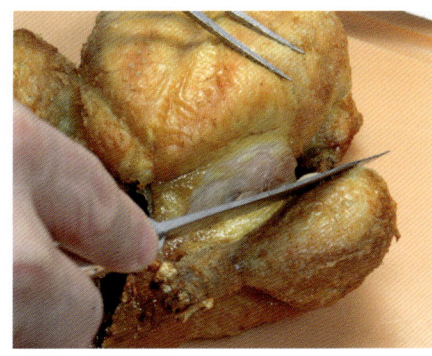

5 Die Keule nach rechts wegdrücken, bis sich der Gelenkknorpel löst.

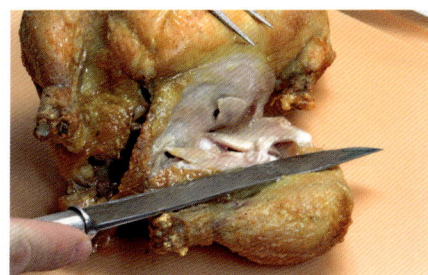

6 Neben dem Knorpel die Keule mit einem geraden Schnitt abtrennen.

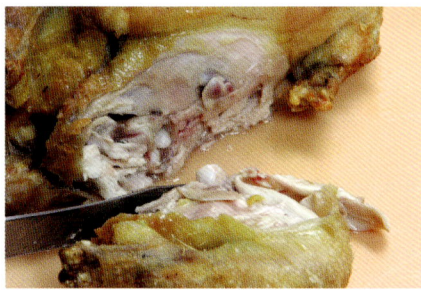

Die Keule soll mit der Haut nach oben zu liegen kommen, damit die Haut knusprig bleibt.

7 Die linke Keule ebenso abtrennen.

Abgetrennte Keulen

8 Zwischen Ober- und Unterkeule mit der Tranchiergabel einstechen und die Keulen beim Knorpel mit einem geraden Schnitt durchtrennen.

9 Mit dem Vorleger Ober- und Unterkeulen auf die Platte zum Warmhalten zurückheben.

10 Das Brathuhn umdrehen, sodass der Kragen zum Trancheur zeigt.

11 Die Karkasse an der Stelle, wo die rechte Keule abgetrennt wurde, mit der Tranchiergabel fixieren.

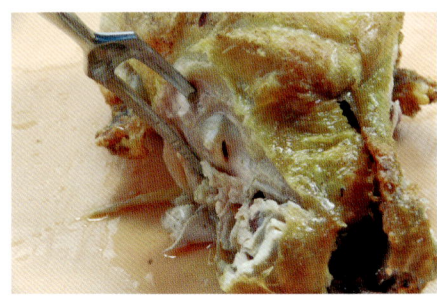

12 Den rechten Flügel mit etwas Brustfleisch mit einem geraden Schnitt im Knorpelgelenk abschneiden.

Flügel abtrennen

13 Das Brathuhn umdrehen und den linken Flügel ebenfalls abtrennen.

14 Die Flügel auf der Platte anrichten.

15 Ablösen der rechten Brusthälfte: Mit der Tranchiergabel die Karkasse fixieren und das Fleisch entlang des Brustknorpels bis zu der Karkasse hinunter durchschneiden.

16 Nun das Tranchiermesser leicht nach außen drehen und über die Rippen nach unten gleiten lassen.

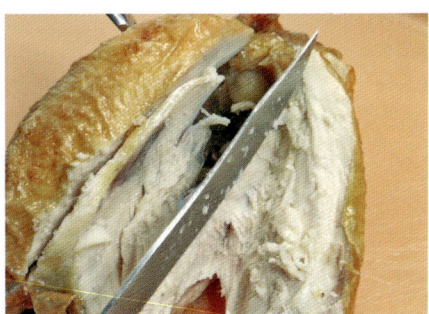

17 Das Brathuhn um 180 ° drehen und die zweite Brusthälfte ebenso von der Karkasse lösen.

18 Mit dem Vorleger die beiden Brusthälften auf der Platte anrichten.

19 Auslösen des Gabelbeins (V-Knochens): Der Hals zeigt nach rechts. Neben dem Brustbein gerade nach unten schneiden ...

... und das Gabelbein mit dem Messer nach rechts wegdrücken.

20 Mit dem Vorleger das Gabelbein auf die Platte legen.

21 Die Karkasse mit dem Vorleger auf die Seite drehen, da im hinteren Teil die kleinen Filets (Austern, Nüsse) liegen.

22 Mit dem Vorlegelöffel können die Austern leicht herausgeschält werden.

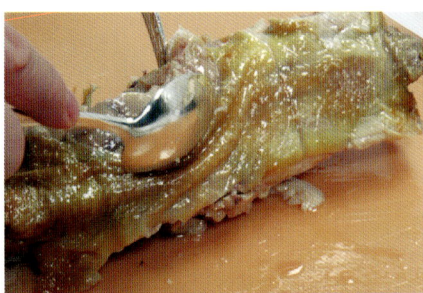

Eine Verbeugung vor dem weiblichen Geschlecht
Die Austern gelten als das feinste Fleisch des Geflügels und wurden früher nur den weiblichen Gästen gereicht.

23 Die kleinen Filets auf der Platte warm stellen.

24 Die Karkasse auf den Ablageteller legen.

25 Auf den heißen Fleischtellern ein Stück vom dunklen Fleisch (Keule, Austern) und ein Stück vom hellen Fleisch (Brust, Flügel, Gabelbein) mit den Beilagen anrichten. Den Bratensaft neben das Fleisch geben.

26 Die restlichen Stücke auf der Anrichteplatte für das Nachservice warm halten.

Der Gästeteller

Arbeitsmethode 2

1 Die Platte mit dem Brathuhn präsentieren und auf dem Platemaster warm stellen.

2 Mit der Gabel in die Bauchhöhle stechen, den Messerrücken unter die Flügelstummel schieben, das Brathuhn hochheben und den Bratensaft abtropfen lassen (siehe Ente, S. 54).

3 Das Brathuhn mit dem Tranchierbesteck von der Platte heben und quer mit einer Keule nach unten auf das Tranchierbrett legen. Die Brustseite zeigt nach rechts und die obere Keule nach links.

4 Mit der Tranchiergabel in die Keule einstechen. Mit dem Tranchiermesser leicht gegen die Brust drücken, um das Brathuhn festzuhalten.

5 Durch leichten Zug der Tranchiergabel nach oben spannt sich die Haut zwischen Keule und Brustfleisch. Es folgt ein Schnitt rund um die Keule, der lediglich die Haut durchtrennt. Gleich-

zeitig wird mit der Tranchiergabel die Keule nach links gezogen.

Die Sehne des inneren Kugelgelenkes reißt und die Keule lässt sich abheben. Dabei soll sich die Haut nicht von der Keule lösen.

Mit dem Tranchiermesser kann nachgeholfen werden, indem das Fleisch eingeschnitten wird.

6 Zwischen Ober- und Unterkeule mit der Tranchiergabel einstechen und die Keule beim Knorpel mit einem geraden Schnitt durchtrennen.

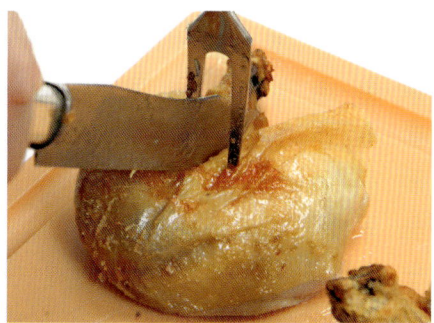

7 Das Brathuhn umdrehen – die andere Keule ebenso abziehen und Ober- und Unterkeule trennen. Die weitere Vorgangsweise ist dieselbe wie bei der Arbeitsmethode 1 ab Punkt 9 (siehe S. 50).

Masthuhn (Poularde)
Poularde

Poularden sind gemästete Hühner, die etwa eineinhalb bis zweieinhalb Kilogramm wiegen. Besonders bekannt ist die „Bresse-Poularde" aus Frankreich. Die Qualität dieses Geflügels wird durch ein Garantiesiegel gewährleistet.

Mise en Place

Zum Zerteilen der Poularde eignet sich ein mittelgroßes Tranchierbesteck.

Arbeitsmethode

Die Poularde kann entweder wie das Brathuhn (siehe S. 49 ff.) oder wie der Truthahn (siehe S. 57 ff.) tranchiert werden.

Perlhuhn
Pintade

Das Fleisch des Perlhuhnes ist sehr zart. Wenn das Perlhuhn im Alter von zwölf Wochen geschlachtet wird, wiegt es zirka 900 bis 1.300 Gramm.

Das Perlhuhn wird wie das Brathuhn tranchiert (siehe Seite 49 ff.).

Bei älteren Tieren ist das Brustfleisch mitunter trocken und kann beim Tranchieren zerfallen. Wenn die Unterschenkel sehr sehnig sind, werden sie nicht serviert.

In manchen Restaurants wird nur das roh ausgelöste Brustfleisch gebraten, im Ganzen serviert und vor dem Gast in Längsstreifen geschnitten.

Ente
Canard

Enten sind besonders schmackhaft, wenn sie höchstens ein Jahr alt sind und zirka zwei bis drei Kilogramm wiegen. Als Spezialitäten gelten die Barbarie-Ente (Flugente) und die Rouen-Ente (Blutente) aus Frankreich. Die Barbarie-Ente ist eine Züchtung aus Wild- und Hausente. Sie ist wegen ihrer dunklen, fleischigen Brust sehr beliebt. Die Rouen-Ente darf nicht ausbluten und hat daher dunkelrotes, saftiges Fleisch.

Mise en Place
Beim Tranchieren von Schwimmvögeln vor dem Gast ist zu beachten, dass das Brustbein breiter ist und die Gelenke tiefer liegen als beim Huhn. Zum Tranchieren eignet sich ein mittelgroßes oder ein großes Fleischtranchierbesteck.

Arbeitsmethode

1 Die durchgebratene Ente auf der Anrichteplatte den Gästen präsentieren und auf dem Platemaster warm stellen.

Präsentation der Platte

2 Es hat sich in der Bauchhöhle der Ente durch das Übergießen während des Garens Bratensaft gesammelt. Die Jus auf die Platte heraustropfen lassen,

indem man mit der Gabel in die Bauchhöhle sticht, den Messerrücken unter die Flügelstummel schiebt und die Ente hochhebt.

3 Die Ente mit dem Tranchier- oder Vorlegebesteck von der Platte auf das Tranchierbrett heben. Die Bauchöffnung der Ente soll zum Trancheur weisen.

4 Ist die Bratente gefüllt, wird die Semmelfülle bzw. der Apfel mit einem Vorleger aus der Bauchhöhle geholt und auf der Platte warm gestellt.

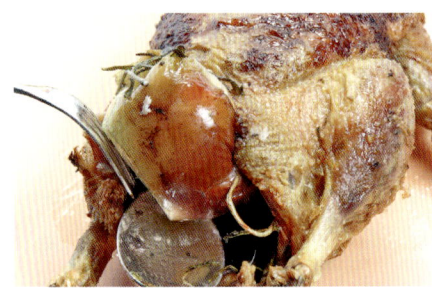

5 Die Ente mit der flach gehaltenen Tranchiergabel fixieren und die Haut zwischen Brust und Keule durchschneiden.

6 Die Keule wegdrücken ...

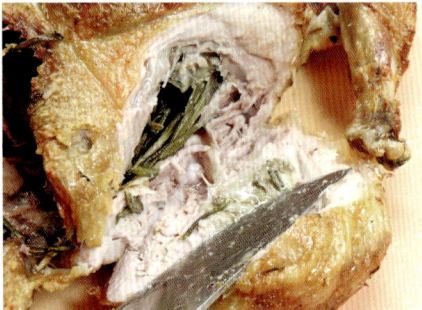

... und den Knorpel mit dem Tranchiermesser durchtrennen.

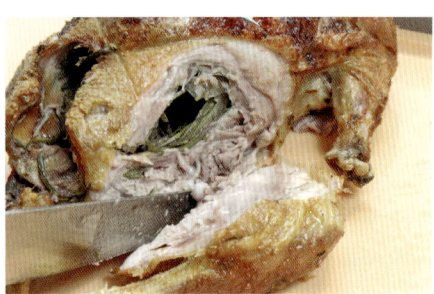

7 Die zweite Keule ebenso abtrennen.

Abgetrennte Keulen

8 Die Ober- und die Unterkeule im Kugelgelenk durch einen Schnitt trennen und auf die Platte zurücklegen.

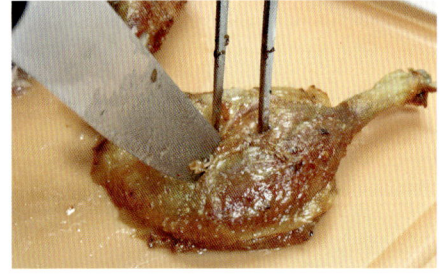

9 Um die Flügel zu entfernen, die Ente so drehen, dass der Kragen zum Trancheur weist.

10 Mit der Tranchiergabel in die Stelle stechen, wo die Keule entfernt worden ist, um die Karkasse zu fixieren. Oberhalb des Flügels einschneiden ...

... und mit Druck nach unten das Flügelgelenk abtrennen.

11 Den Flügel umdrehen, sodass er mit der Haut nach oben zu liegen kommt. Den anderen Flügel ebenso ablösen und beide auf die Platte zurücklegen und warm halten.

12 Mit der Tranchiergabel die Karkasse fixieren, indem man schräg nach unten zwischen Keule und Bauch einsticht.

Das Brustbein freilegen und mit dem Messer entlang des Brustkorbs das Brustfleisch ablösen.

13 Das Brustfleisch mit der Tranchiergabel fixieren und Tranchen in einer Stärke von ca. 1 cm schneiden.

14 Die Tranchen auf die Platte zurückheben und warm stellen.

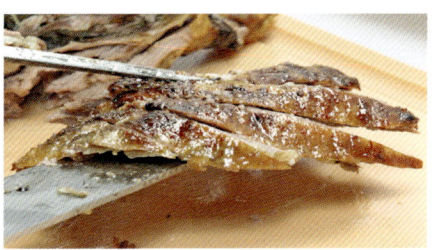

15 Die Ente umdrehen und die zweite Brusthälfte ablösen.

Es geht auch anders ...

Die Brusthälfte wird auf der Karkasse von außen nach innen in Streifen (Aiguillettes) geschnitten. Man setzt das Tranchiermesser im unteren Drittel der Brust an und schneidet senkrecht eine Tranche.

Wenn die Tranche abgetrennt ist, setzt man das Tranchiermesser 1–1½ cm höher an und schneidet den nächsten Streifen. Dieser Vorgang wird so oft wiederholt, bis der Brustknorpel erreicht ist. Die Anzahl und die Stärke der Streifen richten sich nach der Größe der Ente.

Die Tranchen werden anschließend treppenförmig auf der Platte zusammengesetzt und warm gestellt. Mit der zweiten Brusthälfte wird ebenso verfahren.

16 Die Karkasse umdrehen, die Austern herauslösen ...

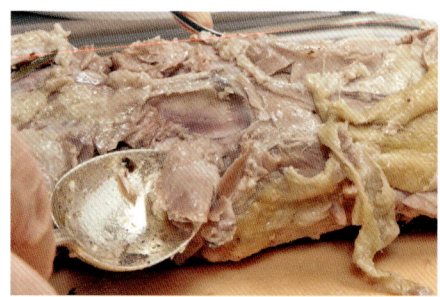

... und auf der Platte warm stellen.

17 Auf den heißen Fleischtellern Brust- und Keulenfleisch sowie die Austern mit den Beilagen anrichten. Den Bratensaft neben dem Fleisch anrichten.

18 Die restlichen Stücke der Ente auf der Anrichteplatte für das Nachservice warm halten.

Ein interessantes Detail ...

Sind Enten nicht durch, sondern zartrosa gebraten (z. B. Barbarie-Ente und Rouen-Ente), werden die Keulen und die Flügel nur auf die Seite gedrückt und beim Tranchieren der Brust auf der Karkasse belassen.

Sie haften nämlich stark an der Karkasse und können nur mit großer Kraftanstrengung entfernt werden.

Die Keulen und Flügel werden anschließend in der Küche ausgelöst, nachgebraten und dann serviert.

Entenbrust
Poitrine de canard

Arbeitsmethode

1 Die Entenbrust den Gästen präsentieren und auf dem Platemaster warm stellen.

2 Die Entenbrust mit dem Vorlegebesteck auf das Tranchierbrett legen.

3 In schräge, ca. 5–8 mm dünne Tranchen schneiden.

4 Mit dem Tranchiermesser oder Vorleger die Entenbrust auf die Platte zurücklegen und mit Beilagen und Sauce auf einem Fleischteller anrichten.

Je nach der Größe der Entenbrust wird ein Nachservice durchgeführt.

Gans

Oie

Das Fleisch der Gänse ist nur schmackhaft, wenn die Gans bei der Schlachtung maximal ein Jahr alt ist. Jungmastgänse werden mit zirka fünf Monaten geschlachtet und wiegen bis zu vier Kilogramm. Mastfettgänse werden im Alter von sechs bis neun Monaten geschlachtet und wiegen etwa sieben Kilogramm.

Die Gans kommt meist schon portioniert zum Gast. Nur junge, fleischige Tiere werden tranchiert (hauptsächlich am Buffet). Sie werden wie das Brathuhn zerlegt (siehe Seite 49 ff.). Allerdings sollte anstatt eines mittelgroßen Tranchierbesteckes ein großes verwendet werden.

In manchen Restaurants wird nur das Brustfleisch serviert. Der Koch löst die Brust roh aus und bereitet sie zu. Der Restaurantfachmann tranchiert die zartrosa gebratene Brust vor dem Gast in so genannte Aiguillettes (siehe Ente, S. 56).

Truthahn (Pute)

Dindon (Dinde)

Der Truthahn gehört zu den größten Geflügelarten. Es werden vorwiegend junge Truthähne in Restaurants angeboten. Das Schlachtalter von jungen Truthähnen liegt zwischen sechs und zwölf Monaten und ihr Gewicht zwischen drei und acht Kilogramm. Noch kleinere Babytruthähne wiegen zweieinhalb bis drei Kilogramm.

Der Truthahn gehört zu jenen Spezialitäten, die auch gerne „en voiture" oder am Buffet angeboten werden. Im Restaurant werden Babytruthähne und junge Truthähne wie das Brathuhn tranchiert (siehe Seite 49 ff.).

Mise en Place

Anstatt eines mittelgroßen Tranchierbesteckes sollte ein großes verwendet werden.

Arbeitsmethode beim Tranchieren auf der Voiture

Wird der Truthahn „en voiture" serviert, läuft das Tranchieren etwas anders ab.

Der Truthahn wird dabei nicht auf einmal tranchiert, da die geteilten Stücke austrocknen würden. In regelmäßigen Abständen wird er mit Bratensaft übergossen und zusätzlich mit einer Cloche oder Alufolie abgedeckt.

1 Präsentieren des Babytruthahns auf der Voiture.

2 Eine Keule von der Karkasse trennen.

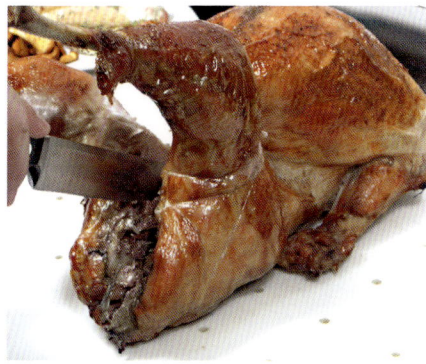

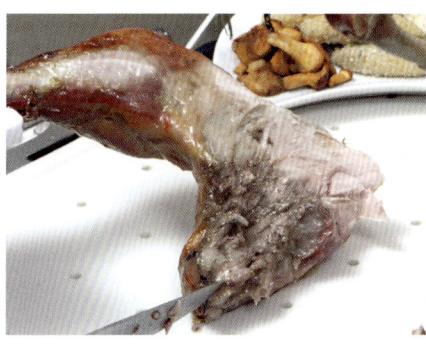

3 Die Oberkeule von der Unterkeule trennen. Der Hüftknochen muss dabei auf der Karkasse verbleiben.

4 Die Oberkeule entbeinen, indem entlang des Knochens auf beiden Seiten eingeschnitten ...

... und die Gelenkspfannen abschneiden.

8 Die Unterkeule je nach Größe halbieren oder dritteln.

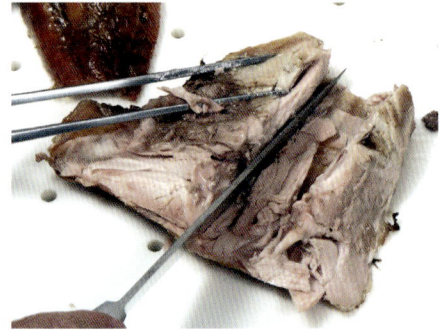

... und der Knochen herausgedreht wird.

6 Die Unterkeule entbeinen, indem
entlang des Knochens eingeschnitten
und der Knochen freigelegt wird.

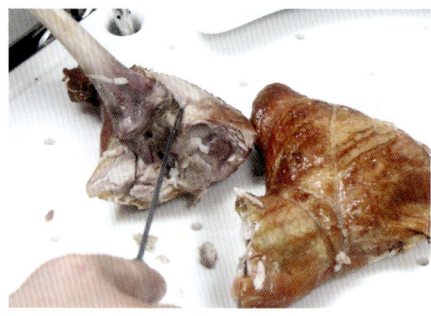

5 Die ausgelöste Oberkeule je nach
Größe nochmals der Länge nach halbieren oder dritteln.

7 Mit der Tranchiergabel den Knochen herausheben ...

9 Entlang des Brustbeins bis zum
Gabelbein einschneiden. Am Gabelbein
entlang bis zum Flügelgelenk schneiden und den Knorpel des Gelenks
durchtrennen.

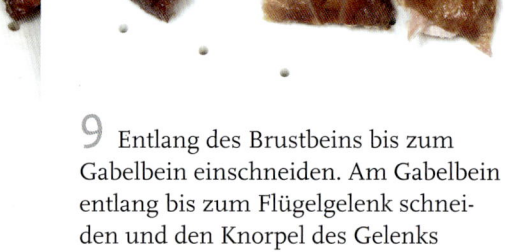

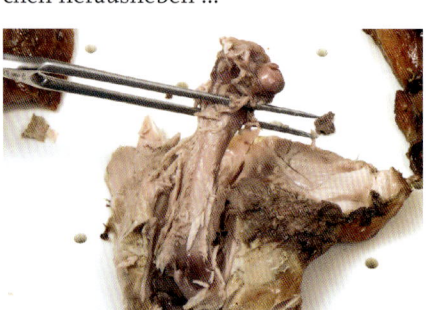

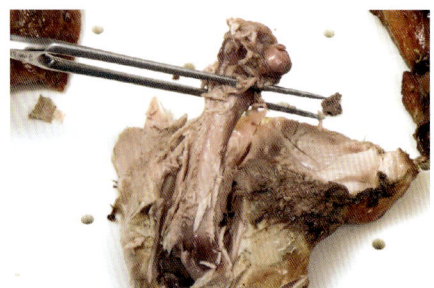

Beim Flügelstutzen wird der Knochen nicht ausgelöst und im Ganzen serviert.

Der Gästeteller (Brustfilets und Auster)

11 Den Truthahn um 180 Grad drehen und die zweite Hälfte ebenso lösen und in Tranchen schneiden.

12 Mit dem Vorleger den Truthahn umdrehen.

13 Mit dem Vorlegelöffel die Haut wegdrücken, um die Austern (Filets) freizulegen.

Taube
Pigeon

Gebratene junge Zuchttauben sind eine Delikatesse. Sie haben ein sehr zartes Fleisch und wiegen bei einem Schlachtalter von vier bis sechs Wochen etwa 300 bis 450 Gramm.

Die Tranchiermethode ist dieselbe wie beim Kücken (siehe Seite 48). Die Taube wird auch der Länge nach halbiert.

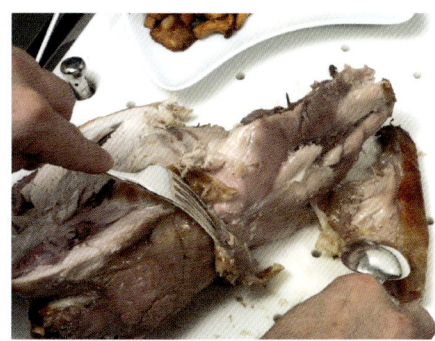

14 Mit dem Löffel die Austern auslösen.

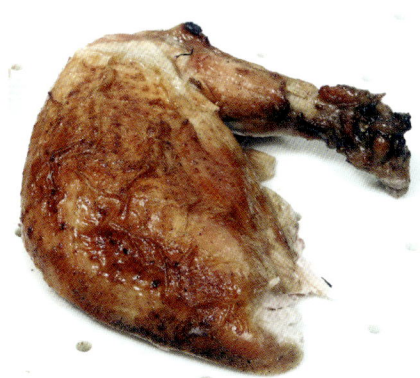

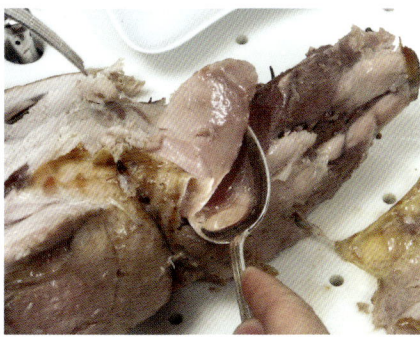

Brusthälfte mit Flügel

10 Die Brust in schräge, 1 cm dicke Tranchen schneiden.

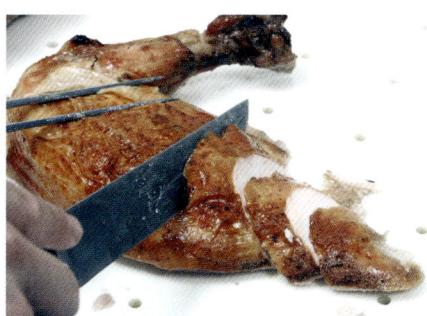

15 Es werden immer sowohl dunkle (Keule) als auch helle (Brust) Fleischstücke mit den Beilagen serviert.

Tranchieren von Wildgeflügel

Wild und zart – eine Verbindung, bei der so manchem Feinschmecker das Herz im Leibe lacht. Die Menge an Wildgeflügel, die jedes Jahr in unseren Breiten verzehrt wird, nimmt sich zwar bescheiden aus im Gegensatz zu den Fleisch- und Wurstwaren, die sonst verbraucht werden. Da Wildgeflügel jedoch überaus schmackhaft ist, wird es zu einem kulinarischen Erlebnis der besonderen Art.

Zum Wildgeflügel werden die jagdbaren heimischen Vogelarten gezählt.

Wildgeflügel hat dunkleres, aromatischeres Fleisch als Hausgeflügel. Es soll möglichst frisch verarbeitet werden, mit Ausnahme von Fasan, Rebhuhn und Schnepfe. Diese lässt man vor der Verarbeitung einige Tage im Gefieder abhängen, damit sich das feine Aroma des Fleisches bilden kann.

Zum Braten oder Dünsten werden vorwiegend Jungtiere verwendet. Ältere Tiere eignen sich besser zur Verarbeitung zu Pasteten, Farcen und Suppen.

Mise en Place

- Geflügel- oder Fleischtranchierbrett mit Saftrinne und Saftbecken
- Kleines, mittelgroßes oder großes Fleischtranchierbesteck (je nach Größe des Geflügels)
- Rechaud oder Platemaster für die Platte
- Zwei Vorleger (Suppenlöffel und Fleischgabeln) auf einem Dessertteller
- Ablageteller (Dessertteller)
- Weiterer Platemaster mit sehr heißen Fleischtellern (zwei pro Gast)

Fasan
Faisan

Das Fleisch von gebratenen jungen Fasanen ist saftig und zart. Fasane wiegen bei der Schlachtung zirka 800 bis 1.500 Gramm und werden durchgebraten oder rosa gebraten angeboten.

Die Mise en Place und der Tranchiervorgang sind dieselben wie beim Brathuhn (siehe S. 49 ff.).

Rebhuhn
Perdrix

Junge Tiere haben etwa die Größe von Tauben und ein Schlachtgewicht von 350 bis 450 Gramm. Sie werden gebraten und ebenso wie das Kücken zerlegt und serviert (siehe Kücken, S. 48).

Wildente
Canard sauvage

Am schmackhaftesten sind junge, bis zu ein Jahr alte Wildenten mit einem Gewicht von zirka einem Kilogramm. Sie werden mit Speck umwickelt und zartrosa oder durchgebraten.

Der Tranchiervorgang und das Service verlaufen wie bei der Ente (siehe S. 54 ff.).

Wildgans
Oie sauvage

Nur das Fleisch junger Wildgänse, die noch nicht gebrütet haben, ist schmackhaft. Alte Wildgänse sind nicht nur zäh, sondern schmecken meist auch tranig.

Junge Wildgänse werden bardiert und anschließend zartrosa oder durchgebraten.

Die Tranchiermethode und das Service sind dieselben wie bei der Gans (siehe Seite 57 ff.).

Wachtel, Wald- und Sumpfschnepfe werden meist nicht vor dem Gast tranchiert, sondern in der Küche halbiert oder im Ganzen auf heißen Fleischtellern angerichtet.

Tranchieren von Krustentieren

Krustentiere, sprich Krebse und Krabben, haben es in sich. Das zarte, delikate Fleisch versteckt sich hinter einer rauen, harten Schale und muss wahrlich erobert werden.

Meistens werden Krustentiere deshalb schon in der Küche zerteilt und mit angeschlagenen Scheren serviert. Trotzdem sollte jeder Servicemitarbeiter wissen, wie Krustentiere fachgerecht zerteilt werden, um seinen Gästen helfen zu können, wenn ihnen angesichts dieser kulinarischen Herrlichkeiten die Frage förmlich auf den Lippen liegt: „Wie knacke ich diese Nuss?"

Größere Tiere wie Hummer, Languste und Königskrabbe werden entweder nach Gewicht verrechnet oder man bietet sie wie kleinere Krebse zum Stückpreis an.

Wenn Krustentiere rot sehen ...

Krebse und Krabben zeigen Farbschattierungen von Grünbraun bis Dunkelbraun. Nach dem Kochen sind sie jedoch alle rot. Warum? Beim Kochen werden sämtliche Farbpigmente mit Ausnahme des roten Astaxanthins zerstört.

Mise en Place

- Großes Tranchierbrett
- Schlagmesser (großes, festes, breites Tranchiermesser)
- Hummerzange
- Hummergabel
- Zwei bis drei Vorleger (Suppenlöffel und Fleischgabeln) auf einem Dessertteller
- Teelöffel

- Zwei Stoffservietten
- Ablageteller (Dessert- oder Fleischteller, je nach Größe des Krustentieres)

Hummer
Homard

Amerikanischer Hummer

Zwei Hummerarten sind auf den Speisekarten zu finden: der Europäische Hummer und der Amerikanische Hummer, auch American oder Maine Lobster genannt. Beide sind sich relativ ähnlich, auch wenn europäische Feinschmecker naturgemäß ihrem einheimischen Hummer den Vorzug geben. Da von diesem jedoch zu wenige Exemplare gefangen werden, um die Nachfrage zu befriedigen, stammen viele Hummer, die auf den heimischen Tischen landen, aus den USA und Kanada.

Arbeitsmethode

1 Den Hummer den Gästen präsentieren und die Platte dann auf dem Platemaster abstellen.

2 Den Hummer mit einer Serviette umfassen und so auf das Tranchierbrett legen, dass der Hummerschwanz nach links weist.

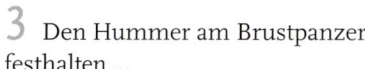

3 Den Hummer am Brustpanzer festhalten ...

... und die Scheren mit einer drehenden Bewegung vom Rumpf trennen.

Eine Serviette schützt die Finger.

4 Die Scheren auf die Platte zurücklegen.

5 Den Hummer um 180 Grad drehen, sodass der Schwanz rechts zu liegen kommt, und mit einer Serviette am Kopf festhalten.

6 Auf dem Rücken des Hummers, kurz vor der Schwanzflosse, befindet sich eine dünne natürliche Einkerbung im Panzer. An dieser Stelle mit der Spitze des Schlagmessers einstechen ...

... und kräftig nach unten drücken.

Beim Hummer wird immer zuerst der Schwanz geteilt, da im Brustbereich die Eingeweide liegen, die das Messer verunreinigen könnten.

7 Durch die Hebelwirkung wird das Schwanzstück in zwei Hälften geteilt.

8 Den Hummer abermals um 180 Grad drehen und mit der Serviette am geteilten Schwanz halten. Mit dem Schlagmesser den Brust- und Kopfpanzer teilen.

9 Das Ergebnis sind zwei Hummerhälften.

Nach dem Durchschneiden ist das Messer vom Darminhalt verschmutzt und muss vor einer weiteren Benutzung unbedingt gereinigt werden.

10 Deutlich hebt sich der Darm als dunkle Linie hervor (jedoch nicht bei Tieren, die schon länger in Gefangenschaft gelebt haben – bei ihnen ist die Farbe des Darmtraktes verblasst). Er wird mit einem Vorleger vorsichtig entfernt, da er ungenießbar ist.

Handelt es sich beim Hummer um eine „Hummerin", kann sich der Gast glücklich schätzen. Denn die Eier, der so genannte Corail, sind eine köstliche Zugabe der Natur. Der Corail befindet sich am Rückgrat zwischen dem Schwanzansatz und dem hinteren Beinpaar. Er ist grün-schwarz und färbt sich beim Garen wie alles andere am Hummer korallenrot, daher auch der Name Corail bzw. Koralle. Mit dem Corail lassen sich Saucen wunderbar würzen.

11 Mit dem Vorlegebesteck das im Panzer liegende Fleisch lösen.

12 Das Hummerfleisch mit der Vorlegegabel fixieren, in 1 cm dicke Tranchen schneiden ...

... und auf die Platte zurückheben.

Wird der Hummer als Cocktail oder Lobstersalat serviert, werden die ausgelösten Filets mit schrägen Schnitten in 5 mm dünne Medaillons geteilt.

13 Die Scheren mit einem steilen Schnitt vom unteren Glied trennen.

Dabei ist zusätzlicher Druck angesagt.

14 Beim unteren Glied, das ein Gelenk ist, genügt es, das Gelenk nur leicht auseinander zu ziehen und gleichzeitig zu drehen, um an das Fleisch heranzukommen. Man kann das Gelenk aber auch mit einem Messer durchtrennen.

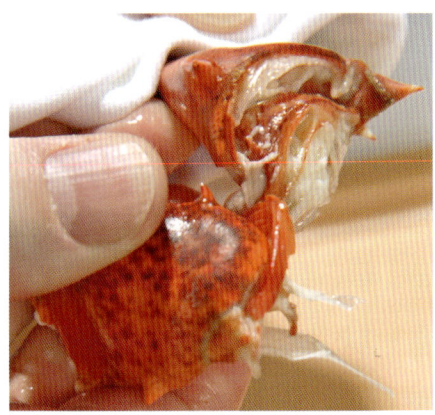

17 Das große Scherenstück auf die Arbeitsfläche legen und mit dem Rücken des Schlagmessers kräftig auf den Scherenrücken schlagen, sodass ein Sprung entsteht.

Ein Tipp vom Profi
Das Scherenstück sollte mit einer Serviette abgedeckt werden, damit die austretende Flüssigkeit nicht herumspritzt und ein Chaos hinterlässt.

15 Das Fleisch mit der Hummergabel herausziehen und auf die Platte legen.

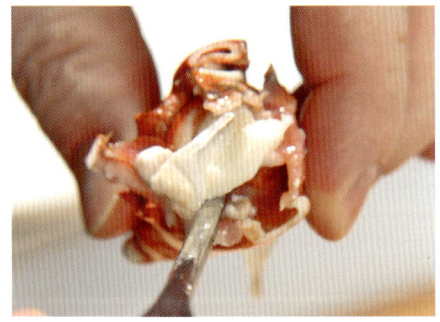

16 Die Schere mit der linken Hand an der gebogenen Seite halten und mit der rechten Hand die kleine untere Scherenzange einschließlich des Knorpelblattes mit kräftigem Zug im Gelenk abdrehen. Das Fleisch liegt offen da.

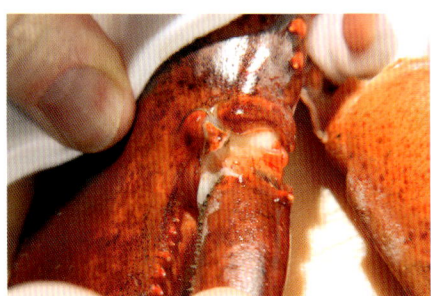

18 Das angeschlagene Panzerstück mit der Hummerschere wegbrechen.

19 Dann mit der Hummergabel das Fleisch im Ganzen aus der Schere ziehen und die aufgebrochenen Schalen auf den Ablageteller legen.

20 Das kleine Scherenstück mit dem Messer öffnen und ebenfalls das Fleisch im Ganzen herausziehen.

21 Das Fleisch mit dem Vorlegebesteck auf die Platte heben.

22 Das Fleisch in den Hummerbeinen gilt in Frankreich als Delikatesse. Es wird jedoch vom Gast selbst ausgelöst.

Der Servicemitarbeiter schneidet die Hummerbeine mit der Hummerschere von der verbliebenen Karkasse ab ...

... und richtet sie zusammen mit dem Fleisch der Scheren und Arme auf der Platte an.

Beim Hummercocktail können die Beine, seitlich auf die Cocktailschale gesteckt, als Garnierung dienen.

Der Gästeteller

Languste
Langouste

Langusten unterscheiden sich von Hummern dadurch, dass sie keine Scheren haben. Charakteristisch ist auch der Kopfpanzer mit stacheligen Höckern und sehr langen Fühlern.

Bei Langusten ist nur das Schwanz- und Beinfleisch essbar.

Das Zerlegen läuft wie beim Hummer ab, wobei bei der Languste logischerweise das Auslösen der Arme und Scheren entfällt.

Filetieren

Filetieren ist nicht nur die Kunst des Portionierens von Fischen und Obst – es ist sozusagen eine Verbeugung vor dem Gast.

Die Zahl der Gäste, die aus Angst vor Gräten Fischgerichte verweigern, ist Legion. Dabei ist es relativ einfach, mit diesen Spitzfindigkeiten aufzuräumen und die Gäste von der einzigartigen geschmacklichen Finesse der Fischgerichte zu überzeugen.

Dass nicht jeder Gast die Kunst des Filetierens beherrscht, ist klar. Umso nötiger ist es, dass Servicemitarbeiter ihren Gästen unter die Arme greifen, um sie so Schritt für Schritt in die kulinarische Welt der Süßwasser- und Meeresbewohner zu begleiten.
Aber auch das mit viel Geschick zelebrierte Filetieren von Obst kann für den Gast zum unvergleichlichen Erlebnis werden. Wann wird man schon Zeuge dessen, wie elegant eine Banane geschält und in mundgerechte Bissen portioniert werden kann? Es haftet dieser Art des Service ein gewisser Hauch von Extravaganz an, der es dem Gast erlaubt, für kurze Zeit dem Alltag zu entfliehen, frei nach dem Motto: „Der Gast ist König".

Serviergegenstände

Für das Filetieren vor dem Gast sind neben Guéridon, Rechaud oder Platemaster, Vorleger etc. ein eigenes Präsentationsgeschirr sowie spezielle Bestecke notwendig.

Präsentationsgeschirr

Fischplatte

Der Fachhandel bietet versilberte Platten und Platten aus Edelstahl, Porzellan und Glas an.

Man wählt am besten eine Platte aus, die der Form des Fisches entspricht. So eignen sich ovale Platten für längliche Fische, wie z. B. die Lachsforelle, und runde Platten für Plattfische, wie z. B. den Steinbutt.

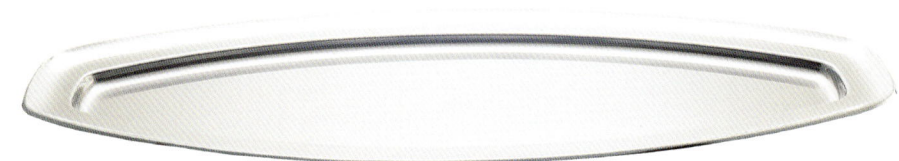

Lachsbrett

Ist ein der Form des Fisches angepasstes, langes, schmales Brett. Die Umrahmung kann versilbert und kunstvoll verziert sein;
Länge: ca. 70-90 cm, Breite: ca. 30 cm.

Fischwanne mit Gittereinsatz (Poissonière)

Zum Garziehenlassen von Fischen und zur Präsentation.

Die Fische werden in der Fischwanne gegart und auf dem angehobenen Gittereinsatz filetiert.

Plat russe

Für Fischgerichte mit viel Sauce sowie gratinierte, gebratene oder gegrillte Fische.

Butterwärmer (Beurre Fondue)

Für zerlassene Butter zu Fisch.

Obstkorb, Obstschale, Obstteller

Zum Präsentieren von Obst.

Bretter und Teller zum Filetieren

Fischteller

Prinzipiell werden Fische stets auf der Platte zerlegt, auf der sie angerichtet worden sind. Nur wenn sich mehrere kleinere Fische auf einer Platte befinden, wie z. B. gebratene oder gegrillte Seezungen oder Forellen, legt man sie einzeln zum Filetieren auf einen ovalen Fischteller.

Schneidbrett für Obst

Aus Holz oder Kunststoff, mit Saftrinne.

Filetier- und Vorlegebestecke

Fischbesteck

Zum Filetieren und Anrichten von leicht zerteilbaren Fischgerichten, Portionsfischen und Gerichten aus Schal- und Krustentieren; Größe: ca. 19–21 cm.

Gourmetlöffel

Kann anstelle des Fischmessers zum Filetieren von Fischgerichten mit viel Sauce verwendet oder dem Gast eingedeckt werden; Größe: 18–19 cm.

Fischvorlegebesteck

Zum Zerteilen und Anrichten von großen ganzen Fischen; Größe: 25–28 cm.

Tranchelard

Zum Portionieren von im Ganzen zubereiteten oder geräucherten Fischen (Lachs, Stör, Heilbutt, Steinbutt, Seewolf) bzw. roh marinierten Fischen (z. B. Fischcarpaccio); Größe: ca. 50 cm.

Sägemesser

Wird nur ausnahmsweise zum Aufschneiden von Teigmänteln und Salzkrusten bei Fischen verwendet. Es muss sehr scharf sein; Größe: ca. 30–40 cm.

Obstfiletiermesser

Zum Filetieren von Obst; das Obstfiletiermesser darf keinen Wellenschliff haben, damit beim Filetieren von Obst eine glatte Schnittfläche entstehen kann; Größe: ca. 17 cm.

Grapefruitfiletiermesser

Zum Filetieren von Grapefruits.

Grapefruitlöffel

Zum Ausstechen und Essen von Grapefruits.

Filetieren von Fisch

Beim Filetieren von Fischen handelt es sich weniger um ein Zerschneiden als um ein Markieren, Zerteilen und Abheben der einzelnen Portionen, sprich Filets.
Das Ziel des Fischfiletierens ist leicht erklärt: Es sollen grätenlose Filets dabei herauskommen.

Grundregeln für das Filetieren von Fisch

Nach allen Regeln der Kunst

Filetiert werden sowohl Portionsfische (ca. 250–300 g) als auch große Fische für mehrere Personen am Gästetisch bzw. am Buffet, wenn sie blau gegart, pochiert, gebraten oder gegrillt werden.

Gebackener Fisch oder Fisch in Sauce wird hingegen meist schon in der Küche zerteilt.

In der Praxis werden hauptsächlich Forellen, Saiblinge, Felchen, Seezungen, Steinbutte und Lachstranchen filetiert.

Kein Fisch fährt von selbst aus der Haut, ganz gleich, wie er behandelt wird

Gebratene und gegrillte Fische werden mit der Haut serviert. Der Servicemitarbeiter entfernt die Haut nur auf Wunsch des Gastes.

Bei blau gegarten bzw. pochierten Fischen wird die Haut beim Filetieren vor dem Gast entfernt.

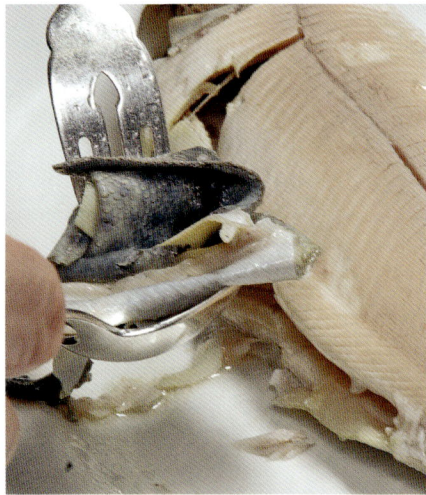

Ganz oder gar nicht

Die Fischfilets sollen nicht stückchenweise auf den Teller des Gastes wandern, sondern unbeschädigt und im Ganzen ausgelöst werden.

Kalter Fisch lässt jeden kalt

Der Gast kann den vollen Geschmack eines Fisches nur dann auskosten, wenn der Servicemitarbeiter rasch und ohne Unterbrechung filetiert. Ein zu großer Wärmeverlust lässt jeden Fisch, sollte er auch noch so raffiniert zubereitet sein, zu einer herben Enttäuschung werden.

Zeichnet sich bei großen Fischen ab, dass ein Teil warm gestellt werden muss, gilt Folgendes:
- Immer zuerst fertig filetieren, dann warm stellen.
- Für das Nachservice werden frische, heiße Fischteller verwendet
- und es wird ein neues Besteck eingedeckt.

Vier Hände arbeiten schneller als zwei

Bei einem großen Fisch, der mehreren Personen serviert wird, empfiehlt es sich, im Chef-Commis-System zu arbeiten. Würde nur ein Servicemitarbeiter sowohl filetieren als auch anrichten, wäre die Wahrscheinlichkeit sehr groß, dass der Fisch währenddessen auskühlt.

Dies gilt auch für Bestellungen von mehreren Fischen an einem Tisch.

In beiden Fällen sollten zwei Guéridons bereitstehen.

Filetieren von Rundfischen

Vorweg sollte einmal geklärt werden, was unter Rundfischen verstanden wird.

Die Körperform von Rundfischen ist, wie der Name schon sagt, im Querschnitt mehr oder weniger rund. Aus diesen Fischen können zwei Filets gewonnen werden. Alle Süßwasserfische sind Rundfische.

- Bekannte **Süßwasserrundfische** sind Forelle, Felchen, Rheinanke, Saibling, Hecht, Zander, Schleie und Karpfen.
- Bekannte **Salzwasserrundfische** sind Kabeljau, Schellfisch, Hering, Makrele, Seeteufel, Seewolf und Petersfisch.

Mise en Place

- Dessertteller mit Fischbesteck oder Fischvorlegebesteck
- Vorleger (Suppenlöffel und Fleischgabel)
- Rechaud oder Platemaster zum Warmhalten der Platte
- Ablageteller (Dessert- oder Fleischteller) für Haut, Gräten, Kopf und Flossen
- Stoffserviette
- Weiterer Platemaster mit sehr heißen Fisch- oder Fleischtellern (zwei pro Gast) zum Anrichten der Filets

Werden bei einer bestimmten Filetiermethode zusätzliche Utensilien benötigt, so sind sie dort angeführt.

Forelle blau
Truite au bleu

Forellen zählen zu den schmackhaftesten Süßwasserfischen. Eine wahre Gaumenfreude sind sie jedoch nur, wenn sie unmittelbar vor der Zubereitung getötet werden.

Bachforelle

Regenbogenforelle

Auf Biegen und Brechen

Ist die Forelle blau nach dem Garen gebogen und an den Seiten leicht aufgerissen, so kann man davon ausgehen, dass sie unmittelbar vor dem Zubereiten aus dem Bassin geholt wurde.

Eine Forelle, die bereits mehrere Stunden vor der Zubereitung das Zeitliche gesegnet hat, zeigt keinerlei Intention mehr, sich nach der Decke zu strecken – ein Umstand, der allerdings beim Kochen von Vorteil ist. Der Fisch liegt flach in der Pfanne und wird so gleichmäßig gegart.

Auch für Servicemitarbeiter ist es leichter, eine Forelle zu filetieren, die „hingestreckt" auf dem Teller liegt.

Die Forelle blau wird in der Regel in einer Fischwanne mit Einsatz serviert.

Mise en Place

Zum Filetieren wird ein Fischbesteck verwendet.

Arbeitsmethode 1

Die Forelle blau kann auf dem Einsatz einer Fischwanne oder auf einem eigenen Fischteller filetiert werden. Beim Filetieren auf einem Fischteller hat man die Übersicht, die benötigt wird, um rasch und zügig arbeiten zu können. Deshalb ist diese Methode für den Anfänger sicher einfacher.

1 Mit der Serviette den Deckel der Fischwanne entfernen und dem Gast präsentieren.

2 Mit zwei Gabeln die Griffe des Einsatzes vorsichtig nach oben ziehen und verankern. Der Fisch wird damit aus dem Sud gehoben.

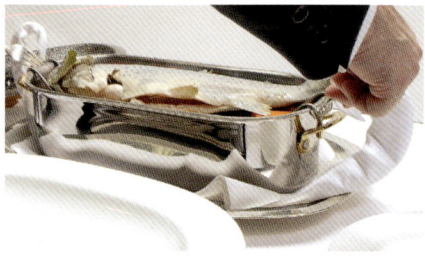

3 Mit dem Vorlegebesteck die Forelle auf einen heißen Fleisch- oder Fischteller legen, und zwar so, dass sie mit der geöffneten Bauchhöhle zum Servicemitarbeiter zu liegen kommt.

4 Den Einsatz mit beiden Gabeln wieder versenken und den Deckel auf die Fischwanne geben.

5 Die Rücken-, Seiten- und Afterflossen durch Wegdrücken mit dem Fischmesser entfernen und auf den Ablageteller legen.

Entfernen der Rückenflossen

Entfernen der Seitenflossen

Entfernen der Afterflosse

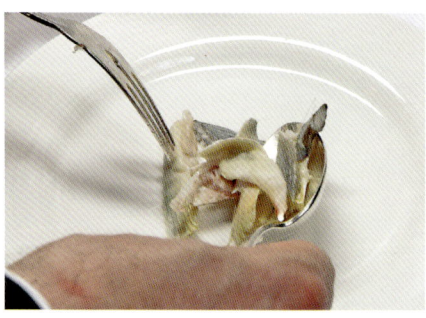

Die Flossen werden auf den Ablageteller gelegt.

6 Mit der Spitze des Fischmessers die Haut zuerst hinter dem Kopf …

… und dann vor der Schwanzflosse einschneiden.

7 Dann beim Kopf beginnend die Haut den Rücken entlang bis zur Schwanzflosse durchtrennen.

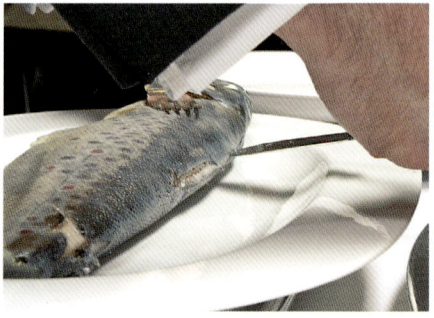

8 Die Haut vom Rücken zum Bauch ablösen und mit dem Vorleger auf den Ablageteller legen.

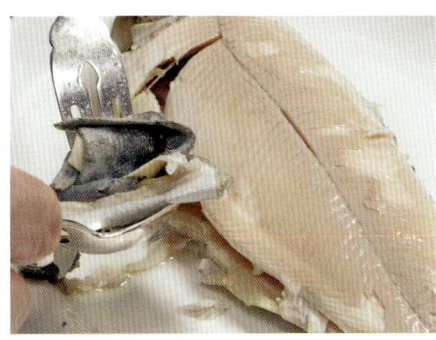

11 Entlang der natürlich gegebenen Linie mit der Messerspitze bei der Schwanzflosse beginnend das Rückenfilet und das Bauchfilet trennen.

13 Das Bauchfilet ebenso wegdrücken.

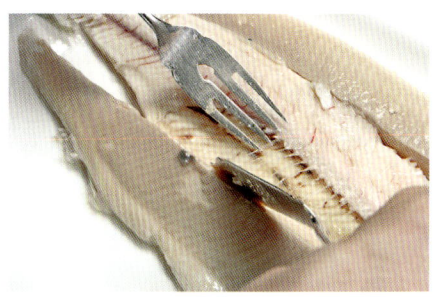

14 Die Hauptgräte bei der Schwanzflosse mit der Fischgabel fixieren ...

9 Hinter den Kiemen unterhalb der Augen befindet sich für den Feinschmecker eine besondere Spezialität, die so genannten Wangen (Kiemenbacken). Mit der Spitze des Fischmessers die Haut über der Wange wegschieben, die Wange ausschälen und auf einen vorgewärmten Fleisch- oder Fischteller legen.

12 Das Rückenfilet mit dem Fischmesser in Richtung der natürlichen Grätenstellung wegdrücken.

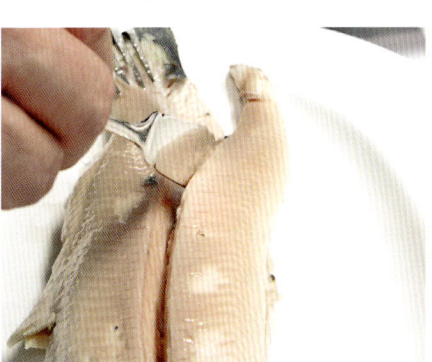

... Richtung Kopf abheben, dabei die Bauchgräten mit dem Fischmesser lösen ...

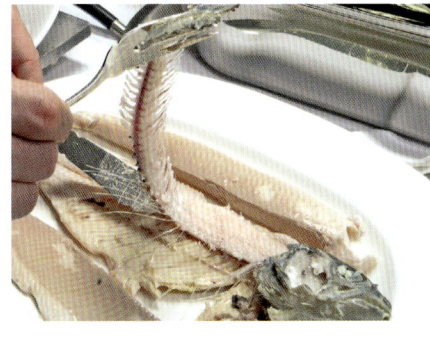

... und auf den Ablageteller legen.

10 Die Forelle wenden, die Flossen entfernen, die Haut abziehen und die zweite Wange auslösen.

15 Grätenkontrolle: Bei den ausgelösten Bauchfilets lohnt es sich immer,
durch Darüberstreichen an der Innen-
seite mit der Spitze des Fischmessers
eine Grätenkontrolle durchzuführen.
Die feinen Bauchgräten lösen sich allzu
gerne vom Rückgrat.

16 Die Filets auf einem heißen
Fleisch- oder Fischteller wieder zu
einem Ganzen zusammensetzen.

17 Die Beilagen anrichten und
servieren.

18 Die Abfälle und der Filetierteller werden vom Commis de Rang abserviert.

Der Gästeteller mit Salat, Zitronenhälften und flüssiger Butter im Butterwärmer

Arbeitsmethode 2

Die Forelle wird aus dem Sud gehoben
und auf dem Rost der Wanne filetiert.
Der aufsteigende Dunst der Court-
Bouillon (des Sudes) wärmt die Forelle
während des Filetierens ständig. Es
kann mit minimalem Wärmeverlust
gearbeitet werden. Der Kellner benötigt
jedoch viel Geschick.

Die Arbeitsweise läuft bis Punkt 9 auf
dieselbe Weise wie Methode I ab.

Bevor die Forelle jedoch gewendet
wird, werden das Rückenfilet und das
Bauchfilet abgehoben und mit der
ausgelösten Wange und den Beilagen
angerichtet. Erst dann wird die zweite
Hälfte filetiert, auf einem zweiten Teller
angerichtet, warm gestellt, um später
im Tellertausch eingestellt zu werden
(siehe auch Saibling en Papillote,
S. 80 f.).

Mein ist die Rache ...
... sprach die Forelle, und bog sich vor
Lachen bei dem Gedanken, dem ge-
plagten Servicemitarbeiter ein letztes
Schnippchen zu schlagen.

Werden Forellen, wie bereits vorher
beschrieben, unmittelbar vor dem
Garen getötet, krümmen sie sich
beim Garen. Dadurch entsteht auf
der einen Seite ein Riss in der Mitte.
Dass hier beim besten Willen kein
Filet im Ganzen erzielt werden kann,
leuchtet ein. Wie man diese Sache
trotzdem elegant lösen kann, wird
nun beschrieben:

1. Mit dem Gabelrücken die Forelle
fixieren und mit dem Fischmesser hinter dem Kopf und vor der
Schwanzflosse vom Rücken bis zum
Bauch beiderseits einschneiden.

2. Dann das Fleisch entlang des
Rückens, angefangen beim Kopf bis
zum Schwanz, einschneiden.

3. Die Haut ablösen.

4. Entlang dem Riss mit dem Fisch-messer den Fisch in zwei Hälften teilen.

5. Beim vorderen Teil das Rücken- und Bauchfilet trennen und vom Rücken nach unten das erste Filet ablösen.

6. Mit sanftem Druck von oben das Bauchfilet ablösen und zum angerich-teten Rückenfilet legen.

7. Das Schwanzfilet nicht trennen, sondern im Ganzen entlang dem Rücken ablösen und zu den anderen Filets legen, sodass sie zusammen wieder eine Einheit bilden.

8. Die Wangen auf die bereits be-schriebene Weise ausschälen und auf dem Teller anrichten.

9. Die zweite Seite der Forelle ebenso filetieren.

Forelle nach Müllerinart
Truite à la meunière

Die Forelle nach Müllerinart ist eine gebratene Forelle, bei der die Haut nor-malerweise mitgegessen wird.

Mise en Place
Zum Filetieren wird ein Fischbesteck verwendet.

Arbeitsmethode

1 Präsentieren der gebratenen Forelle.

2 Fischplatte so auf den Rechaud oder den Platemaster stellen, dass die Bauch-seite der Forelle zum Servicemitarbeiter zeigt.

3 Mit dem Vorleger die auf der Forelle angerichtete Garnitur an den Rand der Platte legen.

4 Die Rücken-, Seiten- und After-flossen mit dem Fischmesser durch Wegdrücken entfernen und auf den Ablageteller legen.

5 Wange auslösen und auf dem Fisch- oder Fleischteller anrichten.

6 Vor dem Kopf und quer zur Schwanzflosse bis zur Hauptgräte einschneiden.

Es geht auch anders …
In der Praxis, besonders wenn Zeit Mangelware ist, werden Kopf und Schwanzflosse häufig abgetrennt. Zugegeben, diese Methode ist Zeit sparend, sie entbehrt jedoch jeder Eleganz.

7 Vorsichtig entlang des Rückgrats vom Kopf bis zum Schwanzende ein-schneiden.

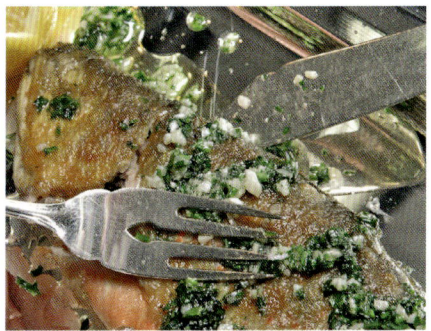

8 Von oben, beim Schwanzstück be-ginnend, das ganze obere Filet vorsich-tig lösen …

... und mit der Haut nach unten auf die Platte legen oder auf einem heißen Teller anrichten.

9 Die Schwanzflosse mit der Gabel fixieren und die gesamte Hauptgräte nach oben abrollen. Damit ist das unten liegende Seitenstück grätenfrei.

10 Die Hauptgräte mit dem Kopf auf den Ablageteller geben. Die zweite Backe wird auf dem Ablageteller ausgelöst und ebenfalls auf den Gästeteller gelegt.

11 Bei beiden Bauchfilets führt man durch Darüberstreichen eine Grätenkontrolle durch.

12 Eine Fischhälfte mit der Haut nach unten auf den heißen Fleisch- bzw. Fischteller legen ...

... und die zweite Hälfte darauf platzieren.

13 Garnituren und Beilagen hinzufügen. Eventuell mit zerlassener Butter nappieren.

Der Gästeteller

Lachsforelle (Meerforelle) in der Salzkruste

Truite saumonée en croûte au sel

Lachsforellen sind wie die Lachse so genannte Wanderfische, die aus dem Meer abwandern, um im Süßwasser zu laichen. Die meisten auf dem Markt angebotenen Lachsforellen stammen aus skandinavischen Zuchten.

Regenbogenforellen inkognito
Häufig werden unter dem Namen Lachsforelle große Regenbogenforellen angeboten, deren Fleisch sich durch eine spezielle Ernährung rot gefärbt hat.

Sie sind jedoch in der Qualität nicht mit den echten Lachsforellen vergleichbar.

Die Lachsforelle hat ein durchschnittliches Gewicht von 1 bis 5 kg. Ihr Fleisch hat die gleiche Farbe wie der Lachs, daher auch der Name.

Mise en Place

Neben einem Fischbesteck und zwei Vorlegebestecken sollte noch ein Sägemesser bereitgelegt werden.

Arbeitsmethode

1 Die Lachsforelle in der Salzkruste den Gästen präsentieren und die Platte auf dem Platemaster abstellen.

2 Mit einem Sägemesser die Salzkruste aufschneiden.

3 Mit dem Vorleger die obere Hälfte der Salzkruste abheben und auf den Ablageteller legen.

4 Die Haut entlang des Rückens vom Kopf bis zur Schwanzflosse mit der Spitze des Fischmessers aufschneiden.

5 Vor der Schwanzflosse und nach dem Kopf die Haut ebenfalls einschneiden.

6 Die Haut vom Rücken zum Bauch mit Fischmesser und Fischgabel abrollen.

7 Die Flossen entfernen.

8 Die Wange freilegen ...

... mit der Spitze des Fischmessers auslösen und auf dem Gästeteller anrichten.

9 Mit der Spitze des Fischmessers entlang der feinen, etwas gräulichen Linie bis zur Hauptgräte einschneiden, und zwar vom Kopf bis zur Schwanzflosse. Durch diesen Schnitt werden Rücken- und Bauchfilet getrennt.

10 Je nach Größe des Fisches teilt man die beiden Filets durch einen oder mehrere senkrechte Einschnitte.

11 Die einzelnen Stücke werden mit dem Fischbesteck abgehoben …

… und gemischt angerichtet.

Es geht auch anders …
Bauch- und Rückenfilets können auch zuerst im Ganzen gelöst werden, um sie dann zu portionieren.

12 Die verbleibende Fischhälfte mit der Salzkruste umdrehen.

13 Die Kruste mit dem Vorleger abheben und auf den Ablageteller legen.

14 Die Arbeitsschritte 5 bis 11 wiederholen.

15 Die Filets mit den Beilagen auf frischen Tellern anrichten und im Tellertausch einstellen.

Der Gästeteller

Saibling en Papillote
Omble chevalier en papillote

Der Saibling ist ein hoch geschätzter Speisefisch, der kaltes und sauerstoffreiches Wasser benötigt, um gut gedeihen zu können. Entsprechend fein ist auch das feste, zarte, lachsfarbene Fleisch.

Mise en Place

Es wird zusätzlich eine Schere zum Aufschneiden des Papiers benötigt.

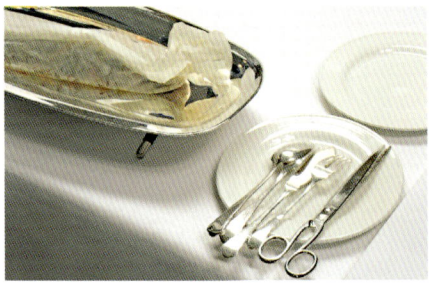

Arbeitsmethode

1 Saibling en Papillote auf einer Platte oder in einer Plat russe präsentieren und auf dem Platemaster warm stellen.

2 Das Papier aufschneiden und mit Hilfe des Filetierbestecks zur Seite klappen.

3 Die Gemüsebeilagen zur Seite schieben und die Flossen entfernen.

4 Mit der Spitze des Fischmessers die Haut zuerst hinter dem Kopf ...

... dann vor der Schwanzflosse einschneiden.

5 Dann beim Schwanz beginnend die Haut den Rücken entlang bis zum Kopf durchtrennen.

6 Die Haut vom Rücken Richtung Bauch ablösen und mit einem Vorleger auf den Ablageteller legen.

7 Die erste Wange auslösen.

Lachs Doria
Saumon Doria

8 Entlang der Hauptgräte vom Schwanz Richtung Kopf einschneiden und so das Rücken- und Bauchfilet trennen.

9 Das Bauch- und das Rückenfilet ablösen …

… und auf einem Fleisch- oder Fischteller mit Beilagen und Garnituren anrichten.

10 Den Fisch umdrehen.

11 Die Arbeitschritte 4–9 wiederholen. Die Hauptgräte mit Kopf und Schwanzflosse bleibt dabei übrig.

Der Gästeteller

Der Lachs zählt zu den feinsten, zartesten und schmackhaftesten Fischen. Er ist durchschnittlich 60 cm lang und 3 bis 4 kg schwer.

Die meisten Lachse, die angeboten werden, stammen aus skandinavischen Zuchtanstalten. Durch die erfolgreiche Zucht ist Lachs für eine breite Masse zugänglich geworden. Wildlachs ist jedoch nach wie vor eine Delikatesse, die das Herz jedes Feinschmeckers höher schlagen lässt.

Lachsfarm

Meist wird der Lachs schon in der Küche portioniert. Auf Bestellung wird er aber auch je nach Größe für mehrere Personen im Ganzen zubereitet und serviert.

Lachs lässt sich auf vielerlei Arten zubereiten, gleich ob pochiert, gegrillt, gebraten – Lachs ist immer eine Gaumenfreude.

Lachs Doria wird am Buffet als kalte Fischspezialität angeboten.

Mise en Place
Je nach Größe des Lachses verwendet man ein Fisch- oder ein Fischvorlegebesteck.

Arbeitsmethode

1 Den Lachs auf einer Platte den Gästen präsentieren.

Prächtig sieht der Lachs aus, wenn man ihn auf dem Bauch liegend serviert.

2 Mit dem Vorleger die Garnituren auf eine Seite der Platte legen.

3 Mit dem Gabelrücken den Fisch fixieren und mit dem Fischmesser hinter den Kiemen ...

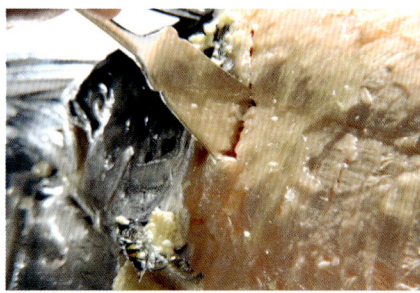

... und vor dem Schwanz vom Rücken bis zum Bauch beiderseits das Fleisch einschneiden.

4 Nun mit der Spitze des Fischmessers das Fleisch am Rücken entlang, angefangen beim Kopf bis zum Schwanz, einschneiden.

5 Den Lachs entlang der Mittelgräte in Rücken- und Bauchfilets teilen.

6 Dann das Rückenfilet mit Querschnitten teilen.

Die Gurkenscheiben werden wie eine Haut mit dem Fischbesteck entfernt.

7 Die Portionen mit dem Fischbesteck abheben und auf Fleischtellern anrichten.

9 Dann das Bauchfilet mit Querschnitten teilen.

10 Die portionierten Filets zur Grätenkontrolle umdrehen und haften gebliebene Gräten mit dem Fischbesteck entfernen.

11 Filets wieder umdrehen und auf Fleischtellern anrichten.

12 Die Wange aus dem Kopf herausschälen und auf einen der Gästeteller legen. Die Garnituren und Beilagen dazu anrichten, evtl. mit einer Sauce nappieren und die ersten Gästeteller servieren.

13 Die zweite Seite wird ebenso filetiert.

8 Die Bauchfilets sind meist fett und weisen lange, dünne Gräten auf. In manchen Restaurants werden sie nur auf Wunsch des Gastes serviert.

Beim Filetieren des Bauchfilets mit dem Fischmesser zuerst leicht auf das Bauchfilet drücken, um die Seitengräten zu lockern.

Je nach Größe des Lachses können maximal sieben Filets aus dem Rückenteil filetiert werden.

Der Gästeteller

Lachssteak

Darne de saumon

Die Mittelstücke von größeren Fischen wie Lachs, Hecht, Karpfen etc. werden in der Küche in Tranchen geschnitten und zubereitet. Im Restaurant werden sie unter der Bezeichnung Steak oder Kotelett angeboten.

Mise en Place

Zum Filetieren wird ein Fischbesteck verwendet.

Arbeitsmethode

1 Das Lachssteak in einer Plat russe, auf einem Fischwanneneinsatz oder einem heißen Fischteller dem Gast präsentieren und auf den Platemaster stellen.

2 Mit der Fischgabel die Fischhaut im Uhrzeigersinn abziehen und auf den Ablageteller legen.

3 Das Lachssteak teilen.

4 Die Mittelgräte mit Fischgabel und Fischmesser entfernen ...

... und auf den Ablageteller legen.

Es geht auch anders ...
Die Mittelgräte kann jedoch auch entfernt werden, ohne dass das Lachssteak geteilt wird.

5 Das Lachssteak mit dem Vorlegebesteck auf einen heißen Fleischteller oder speziellen Fischteller heben und die Garnituren und Beilagen dazu anrichten. Eventuell eine Sauce daneben nappieren.

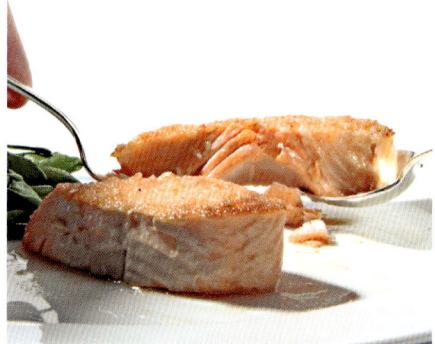

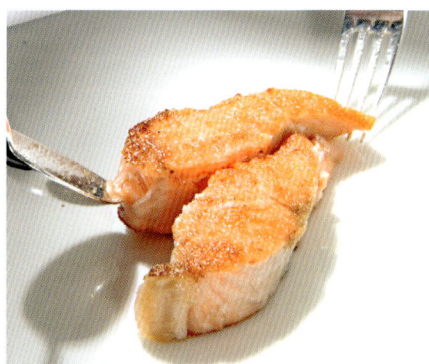

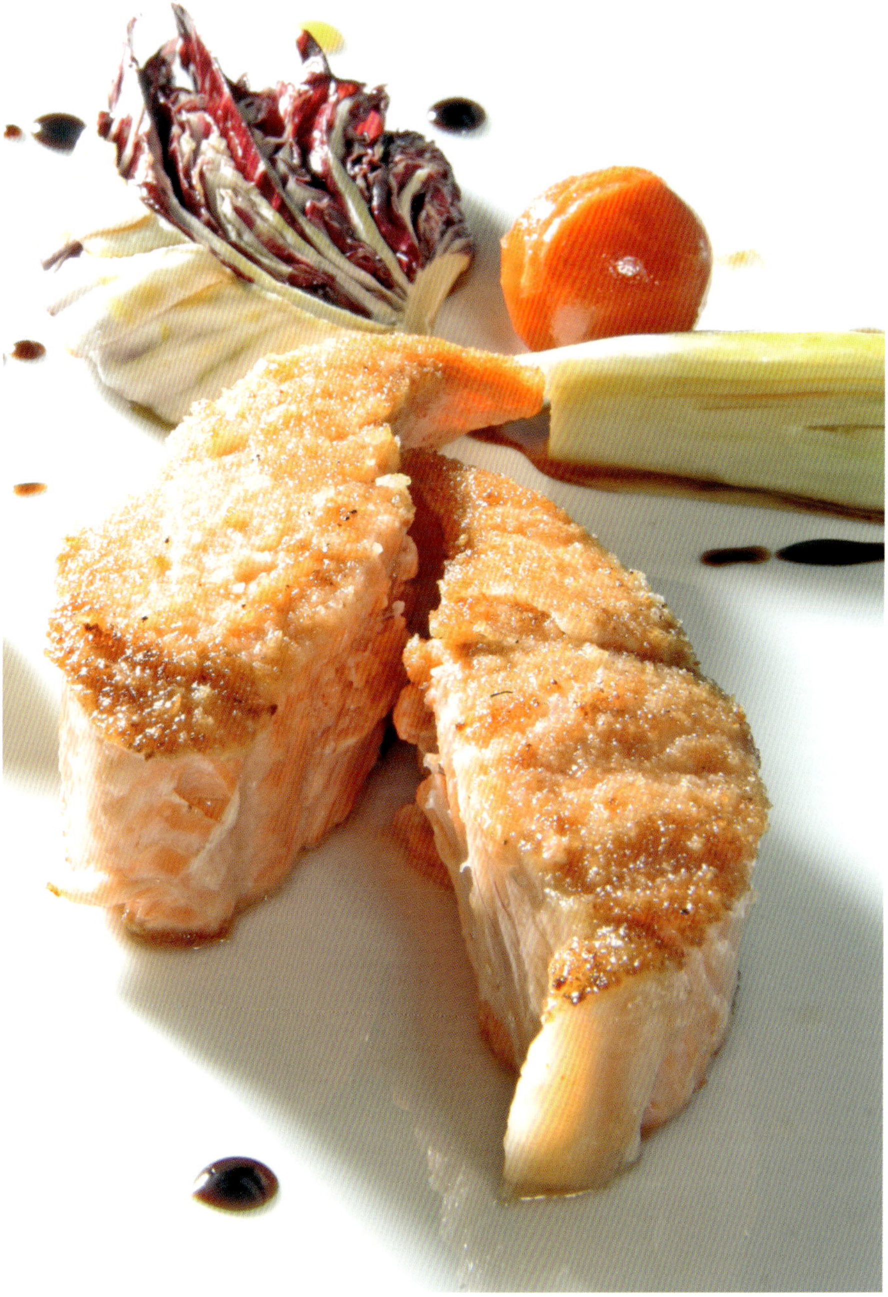

Der Gästeteller

Gebeizter Lachs

Saumon mariné

Der gebeizte Lachs ist eine Spezialität aus Schweden, die auch unter dem Namen Graves Lachs oder Gravad Lax bekannt ist.

Er wird ebenso filetiert wie der geräucherte Lachs, allerdings werden die Tranchen steiler und ca. 3 mm dick geschnitten.

Geräucherter Lachs

Saumon fumé

Geräucherter Lachs wird gerne am Buffet oder „en voiture" angeboten.

Mise en Place

Es werden zusätzlich ein Lachsbrett und ein Tranchelard benötigt. Geräucherter Lachs wird auf kalten Fleisch- oder Gourmettellern angerichtet.

Arbeitsmethode

1 Die geräucherte Lachsseite auf dem Lachsbrett den Gästen präsentieren.

Gleichgültig, ob der Lachs auf der Voiture, dem Guéridon oder dem Buffet filetiert wird, er muss immer quer mit dem Kopf nach links vor dem Servicemitarbeiter liegen.

2 Die Lachsseite mit einer Stoffserviette oder einer flach gehaltenen Gabel fixieren. Das Tranchelard flach halten und, beim Schwanzende beginnend,

mit der Klinge von links nach rechts durchziehen, um hauchdünne Tranchen zu erzielen.

Das erste Randstück wird immer weggeschnitten und auf den Ablageteller gelegt.

3 Mit jeder weiteren Tranche nähert sich der Servicemitarbeiter dem Kopfende der Lachsseite.

4 Die Tranchen mit dem Vorlegebesteck auf einen kalten Fleisch- oder Gourmetteller legen. Je nach Größe werden zwei oder mehr Tranchen mit der Garnitur angerichtet.

Ein Tipp vom Profi: Aus dem schmalen Anfangsstück müssen etwas mehr Tranchen für den Gast geschnitten werden als aus der Mitte.

Für den Gast werden Toast, Butter und die Sauce eingestellt.

Der Gästeteller

Petersfisch

St-Pierre

Schön ist er nicht, der Petersfisch. Köche aus aller Welt lassen sich von diesen Äußerlichkeiten jedoch nicht abschrecken. Sein festes, weißes Fleisch ist dazu viel zu köstlich, um sich in nobler Zurückhaltung zu üben.

Wie der Petersfisch zu seinem Namen kam ...
Der graue Petersfisch hat auf der Seite je einen schwarzen Punkt, dem er seinen Namen verdankt: Der Legende nach handelt es sich hierbei um die Fingerabdrücke des Apostels Petrus, der dem Fisch als Tribut für Jesus Christus ein Goldstück aus dem Mund gezogen haben soll.

Bei der Gästeberatung, speziell wenn der Gast den Fisch vorher gesehen hat, sollte er darüber informiert werden, dass der große Kopf und die Innereien des Petersfisches rund zwei Drittel des Gewichts ausmachen.

Arbeitsmethode

1 Den Petersfisch auf der Platte präsentieren und auf dem Platemaster warm stellen.

2 Flossenkranz mit dem Fischmesser wegdrücken und auf den Ablageteller legen.

3 Mit dem Fischmesser um den Kopf herum schneiden.

4 Vor der Schwanzflosse einschneiden.

5 Entlang der Hauptgräte vom Kopf Richtung Schwanz das Bauchfilet vom Rückenfilet trennen.

6 Bauch- und Rückenfilet abheben und auf einem Fleisch- oder Fischteller anrichten.

7 Die erste Wange auslösen, zu den Filets auf den Gästeteller legen und zusammen mit Beilagen und Garnituren servieren.

8 Das Rückgrat mit der Gabel fixieren und zusammen mit der Schwanzflosse und dem Kopf abheben.

9 Das untere Bauch- und Rückenfilet teilen ...

... und für den zweiten Gast anrichten.

Der Gästeteller

Weitere Süßwasserfische und wie sie filetiert werden

Fisch	Beschreibung	Gar- und Filetiermethode
Felchen, Renke (Féra)	Er wird zirka 30 bis 60 cm groß und schmeckt am besten, wenn er 1–2 kg wiegt.	Mit seinem weißen, trockenen Fleisch eignet er sich besonders zum Braten nach Müllerinart und wird wie die Forelle Müllerin filetiert (siehe S. 75 f.).
Seesaibling, Rötel (Omble chevalier)	Der forellenähnliche Saibling wird bis zu 40 cm lang und 200 bis 450 g schwer. Das Fleisch ist zart rosa, fest und hat einen köstlichen Geschmack.	Saiblinge werden blau gekocht, gebraten, geräuchert oder mariniert. Abhängig von der Zubereitungsart filetiert man den Saibling wie Forelle blau (siehe S. 71 ff.) oder wie Forelle nach Müllerinart (siehe S. 75). Geräucherte oder marinierte Fischseiten werden mit dem Tranchelard hauchdünn wie geräucherter Lachs geschnitten (siehe S. 86).
Hecht (Brochet)	Der Hecht hat ein weißes, mageres, grätenreiches Fleisch. Am besten schmeckt er, wenn er höchstens 3 kg wiegt. Einjährige Hechte sind meist hellgrün und werden daher auch grüne Hechte oder Grashechte genannt.	Grashechte werden normalerweise im Ganzen zubereitet, größere Exemplare hingegen meist zur Herstellung von Farcen verwendet. Als besonderer Leckerbissen gilt die Leber. Junger Hecht wird je nach Zubereitungsart wie die Lachsforelle in der Salzkruste (siehe S. 77 ff.) oder wie die Forelle blau (siehe S. 71 ff.) filetiert. Die Bauchlappen werden meist nicht serviert.
Zander, Schill, Fogosch (Sandre)	Der Zander erreicht im Durchschnitt eine Länge von 40 bis 80 cm und ein Gewicht von 4 bis 6 kg. Der Zander hat ein weißes, mageres, sehr festes, grätenarmes Fleisch, das eine wahre Delikatesse ist.	Größere Exemplare werden filetiert und portioniert, kleinere im Ganzen wie die Forelle nach Müllerinart zubereitet und filetiert (siehe S. 75).
Karpfen (Carpe)	Das Fleisch des Karpfens ist weich, fettreich und schmackhaft. Er schmeckt am besten mit einem Gewicht von einem bis drei Kilogramm. Nach der Beschuppung unterscheidet man Schuppen-, Spiegel- und Lederkarpfen. In Österreich wird der grätenarme Spiegelkarpfen bevorzugt.	Große Karpfen werden in der Küche portioniert und gebacken, gebraten oder gegrillt. Kleinere ganze Karpfen bietet man gerne blau gegart mit Wurzelgemüse für zwei Personen an.
Zwergwels, Katzenwels, Catfish (Poisson chat)	Die Durchschnittslänge beträgt ca. 35 cm, sein Fleisch ist rötlich, fast grätenlos und hat einen leicht süßlichen, milden Geschmack. Die lederartige, schuppenfreie Haut wird bei fast allen Zubereitungsmethoden vorher abgezogen. Der Zwergwels wird in Amerika mit großem Erfolg gezüchtet und von dort in alle Welt exportiert. Nicht verwechselt werden sollte der im Süßwasser lebende Zwergwels mit dem im Meer lebenden Seewolf, der im Englischen ebenfalls als „Catfish" bezeichnet wird.	Der Zwergwels kann im Ganzen blau gekocht werden, in diesem Fall wird er wie Lachs Doria (siehe S. 81 ff.) filetiert. Da das Fleisch sehr fest ist, können jedoch auch Steaks scharf angebraten werden, ohne dass das Fleisch auseinander fällt. Die Steaks werden wie Lachstranchen filetiert (siehe S. 84 f.).
Flussbarsch, Egli (Perche)	Der Flussbarsch ist nicht gerade dass, was man einen fetten Fang nennt. Nichtsdestotrotz gehört er zu den feinsten Süßwasserfischen. Gebraten oder gedünstet ist der Flussbarsch eine pure Gaumenfreude.	Kleine (ca. 25 cm lange) Flussbarsche werden wie die Forelle Müllerin zubereitet und filetiert (siehe S. 75).

Filetieren von Plattfischen

Plattfische sind sehr einseitige Zeitgenossen. In jungen Jahren noch durchaus „normal" gebaut, tendieren sie mit der Zeit immer mehr in eine Richtung, bis sie sprichwörtlich die Seite wechseln. So kommt es, dass bei Plattfischen ein Auge auf die Oberseite wandern muss, um nicht im wahrsten Sinne des Wortes im Sande zu verlaufen.

Entwicklung eines Plattfisches

So eigenartig diese Metamorphose anmutet, so köstlich schmecken die Vertreter dieser Familie.

Bekannte Plattfische sind:

- Seezunge
- Rotzunge
- Scholle
- Flunder
- Steinbutt
- Heilbutt

Mise en Place

- Dessertteller mit Fischbesteck bzw. Fischvorlegebesteck
- Vorleger (Suppenlöffel und Fleischgabel)
- Rechaud oder Platemaster zum Warmhalten der Platte
- Ablageteller (Dessert- oder Fleischteller) für Haut, Gräten, Kopf und Flossen
- Stoffserviette
- Weiterer Platemaster mit sehr heißen Fisch- oder Fleischtellern (zwei pro Gast) zum Anrichten der Filets

Sind bei einer bestimmten Filetiermethode zusätzliche Utensilien notwendig, so werden sie dort angeführt.

Seezunge nach Müllerinart
Sole à la meunière

Die Seezunge gehört zum Besten, was die Fischküche zu bieten hat.

Sie hat eine länglich ovale Körperform und eine feinschuppige, raue Haut und erreicht im Durchschnitt eine Länge von 30 bis 40 cm.

Damit das Fleisch saftig bleibt, ist es empfehlenswert, die ganze Seezunge zu braten, zu grillen, zu backen oder zu pochieren und die Filets erst vor dem Gast auszulösen.

Arbeitsmethode

1 Die angerichtete Platte dem Gast präsentieren und auf dem Platemaster warm stellen. Die Seezunge liegt dabei quer mit der Kopfseite nach links vor dem Servicemitarbeiter.

2 Mit dem Fischbesteck oder dem Vorlegebesteck die Garnituren und evtl. vorhandene Beilagen auf den Plattenrand schieben oder gleich auf dem heißen Gästeteller anrichten.

Ein Tipp vom Profi
Plattfische können auch mit einem Vorlegebesteck filetiert werden.

3 Die Seezunge mit dem Rücken der Fischgabel fixieren. Den Flossensaum (Flossenbart) mit dem Fischmesser entlang der Außenseite des Filets abdrücken.

4 Mit dem Vorleger den Grätenkranz auf den Ablageteller geben.

5 Entlang der Hauptgräte vom Kopf in Richtung Schwanz einschneiden, um die beiden oberen Filets zu teilen.

Obere Filets teilen

6 Die beiden Filets vorsichtig von der Mitte des Fisches zur Seite schieben ...

... und neben den Fisch legen.

7 Die Hauptgräte ist nun sichtbar. Mit dem flach gehaltenen Messer einige Male vorsichtig über die Gräten streichen, damit sie sich von den unteren Filets lösen.

8 Mit der Gabel die Hauptgräte am Schwanzende einklemmen, Richtung Kopf wegdrehen und auf den Ablageteller legen.

9 Das untere Filet auf einen Fleisch- oder Fischteller heben.

10 Die oberen Filets darauf legen, um die ursprüngliche Fischform wieder herzustellen.

Es geht auch anders ...
Die Filets können aber auch auf der Platte aufeinander gelegt und dann auf dem Teller angerichtet werden.

11 Mit den Beilagen anrichten und evtl. mit Bratenfond (bzw. Buttersauce) nappieren.

Der Gästeteller

Wenn sich die Sache in die Länge zieht ...
Ist die Seezunge länger als 40 cm, wird pro Gast nur ein Filet serviert. Es muss der ungewöhnlichen Länge halber in der Mitte geteilt werden. Der Rest wird warm gestellt.

Gebratener Babysteinbutt
Turbotin rôti

Der Steinbutt zählt zu den begehrtesten Speisefischen des Atlantiks. Bereits in der Antike wurde er von Griechen und Römern gleichermaßen als Spezialität geschätzt.

Das Fleisch des Steinbutts ist schneeweiß, fest, saftig und sehr schmackhaft. Allerdings ist der qualitative Unterschied zu seinen Verwandten nicht so groß wie der preisliche.

Große Steinbutte werden in der Küche geteilt, kleinere Tiere (Babysteinbutte) im Ganzen zubereitet. Die häufigsten Zubereitungsarten sind Braten, Grillen und Pochieren.

Arbeitsmethode

1 Den Steinbutt den Gästen präsentieren und die Platte auf dem Platemaster warm stellen.

2 Den Flossensaum mit dem Fischmesser wegdrücken ...

... und auf den Ablageteller legen.

3 Mit dem Fischmesser rund um den Kopf sowie vor der Schwanzflosse einschneiden (eher bei großen Fischen).

4 Einen Längsschnitt entlang des Rückgrats, beim Kopfende beginnend bis zur Schwanzflosse, durchführen.

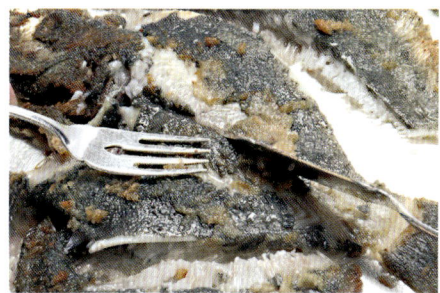

5 Die Haut mit dem Fischmesser zuerst von der einen Hälfte, dann von der anderen abheben.

6 Das Fischmesser vom Rückgrat aus zwischen Filet und Gräten führen, mit Hilfe der Gabel das Filet ablösen ...

... und auf einem heißen Fleisch- oder Fischteller anrichten.

7 Das zweite Filet auf die gleiche Weise abheben und zum ersten Filet hinzufügen.

8 Auch der Steinbutt hat feine Wangen, die man dem Gast nicht vorenthalten sollte.

9 Mit Garnituren und Beilagen anrichten. Eventuell mit etwas zerlassener Butter oder einer Sauce nappieren und servieren.

10 Sobald die obere Seite aufgeteilt ist, das Rückgrat vor dem Kopf und vor dem Schwanz durchtrennen.

11 Mit der Messerspitze über die Gräten fahren, damit sie sich lösen.

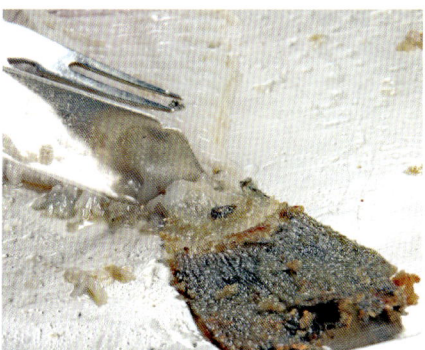

12 Mit der Fischgabel die Hauptgräte einklemmen und vom Schwanz Richtung Kopf abziehen.

14 Das untere Filet mit dem Fischmesser von der Haut lösen und teilen.

Kein Dickhäuter
Beim Babysteinbutt kann die untere weiße Haut übrigens ohne Bedenken gegessen werden.

15 Die zweite Wange auslösen und zusammen mit den Filets, Beilagen und Garnituren auf einem frischen Fleisch- oder Fischteller dem Gast nachservieren.

Filets

13 Die Hauptgräte auf den Ablageteller legen.

Der Gästeteller

Filetieren von Obst

Werden dem Gast Früchte von einer Obstschüssel oder einem Obstkorb angeboten, ist es in guten Häusern üblich, sie fachgerecht zu filetieren.

Mise en Place

- Obstkorb, Obstschale, Etagere
- Schneidbrett mit Saftrinne
- Obstfiletiermesser
- Vorleger (Suppenlöffel, Fleischgabel)
- Ablageteller (Dessertteller)
- Stoffserviette
- Kaffeelöffel nur dann, wenn die Früchte mit Alkohol mariniert werden

Ananas

Ananas

Mise en Place

Zusätzlich wird ein mittleres Tranchiermesser benötigt.

Arbeitsmethode 1

1 Die Ananas präsentieren und auf das Schneidbrett legen.

2 Mit der linken Hand festhalten und mit dem mittleren Tranchiermesser den Blütenansatz abschneiden.

3 Die Ananas senkrecht aufstellen, beim Strunk festhalten und von oben nach unten die Schale Stück für Stück abschälen.

Die Schalen werden mit dem Vorleger auf den Ablageteller gelegt.

4 Die geschälte Ananas auf das Tranchierbrett legen und den Blattansatz entfernen.

5 Dann die Ananas halbieren ...

... und nochmals vierteln.

6 Die Ananasviertel aufstellen und mit einem senkrechten Schnitt durch das Obstfiletiermesser den Strunk entfernen.

Es geht auch anders …
Der Strunk kann auch entfernt werden, wenn das Ananasviertel liegt.

7 Die Ananasviertel nochmals in ca. 1½ cm breite Stücke schneiden.

8 Mit dem Vorlegebesteck die Ananasstücke vom Schneidbrett haben und auf einem Dessertteller anrichten.

Besonders hübsch sieht es aus, wenn die Ananasstücke versetzt angeordnet werden.

Der Gästeteller

Arbeitsmethode 2

1 Die Ananas auf das Schneidbrett legen und den Blattansatz mit dem mittleren Tranchiermesser großzügig abschneiden.

2 Die Ananas aufstellen und mit dem Tranchiermesser zwischen Schale und Fruchtfleisch von oben nach unten einstechen.

3 Das Fruchtfleisch rundum von der Schale lösen.

4 Die Ananas umlegen und den Boden der Ananas abschneiden. Dadurch wird das Fruchtfleisch von der Basis gelöst.

5 Boden und Blätter auf den Ablageteller legen.

6 Mit der Gabel in den Ananasstrunk stechen und den Fruchtfleischzylinder herausziehen.

7 Den Zylinder in ca. 1 bis 1 ½ cm dicke Scheiben schneiden.

8 Werden nur wenige Scheiben benötigt, schneidet man die gewünschte Anzahl herunter und lässt anschließend das Fruchtfleisch wieder in die Schale gleiten.

9 Den holzigen Strunk aus den Ananasscheiben mit Hilfe eines Strunkausstechers oder eines Obstfiletiermessers entfernen.

10 Die Ananasscheiben mit Hilfe des Vorlegebestecks auf einem Dessertteller gefällig anrichten.

Der Gästeteller

Arbeitsmethode 3

1 Die Ananas mit einem mittleren Tranchiermesser der Länge nach halbieren.

2 Die Hälften nochmals der Länge nach vierteln.

3 Die Ananasachteln beim Blattansatz fassen, den Strunk entfernen und auf den Ablageteller legen.

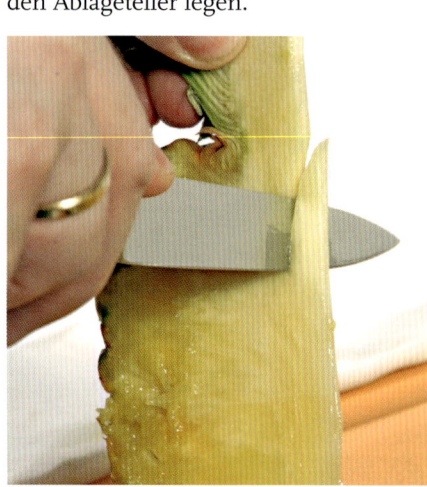

4 Mit dem Obstfiletiermesser das Fruchtfleisch von der Schale trennen.

6 Die losen Stücke zusammen mit der Schale mit dem Vorlegebesteck auf einem Dessertteller anrichten und leicht versetzen.

5 Die Ananasspalten auf der Schale nochmals in ca. 1 cm dicke mundgerechte Stücke portionieren.

Melone
Melon

Mise en Place
Für die Arbeitsmethode 2 wird zusätzlich ein mittleres Tranchiermesser benötigt.

Arbeitsmethode 1

1 Die Melone (vorzugsweise Netzmelone) präsentieren und auf das Schneidbrett legen.

2 Die Melone mit der Stoffserviette halten und quer halbieren.

Ein Tipp vom Profi
Werden Melonenhälften auf einem Teller serviert, kappt man vorher die Enden, damit sie als „standhaftes" Dessert in die letzte Runde gehen.

3 Mit dem Vorlegelöffel die Kerne entfernen und auf den Ablageteller geben.

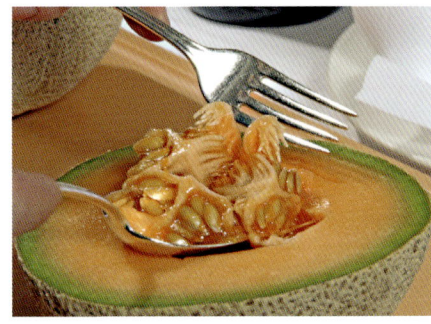

4 Mit dem Vorlegebesteck die Melonenhälften in eine Glasschüssel mit crushed ice setzen. Die Glasschüssel wird auf einem Dessertteller mit Stoffserviette dem Gast eingestellt.

5 Es wird in der Regel nur eine Hälfte pro Gast serviert.

Eine beliebte Variation ist, die Melonenhälften mit Portwein oder Madeira zu füllen. Der Portwein bzw. Madeira wird direkt vor dem Gast in die Melone gefüllt.

Arbeitsmethode 2

1 Die Melone präsentieren und auf das Schneidbrett legen.

2 Die Melone mit einer Stoffserviette halten und mit dem mittleren Tranchiermesser der Länge nach halbieren.

3 Mit dem Vorlegelöffel die Kerne entfernen und auf den Ablageteller legen.

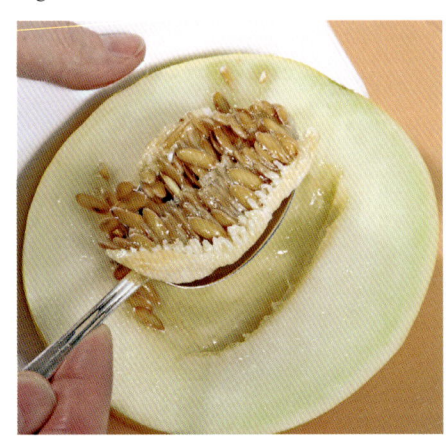

4 Melonenhälften vierteln, aus einer Melone ergeben sich also acht Spalten.

5 Die Melonenspalten mit dem Gabel-rücken fixieren und das Fruchtfleisch mit dem Obstfiletiermesser bis zur Hälfte von der Schale lösen.

6 Dann die Spalte umdrehen, mit der Gabel die Schale fixieren und das restli-

che Fruchtfleisch von der Schale lösen. Das Fruchtfleisch und die Schale sollten jedoch nach wie vor eine Einheit bilden.

7 Das Fruchtfleisch nochmals in klei-ne, ca. 1 cm breite Stücke schneiden. Aber aufgepasst: Die Schale wird dabei nicht mitgeschnitten.

8 Mit dem Vorlegebesteck die Melo-nenstücke leicht versetzt anordnen.

9 Die so entstandenen Melonenschiff-chen auf einem Dessertteller anrichten und mit Cocktailkirschen garnieren.

Der Gästeteller

Bananen zum Flambieren
Bananes flambées

1 Die Banane präsentieren und auf das Schneidbrett legen.

2 Mit der Vorlegegabel die Banane fixieren und beide Enden mit dem Obstfiletiermesser kappen.

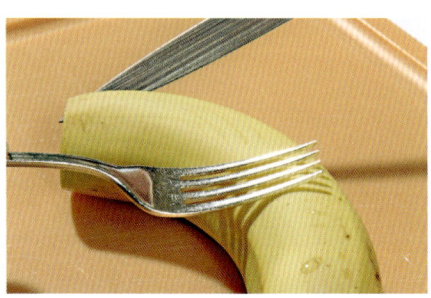

Die Enden werden auf den Ablageteller gegeben.

3 Die Schale der Länge nach auf beiden Seiten der Frucht einschneiden.

4 Eine Zinke der Gabel an einem Ende der Banane durch die Schale stechen, ohne dabei das Fruchtfleisch zu verletzen.

5 Vorsichtig die Gabel nach links drehen, sodass man die Schale auf der Gabel aufrollt.

Die Schale wird wiederum auf den Ablageteller gelegt.

6 Wechseln der Vorlegegabel in die linke Hand, Messer in die rechte Hand. Mit der Gabel die Banane fixieren, mit dem Messer die Banane der Länge nach halbieren, ...

... mit dem Vorlegebesteck abheben ...

... und auf einen bereitgestellten Teller legen.

7 Die zweite Bananenhälfte umdrehen.

Sliced Bananas with Cream
Bananen mit Obers

In Amerika werden zum Frühstück so genannte „Sliced Bananas with Cream" angeboten.

Der Arbeitsablauf gleicht bis zum Aufrollen der oberen Schalenhälfte (bis Punkt 5) dem der vorher beschriebenen Methode.

8 Die Schale wie in Punkt 5 beschrieben aufrollen und die zweite Hälfte ebenfalls auf den Teller legen.

9 Flambieren (siehe Bananenflambee, S. 139).

1 Wechsel der Gabel in die linke Hand, Messer in die rechte Hand. Mit dem Messer die Banane in der verbleibenden Schale in Scheiben schneiden.

2 Die Banane zusammen mit der Schale umdrehen.

3 Die Schale mit Hilfe der Vorlegegabel abziehen.

Die Bananenscheiben liegen nun in einer gefälligen Reihe auf dem Schneidbrett.

4 Die Hälfte der Bananenscheiben mit dem Vorlegebesteck abheben ...

... und in ein Cocktailglas geben.

5 Mit Erdbeeren garnieren ...

... mit Obers übergießen ...

... und auf einem Dessertteller mit Papierserviette, Dessertgabel und Kaffeelöffel servieren.

Servierfertige Sliced Bananas

Apfel und Birne
Pomme et poire

Zum Käseservice werden oft Äpfel gewünscht. Deshalb ist es von Vorteil, wenn man Äpfel fachgerecht filetieren kann.

Äpfel und Birnen werden auf die gleiche Art filetiert.

Mise en Place

Für die Arbeitsmethode 2 wird zusätzlich ein Gehäuseausstecher benötigt.

Arbeitsmethode 1

1 Präsentieren der Äpfel.

2 Den Apfel mit einer Stoffserviette halten und beide Fruchtenden mit dem Obstfiletiermesser abschneiden.

3 Den Apfel mit Hilfe des Vorlegebestecks auf das Brett stellen.

4 Mit der Gabel in der Mitte (Strunk) einstechen und den Apfel mit dem Obstfiletiermesser von oben nach unten dünn schälen.

Der Apfel wird dabei mit der Gabel weitergedreht.

5 Die Schalenstücke auf den Ablageteller legen.

6 Die Frucht von oben nach unten vierteln. Bei großen Äpfeln wird geachtelt.

7 Die Apfelspalte mit der Gabel fixieren, das Kerngehäuse mit einem geraden Schnitt entfernen und mit dem Vorleger auf den Ablageteller legen.

8 Die Apfelspalten auf einem Dessertteller anrichten.

Ein Tipp vom Profi
Träufelt man auf die filetierten Äpfel Zitronensaft, verfärben sie sich nicht zu einem unansehnlichen Braun.

Der Gästeteller

Arbeitsmethode 2

1 Den Apfel mit dem Gabelrücken fixieren, beide Fruchtenden kappen und diese auf den Ablageteller legen.

2 Den Apfel auf das Brett stellen, das Gehäuse mit einem Ausstecher entfernen und ebenfalls auf den Ablageteller legen.

3 Mit dem Gabelrücken den Apfel fixieren und mit dem Obstfiletiermesser von oben nach unten dünn schälen. Der Apfel wird dabei mit der Gabel weitergedreht.

Grapefruit
Pamplemousse

4 Mit der Gabel in den Apfel einstechen und nicht zu breite Scheiben abschneiden

5 Die so entstandenen Ringe auf einem Dessertteller anrichten.

Der Gästeteller

Mise en Place
Zusätzlich wird ein Grapefruitmesser benötigt.

Arbeitsmethode

1 Die Grapefruit auf das Schneidbrett legen.

2 Mit der Gabel die Grapefruit fixieren und quer zur Blüte halbieren.

3 Mit dem Gabelrücken eine Grapefruithälfte fixieren, mit Hilfe des Grapefruitmessers die Kerne entfernen und auf den Ablageteller legen.

4 Dann mit dem Grapefruitmesser das Fruchtfleisch von der Schale schneiden und die Filets, der natürlichen Einteilung folgend, einschneiden.

5 Die Grapefruit mit dem Vorlegebesteck in ein Coupeglas oder ein Cocktailglas heben.

6 Die Grapefruithälfte mit einer Cocktailkirsche oder einer frischen Erdbeere garnieren und auf einem Dessertteller mit Serviette, Dessertgabel und Kaffeelöffel zusammen mit Staubzucker dem Gast einstellen.

Servierfertige Grapefruit im Coupeglas

Die zweite Hälfte wird ebenso filetiert und in einem zweiten Gang serviert.

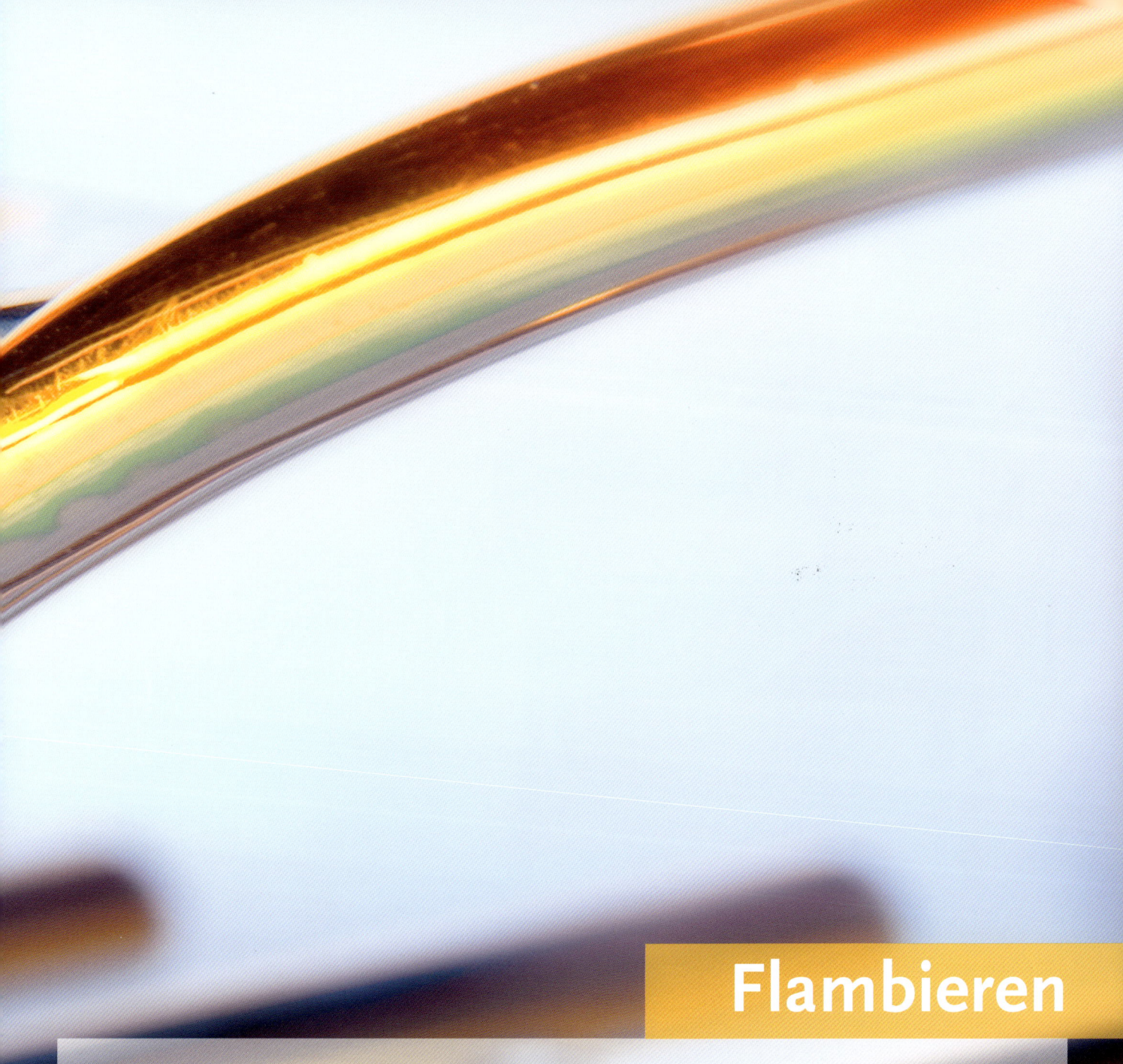

Flambieren

Feuer ist Faszination. Es prasselt und lodert, glüht und flackert, schwelt und versengt: Feuer hat viele Gesichter. Keiner kann sich der feierlichen Stimmung von Kerzenlicht bzw. der Gemütlichkeit eines Kamin- oder Lagerfeuers entziehen. Das Beobachten einer Flamme weckt in uns ein Gefühl der Geborgenheit.

Flambieren ist eine einträgliche Attraktion in jedem Restaurant. Ist der Servicemitarbeiter mit Feuer und Flamme bei der Sache, kann der Funke der Begeisterung auf das ganze Restaurant überspringen. Viele Augenpaare – nicht nur die am besagten Tisch – verfolgen normalerweise das Spiel mit dem Feuer. Wird der Flambiervorgang mit Eleganz und Bravour vollzogen, sind weitere Bestellungen von Flambiergerichten durch andere Gäste die Regel.

Serviergegenstände

Flambiergeräte

Flambierwagen

Fahrbares Gerät mit einer oder zwei Flammen. Der Vorteil eines Flambierwagens ist, dass sämtliche Zutaten sowie Geschirr und Besteck darauf Platz finden.

Timbale mit Deckel

Zum Vollenden von Saucen und Suppen, aber auch zum Warmstellen und als Begleitgeschirr zu den Pfannen.

Kupferkessel

Für Suppen und diverse Kesselgerichte.

Weitere Serviergegenstände zum Flambieren

Messglas

Zum genauen Bemessen der Spirituosenmenge. Die Spirituose kann direkt vom Messglas in das Flambiergefäß gegossen werden.

Flambierrechaud

Zum Erhitzen von Flambeegerichten; die Flammenstärke kann reguliert werden.

Gefäße zum Flambieren und Warmhalten

Flambierpfannen

Für Süßspeisen-, Fisch- und Fleischflambees; in runder und ovaler Form; aus Edelstahl mit oder ohne äußere Kupferlegierung bzw. aus Mehrschichtmaterial (Aluminium, Edelstahl, Kupfer), das die Wärme rasch und gleichmäßig verteilt.

Kleine Schöpfkelle (Louche)

Die Spirituose zum Flambieren wird in der Schöpfkelle entzündet und dann brennend über das Flambiergut verteilt.

Grundregeln des Flambierens

Speisen werden entweder während der Zubereitung oder zum Finalisieren flambiert. Der Sinn des Flambierens besteht darin, die Gerichte durch Aroma- und Geschmacksstoffe von Spirituosen geschmacklich zu verfeinern, wobei der unerwünschte Alkohol verbrennt.

Feuer ist ein guter Diener, aber ein schlimmer Herr

Flambiert wird so, dass ein Sicherheitsabstand von mindestens einem Meter zu den Gästen und zu leicht entzündbaren Gegenständen eingehalten wird.

Während des Flambierens darf der Servicemitarbeiter sich niemals über die Flambierpfanne beugen.

Fleisch und Fisch werden immer zuerst in Fett sautiert, wobei große Hitze entsteht. Wird der Alkohol zu rasch dazugegossen, kann eine Stichflamme zu bösen Verletzungen führen.

Die Menge macht's

Am besten ist die Methode, bei der der Flambeur die Spirituose vorher in ein Messglas bzw. eine Schöpfkelle (Louche) leert und sie dann in die Flambierpfanne gießt. Auf diese Weise wird ein Überdosieren und ein Übergreifen des brennenden Alkohols auf die volle Flasche verhindert.

Nur sehr routinierte Flambeure haben das nötige Gespür für die richtige Menge und gießen den Alkohol von der Flasche (mit Flaschenausgießer) direkt in die Pfanne.

Wenn eine gute Sache in Alkohol ertränkt wird

Bei Fleischflambees wird immer zuerst flambiert und im Anschluss die Sauce zubereitet. Bei Süßspeisen verhält es sich meist umgekehrt. Es wird mit der Zubereitung der Sauce begonnen, dann die Süßspeise beigefügt, aromatisiert, erwärmt und erst dann flambiert. Und hier wären wir beim nächsten Problem: zu viel Flüssigkeit.

Wird der Alkohol durch zu viel Sauce verdünnt, kann es sein, dass er sich nicht entzünden lässt. Der genervte Flambeur fügt weiteren Alkohol dazu – mit demselben Misserfolg. Nach vielen Anläufen und noch viel mehr Alkohol kann zwar endlich flambiert werden, die Sauce ist jedoch so hochprozentig, dass man sie besser im Glas serviert als auf dem Teller anrichtet.

„Die ich rief, die Geister, werd ich nun nicht los.“

Verbrennt der Alkohol nicht genügend, überlagert der verbleibende Alkohol den Geschmack der Speise.

In der Hitze des Gefechts

Richtiges Flambieren verlangt nach unterschiedlichen Flammenstärken. Ist zu Beginn noch eine stärkere Hitze notwendig, muss die Flamme des Rechauds im weiteren Verlauf zurückgenommen werden.

Alle Flambiergeräte haben eine Regulierung, mit der die Flammenstärke eingestellt werden kann. Trotzdem passiert es immer wieder, dass Servicemitarbeiter vom Anfang bis zum wahrlich bitteren Ende bei gleich starker, hoher Flamme arbeiten. Das traurige Resultat sind angebrannte Speisen, ein in Rauch und üblen Geruch gehülltes Restaurant, ein nervöser Servicemitarbeiter und ein nicht minder aufgeregter und enttäuschter Gast.

Doppelt hält besser

Bevor mit der Arbeit begonnen wird, sollten nochmals alle benötigten Ingredienzien und Serviergegenstände überprüft werden. Denn während des Flambierens darf der Arbeitsplatz auf keinen Fall verlassen werden.

Mit schlafwandlerischer Sicherheit

Um einen souveränen Eindruck bei den Gästen zu hinterlassen, sollten jede Bewegung und jeder Arbeitsschritt wie in einer Theateraufführung perfekt einstudiert sein. Der chronologische Ablauf der Rezepte muss in Fleisch und Blut übergehen.

In einem gut organisierten Betrieb ist eine Rezeptkartei vorhanden.

Mit Anstand auskosten

Möchte der Gast die Sauce verkosten, wird ihm ein Gourmet- oder Kaffeelöffel mit Sauce auf einem Brotteller mit einem Kaffeelöffel gereicht.

In der Ruhe liegt die Kraft

Das Ablöschen mit Fond, Wein und Fruchtsäften soll nach Möglichkeit geräuscharm vor sich gehen. Dies wird dadurch erreicht, dass man vor dem Ablöschen die Pfanne vom Feuer nimmt und etwas abkühlen lässt. Die Flüssigkeit lässt man vom Pfannenrand zur Mitte fließen. Dadurch wird ein übermäßiges Prasseln vermieden.

Flambieren, richtig gemacht

Es gibt zwei Möglichkeiten des Flambierens. Am häufigsten wird in der Pfanne flambiert, aber auch das Übergießen der fertigen, angerichteten Speisen auf dem Teller mit brennendem Alkohol fällt unter den Begriff Flambieren.

Flambieren in der Pfanne

Hier wird deutlich zwischen Fleisch- oder Fischflambees und Süßspeisen- oder Obstflambees unterschieden.

Fleisch- und Fischflambees

1 Das Fett in der Flambierpfanne stark erhitzen.

2 Fleisch oder Fisch einlegen und scharf anbraten.

3 Weist das Fleisch oder der Fisch die richtige Kruste auf, die Pfanne vom Feuer nehmen und so lange abkühlen lassen, bis das Prasseln des Fettes abklingt.

4 Nun den Alkohol langsam in die Pfanne gießen.

5 Die Pfanne wieder auf das Feuer stellen und so schräg halten, dass die Flammen des Gerätes den Pfannenrand erreichen können und den Alkohol entzünden.

6 Beginnt der Alkohol in der Pfanne zu brennen, die Pfanne ein wenig schwenken. So wird mehr Sauerstoff zugeführt und die Flamme kann sich besser entfalten. Aber aufgepasst: Zu hastiges Schwenken kann die Flamme löschen und der restliche Alkohol lässt einen unangenehmen Geschmack zurück.

Süßspeisen- und Obstflambees

1 Die Grundsauce nach Rezept zubereiten (siehe S. 130).

2 Die Süßspeise oder das Obst in die Pfanne einlegen.

3 Das Gericht mit Likör aromatisieren (parfümieren). Beim Aromatisieren mit Likör soll der Alkohol nicht verbrennen, sondern verdampfen. Das heißt, dass nach der Beigabe des Likörs die Flamme nicht in die Pfanne schlagen darf.

4 Den Alkohol langsam über die Süßspeise bzw. das Obst sowie die Sauce leeren.

5 Die Pfanne schräg halten, sodass die Flammen des Rechauds den Pfannenrand erreichen und den Alkohol entzünden.

6 Brennt der Alkohol, die Pfanne schwenken, damit er vollkommen abbrennt.

Flambieren auf dem Teller, in der Tasse oder im Glas

Diese Methode kommt hauptsächlich bei Omeletten, Christmaspuddings und Crêpes (Pfannkuchen) zum Einsatz. Aber auch Heißgetränke wie Punsch und Spezialkaffees (Irish Coffee, Café diable, siehe „Flambieren von Heißgetränken", S. 142 ff.) bestehen auf diese Weise die Feuerprobe.

Spirituosen

Im Allgemeinen werden höchstens zwei bis vier Zentiliter einer Spirituose zum Flambieren benötigt. Werden mehrere Portionen auf einmal zubereitet, steigt die Menge dcr Spirituose keinesfalls.

Die Spirituose sollte einen Alkoholgehalt von mindestens 38 % Vol.-% haben.

Qualität verpflichtet
Der Geschmack des Flambiergerichtes steht und fällt mit der Qualität der verwendeten Spirituose.

Cognac, Armagnac, Weinbrand

Diese Weindestillate werden am häufigsten zum Flambieren verwendet, da sie sowohl mit allen Süßspeisen als auch mit Obst, Fleisch und Fisch korrespondieren.

Bei Cognac und Armagnac sind Produkte mittlerer Lagerungszeit und Preisklasse empfehlenswert. Auch wenn die Regel besagt, dass nur erstklassige Spirituosen verwendet werden sollen, sollte sehr alter Cognac bzw. Weinbrand nicht in Flammen aufgehen, sondern sein Feuer im Cognacglas entfalten.

Whisk(e)y

Schottischer oder Scotch Whisky
Sowohl Malt-Whiskys als auch Scotch Blends haben den typischen rauchigen Geschmack, der sich jedoch beim Flambieren gewisser Speisen negativ auswirken kann. Es ist daher besonders wichtig, die im Rezept angegebene Marke zu verwenden.

Verwendet wird Scotch Whisky zum Flambieren von Fleisch, Wild, Innereien und einigen Fischgerichten.

Irischer oder Irish Whiskey
Irish Whiskey ist ein Destillat aus ungeräucherter Gerste und hat daher auch nicht den Rauchgeschmack wie schottischer Whisky. Dadurch erweitert sich der Anwendungsbereich.

Amerikanischer Whiskey
Sowohl Straight Bourbon als auch Blended Bourbon können zum Flambieren verwendet werden, wobei der Geschmack von Straight Bourbon kräftiger ist und sich in der Speise deutlich bemerkbar macht. Rye-Whiskey wird zum Flambieren eher selten verwendet.

Kanadischer Whisky
Er hat einen milderen Geschmack und kann daher bei vielen Rezepten eingesetzt werden.

Gin

Gin passt am besten zu Suppen und Wildgerichten.

Wodka

Sowohl russischer als auch polnischer Wodka eignet sich zum Flambieren. Am häufigsten werden damit Lachs und Krustentiere flambiert.

Tresterbranntwein (Grappa)

Der Verwendungsbereich ist derselbe wie der von Weindestillaten.

Rum

Zum Flambieren von Speisen wird nicht Originalrum (62–81 Vol.-%), sondern Trinkrum mit herabgesetztem Alkoholgehalt verwendet. Mit hochprozentigen Rumsorten werden nur Heißgetränke flambiert (siehe Feuerzangenbowle, S. 146 f.).

Österreichischer Inländerrum ist für klassische Flambeegerichte nicht geeignet.

Arrak

Seine Verwendung beschränkt sich auf das Flambieren von Obstflambees und Heißgetränken.

Obstdestillate

Kirschwasser, Cherrybrandy
Eignet sich hervorragend zum Flambieren von Obst, aber auch von verschiedenen Süßspeisen.

Himbeergeist
Vorwiegend zum Flambieren von Obst, Süßspeisen und einigen Geflügelgerichten.

Calvados, Apfelbrand
Wird zum Flambieren sehr häufig verwendet, eignet sich vor allem für Wild, Geflügel, Innereien, Obst und Süßspeisen.

Marillenbrand
Zum Flambieren von Obst und Süßspeisen.

Slibowitz, Zwetschkenwasser
Zum Flambieren von Obst.

Birnenbrand
Zum Flambieren von Obst.

Liköre

Liköre sind bei der Herstellung von Flambeegerichten nicht wegzudenken. Sie dienen in erster Linie zum Aromatisieren. Flambiert wird mit Likören sehr selten, da einige nach dem Abbrennen einen leicht bitteren Geschmack hinterlassen.

Edelliköre sind eine wichtige Beigabe bei der Herstellung von Saucen in Verbindung mit Früchten aller Art.

Auch bei Likören ist das richtige Maß sehr wichtig: Die Menge liegt je nach Rezept zwischen zwei und vier Zentilitern. Ein Zuviel ist nicht zielführend, da Liköre dann geschmacklich zu dominant werden.

Grand Marnier
Auf der Basis von Cognac und Orangen hergestellt. Er dient bei vielen Rezepten als Aromaträger und hat seinen Fixplatz auf der Flambee-Mise-en-Place. Mit Grand Marnier kann man auch flambieren, da er viel Cognac enthält und nicht bitter schmeckt.

Cointreau
Likör mit zart herbem Orangengeschmack, er kann als Alternative zu Grand Marnier eingesetzt werden.

Curaçao
Dieser Orangenlikör ist in den Farben Orange, Rot, Blau und Weiß erhältlich. Zum Aromatisieren kann jedoch nur die weiße Sorte verwendet werden.

Maraschino
Sauerkirschlikör; dient hauptsächlich zum Aromatisieren von Fruchtsalaten.

Cremeliköre
Sie werden zum Aromatisieren verwendet, wie z. B. Crème de Cassis, Tia Maria.

Flambieren von Fleisch und Krustentieren

Mise en Place
- Flambierrechaud auf Guéridon oder Flambierwagen
- Flambierpfanne
- Messglas
- Evtl. Schöpfkelle (Louche)
- Timbale zum Warmhalten, aber auch zum Vollenden von Saucen
- Zwei Vorleger (Suppenlöffel und Fleischgabeln) auf Dessertteller
- Ablageteller (Dessertteller)
- Stoffserviette
- Saucieren: für diverse Saucen aus der Küche
- Platemaster mit sehr heißen Fleischtellern
- Streichhölzer (falls es sich um einen Rechaud ohne automatische Zündung handelt)

Zutaten
Zum Flambieren werden neben den bereits erwähnten Geräten auch viele Zutaten benötigt.

Grundmaterialien
Das Fleisch, die Innereien sowie Fisch und Krustentiere müssen bereits in der Küche vorbereitet werden.

Gewürze und Würzmittel
- Schwarzer und weißer Pfeffer in Pfeffermühlen: Pfeffermühlen, bei denen sich der Mahlgrad einstellen lässt, haben sich bewährt; so wird das eine Mal grob gemahlener, ein anderes Mal fein gemahlener Pfeffer verlangt
- Cayennepfeffer, grüner, roter und rosa Pfeffer
- Paprika, edelsüß und scharf
- Currypulver
- Kräuter wie z. B. Estragon, Kerbel, Rosmarin, Thymian, Basilikum, Petersilie, Schnittlauch; die Kräuter werden in der Küche knapp vor Servicebeginn sehr fein gehackt und in Raviers mit Deckel aufbewahrt
- Salz, bei Meersalz braucht man etwas mehr Salz
- Verschiedene Essigsorten (siehe auch S. 151)
- Verschiedene Ölsorten (siehe auch S. 152)
- Senf
- Ketschup
- Würzsaucen wie z. B. Worcestersauce, Tabascosauce, Chutney

> **Wie spricht man Worcester(shire)sauce wirklich aus?**
> „Wortschestersoße", „Wortschesterscheiersoße", Wusterscheiersoße"? Die sprachlichen Auswüchse der Worcester(shire)sauce treiben seltsame Blüten. Korrekt wird dieser phonetische Stolperstein folgendermaßen artikuliert: „Wusterschirsoß", wobei die Betonung auf der ersten Silbe liegt und das „schir" am Schluss kurz ausgesprochen wird.
>
> Profis aus Küche und Restaurant haben dafür eine elegante Lösung gefunden: Sie sprechen einfach von der „Wusta" – der Rest hüllt sich in Schweigen.

Spirituosen
(siehe S. 113)

Saucen aus der Küche
Sauce demi-glace, Kalbsjus (Jus de veau), Glace de viande, Sauce suprême, Sauce gibier, Glace de poisson etc.

Weine

Wein ist ein wichtiger Bestandteil beim Zubereiten von feinen Saucen. Die Bratrückstände werden mit Wein vom Pfannenboden gelöst (deglaciert) und zu einer feinen Saucenbasis gebunden.

Welche Weine kommen dafür in Betracht?

Es eignen sich trockene Weißweine sowie trockene, nicht zu herbe Rotweine. Sind die Rotweine zu herb, kann die Sauce für den Gast sprichwörtlich einen bitteren Beigeschmack bekommen. Wichtig bei der Wahl der Weine ist, dass die Qualität stimmt.

Versetzte Weine

Sherrys

Am häufigsten werden Olorosos und Amontillados zum Vollenden von Saucen verwendet. Olorosos haben eine goldgelbe bis mittelbraune Farbe und ein kräftiges Aroma, Amontillados ein ausgeprägtes, eher trockenes Aroma. Sehr trockene Sherrysorten sind eher dazu gedacht, als Aperitifs den Gaumen des Gastes zu verwöhnen.

Portwein

Zum Finalisieren von Saucen dienen vorwiegend die fruchtigen bis süßlichen Ruby-Sorten.

Madeira

Die dunklen Sorten dieses süßlichen, kräftigen Weines werden zum Vollenden von braunen Saucen herangezogen.

Wermut

Wermut dient vor allem zum Verfeinern von weißen Saucen und Fonds.

Schaumweine

Sie eignen sich vorzüglich dafür, Saucen den letzten Schliff zu geben. Es sollten jedoch nur trockene Sorten verwendet werden.

Milchprodukte

Obers, Sauerrahm, Crème fraîche, Butter.

Arbeitsmethode

1 Fleisch bzw. Krustentiere würzen. Aber aufgepasst: Innereien werden vor dem Braten niemals gesalzen, da sie sonst hart werden.

2 In Öl oder Butter anbraten.

3 Flambieren.

4 In einer Timbale warm stellen.

5 Die Sauce zubereiten.

6 Je nach Rezept das Fleisch eventuell in der Sauce kurz ziehen lassen.

7 Zusammen mit Beilagen und Garnituren auf Fleischtellern anrichten.

Rezepte

Bœuf Stroganoff

Filet de bœuf à la Stroganoff

Zutaten (für zwei Personen)

- 2 cl Öl
- 300–320 g Lungenbraten-(Filet-)Spitzen, in Streifen geschnitten
- Salz, Pfeffer
- 3 cl Cognac oder Weinbrand

Sauce

- 20 g Butter
- 40 g fein gehackte Schalotten oder Zwiebeln
- 30 g blättrig geschnittene Champignons
- Salz, Pfeffer, edelsüßer Paprika
- 12 cl Rotwein
- 16 cl Sauce demi-glace
- 4 cl Obers, Crème fraîche oder Sauerrahm
- 40 g in Julienne geschnittene Gewürzgurken
- 2 Kaffeelöffel (2 g) gehackte Petersilie

Garnitur: 1 Kaffeelöffel Sauerrahm

Mise en Place

Zubereitung

1 Öl in die Flambierpfanne gießen und erhitzen.

2 Das Fleisch im heißen Öl scharf anbraten und würzen.

Das Fleisch sollte beim Anbraten gewendet werden.

3 Die Pfanne von der Flamme nehmen und den Cognac oder Weinbrand in die Pfanne leeren.

4 Die Flambierpfanne schräg halten, damit sich der Alkohol entzünden kann, und flambieren.

5 Das Fleisch in einer Timbale warm stellen und zudecken.

6 In der Flambierpfanne Butter erhitzen ...

... die fein gehackten Schalotten oder Zwiebeln glasig anrösten (sautieren) ...

... die Champignons beigeben ...

... und mit Salz, Pfeffer und etwas Paprika würzen. Das Paprikapulver wird nur leicht mitgeröstet, damit es nicht bitter wird.

7 Mit Rotwein ablöschen, reduzieren lassen, damit nur die Aromastoffe des Rotweins übrig bleiben.

Um ein Spritzen zu verhindern, sollte der Rotwein am Pfannenrand eingegossen werden, damit er sich hier bereits etwas erwärmen kann.

8 Sauce demi-glace beigeben und nochmals reduzieren lassen.

9 Etwas Petersilie sowie die Gewürzgurken beimengen und nach Wunsch des Gastes mit Obers, Sauerrahm oder Crème fraîche vollenden.

Wird Sauerrahm verwendet, muss er vorher abgerührt werden, da er sonst ausflocken würde.

Falls notwendig, kann noch einmal nachgewürzt werden.

10 Das warm gestellte Fleisch kurz unter die Sauce ziehen und auf heißen Fleischtellern anrichten.

11 Mit Sauerrahm garnieren und mit etwas Paprika bestreuen.

Der Gästeteller

Pfeffersteak Madagaskar
Filet de bœuf au poivre vert

Zutaten (für zwei Personen)

- 2 Filetsteaks à 160 g
- Salz, Pfeffer
- 2 cl Öl
- 3 cl Cognac oder Weinbrand

Sauce

- 20 g Butter
- 40 g fein gehackte Schalotten oder Zwiebeln
- 1 Esslöffel grüne Pfefferkörner
- Worcestersauce
- 12 cl Rotwein (eine Alternative ist Sherry)
- 16 cl Sauce demi-glace
- 4 cl Obers

Zubereitung

1 Die Filetsteaks mit Salz und Pfeffer würzen.

2 Mit der gewürzten Seite nach unten in die Flambierpfanne legen …

… und die zweite Seite ebenfalls würzen.

3 In Öl auf beiden Seiten scharf anbraten. Bevor Sie mit dem Braten beginnen, sollten Sie den Gast fragen, in welcher Garstufe (siehe S. 18) er das Steak wünscht.

Es geht auch anders …
Häufig wird das Fleisch bereits in der Küche gegart. Im Restaurant wird nur mehr flambiert und die Sauce hergestellt.

4 Cognac oder Weinbrand in die Pfanne leeren und flambieren.

5 Die Filetsteaks mit dem Bratensatz in einer Timbale warm stellen.

Aber aufgepasst: Die Steaks ziehen in der Timbale noch etwas durch. Wünscht der Gast sein Steak beispielsweise medium, sollte das Steak noch blutig sein, wenn es in die Timbale gegeben wird.

6 In der Flambierpfanne Butter zergehen lassen, die gehackten Schalotten hinzufügen und glasig anrösten.

7 Grüne Pfefferkörner und einen Schuss Worcestersauce hinzufügen.

8 Einige Pfefferkörner mit der Gabel zerdrücken. Dabei ist Fingerspitzengefühl gefragt: Werden die Pfefferkörner zu stark zerdrückt, wird die Sauce höllisch scharf.

9 Mit Rotwein ablöschen und reduzieren lassen.

10 Die Pfanne schwenken.

11 Sauce demi-glace hinzufügen und reduzieren lassen.

12 Die Sauce mit Obers vollenden.

13 Die Steaks mit dem Bratensaft zu der Sauce geben und durchziehen lassen, bis die gewünschte Garstufe erreicht ist.

14 Die Filets mit den Beilagen und der Garnitur auf heißen Fleischtellern anrichten und mit der Sauce nappieren.

Der Gästeteller
Werden Folienkartoffeln als Beilage gereicht, sollte zusätzlich ein Kaffeelöffel zum leichteren Aushöhlen eingedeckt werden.

Pfeffersteak auf Pariser Art

Filet de bœuf au poivre à la parisienne

Zutaten (für zwei Personen)

- 2 Filetsteaks à 160–180 g, gut in Öl eingelegt
- Ca. 50 g grob geschrotete schwarze Pfefferkörner
- Salz
- 40 g Butter oder 3 cl Öl
- 2 cl Cognac oder Weinbrand

Sauce

- 40 g Butter
- 6 cl Rotwein (am besten Merlot, Burgunder oder Bordeaux)
- Salz, Pfeffer
- Worcestersauce
- 2 cl Obers

Zubereitung

1 Die beiden Filetsteaks mit dem geschroteten Pfeffer bestreuen, diesen in das Fleisch gut eindrücken und dann salzen.

2 Die Filets in einer Flambierpfanne je nach Wunsch des Gastes in Öl oder Butter scharf anbraten.

3 Mit Cognac oder Weinbrand flambieren und in einer Timbale warm stellen.

4 Mit der restlichen Butter die Bratrückstände vom Boden der Pfanne lösen.

5 Mit Rotwein ablöschen und etwas reduzieren lassen.

6 Mit Pfeffer, Salz, Worcestersauce und Obers den Saft geschmacklich abrunden.

7 Die Steaks zusammen mit den Beilagen und der Garnitur auf heißen Fleischtellern anrichten und mit der Sauce nappieren.

Kalbsmedaillons mit Marsala

Médaillons de veau au marsala

Zutaten (für zwei Personen)

- 4 Kalbsmedaillons à 80 g
- Salz, Pfeffer
- 3 cl Öl
- 3 cl Cognac oder Weinbrand

Sauce

- 40 g Butter
- 3 cl Marsala
- 1/8 l Kalbsjus
- 3 cl Obers

Zubereitung

1 Die gewürzten Kalbsmedaillons in der Flambierpfanne in Öl anbraten (innen zartrosa halten).

2 Mit Cognac oder Weinbrand flambieren.

3 Die Medaillons in einer Timbale warm stellen.

4 Den Bratensatz mit Butter lösen und mit Marsala ablöschen.

5 Mit Kalbsjus reduzieren und mit Obers vollenden.

6 Die Medaillons kurz in die Sauce legen und gar ziehen lassen.

7 Die Medaillons auf heißen Fleischtellern zusammen mit den Beilagen und der Garnitur anrichten und mit der Sauce nappieren.

Flambierte Kalbsnieren mit Whiskey

Rognons de veau flambés au whiskey

Zutaten (für zwei Personen)

- 2 cl Öl
- 100 g gehackte Schalotten
- 320 g Kalbsniere, in nicht zu dünne Scheiben geschnitten
- 100 g blättrig geschnittene Champignons
- 4 cl Bourbon-Whiskey
- Salz, Pfeffer
- 2 Kaffeelöffel (2 g) frisch gehackter Kerbel
- 2 Esslöffel Béchamelsauce

Zubereitung

1 Öl in der Flambierpfanne erhitzen und die Schalotten darin rösten.

2 Nieren und Champignons unter ständigem Rühren dazugeben und bei starker Hitze kurz sautieren.

3 Mit Whiskey flambieren.

4 Mit Salz und Pfeffer würzen, den Kerbel und die Béchamelsauce hinzufügen, kurz schwenken und sofort auf heißen Fleischtellern anrichten.

Kalbsrückenschnitte mit Spitzmorcheln und Gin

Selle de veau aux morilles et au genièvre

Zutaten (für zwei Personen)

- 320 g Kalbsrücken
- Salz, Pfeffer
- 2 cl Öl
- 2 cl Gin

Sauce

- 20 g Butter
- 40 g fein gehackte Schalotten oder Zwiebeln
- 80 g Morcheln
- 12 cl Rotwein (St. Laurent)
- 16 cl Sauce demi-glace
- 4 cl Obers
- 1 Kaffeelöffel (1 g) Thymian

Mise en Place

Statt einer Timbale wird eine zweite Pfanne benötigt.

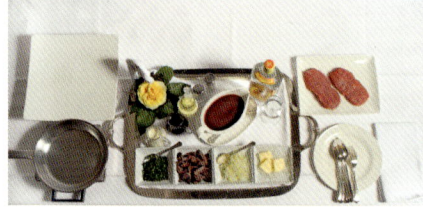

Zubereitung

1 Das Öl in die Flambierpfanne gießen und erhitzen.

2 Das Fleisch mit Salz und Pfeffer würzen und im heißen Öl scharf anbraten.

Das Fleisch sollte beim Anbraten gewendet werden.

3 Die Pfanne von der Flamme nehmen und den Gin in die Pfanne leeren.

4 Die Flambierpfanne schräg halten, damit sich der Alkohol entzünden kann, und flambieren.

5 Dann die Pfanne mit dem Fleisch warm stellen.

6 In der zweiten Flambierpfanne die Butter erhitzen, die fein gehackten Schalotten oder Zwiebeln glasig anrösten (sautieren), die Morcheln beifügen ...

... und alles gut vermengen.

7 Die Morcheln kurz mitrösten lassen, aber aufgepasst: Die Zwiebeln sollten dabei nicht zu dunkel werden.

8 Mit Rotwein ablöschen und reduzieren lassen.

9 Die Sauce demi-glace beifügen und ebenfalls reduzieren lassen.

10 Mit Obers die Sauce verfeinern ...

... und mit Thymian geschmacklich abrunden.

Rouen-Ente in der Presse
Caneton rouennais à la presse

Falls notwendig, kann noch einmal nachgewürzt werden.

11 Das warm gestellte Fleisch in die Sauce zurücklegen und kurz ziehen lassen.

12 Das Fleisch zusammen mit den Beilagen auf heißen Fleischtellern anrichten und mit der Sauce nappieren.

Der Gästeteller

Von allen Geflügelgerichten, die im Restaurant vor dem Gast zubereitet werden, ist die Rouen-Ente der Klassiker schlechthin. Heute wird dieses Gericht in der Gastronomie nur mehr selten angeboten, da es sehr zeitaufwendig ist.

Die Rouen-Ente wird nicht gestochen, sondern erstickt, um nicht auszubluten. Sie soll in der Küche nicht länger als 25 Minuten gebraten werden, damit sie innen noch blutig ist.

Zutaten (für zwei Personen)

- 1 Rouen-Ente (Jungente), halb durch oder besser englisch gebraten
- 2–4 cl Cognac
- 4 cl Burgunder- oder Portwein
- Pfeffer
- 1/16 l Entenjus
- 1 Entenleber, sehr fein passiert
- 2 cl Obers

Mise en Place

Es werden zusätzlich eine Entenpresse und eine Sauciere benötigt.

Zubereitung

1 Die Ente den Gästen präsentieren und dann auf dem Platemaster warm stellen.

2 Die Ente tranchieren, wobei die Entenbrust in Aiguillettes geschnitten wird (siehe S. 56). Die Keulen werden zum Nachbraten in die Küche zurückgebracht.

3 Die Karkasse zerkleinern, mit etwas Burgunder- oder Portwein und Cognac in die Entenpresse legen und fest auspressen.

Zum Auffangen des Karkassenextraktes stellt man eine leere Sauciere unter die Presse.

4 Die Entenfilets in die Flambierpfanne geben, mit Cognac flambieren und anschließend in einer Timbale warm stellen.

5 Pfeffer aus der Pfeffermühle in die leere Pfanne mahlen (sehr grob) und bei mäßiger Hitze den Rotwein bzw. Portwein eingießen.

6 Das Karkassenextrakt und die Entenjus langsam beifügen und reduzieren lassen.

7 Die passierte Entenleber in die Sauce rühren und mit Obers binden.

8 Die Entenbruststücke in die Sauce zurücklegen und etwas ziehen lassen.

9 Dann auf heißen Fleischtellern zusammen mit den Beilagen anrichten und mit der Sauce nappieren.

10 Die inzwischen gegrillten oder durchgebratenen Keulen werden zum Nachservice gereicht.

Hühnerbrüstchen mit Wodka und Tomaten
Poulet à la vodka et aux tomates

Zutaten (für zwei Personen)

- 360 g Hühnerbrust
- 2 cl Öl
- 2 cl Wodka

Sauce

- 20 g Butter
- 40 g fein gehackte rote Zwiebeln
- 12 cl Chardonnay
- 16 cl Sauce suprême
- 4 cl Obers
- 60 g Tomates concassées
- 1 Kaffeelöffel (1 g) fein gehacktes Basilikum
- Salz, Pfeffer

Zubereitung

Bevor die Bestellung an die Küche weitergegeben wird, sollte der Gast gefragt werden, ob er die Hühnerbrust mit oder ohne Haut wünscht. Möchte er sie mit der Haut, wird eine zweite Pfanne benötigt.

1 Die Hühnerbrüstchen auf der Hautseite würzen.

2 Mit der Haut nach unten in heißes Öl einlegen und anbraten.

3 Die Hühnerbrüstchen umdrehen ...

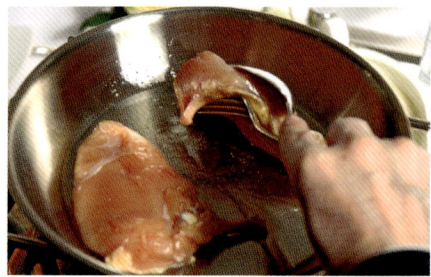

... und die zweite Seite ebenfalls würzen.

4 Wodka in die Pfanne gießen und das Fleisch flambieren.

5 Die Hühnerbrüstchen in einer vorgewärmten Pfanne mit der Haut nach oben warm stellen.

Ein Tipp vom Profi
Soll die Hühnerbrust eine knusprige Haut haben, muss man sie in einer separaten Pfanne warm stellen. Wird sie stattdessen in eine Timbale mit Deckel gegeben, bildet sich durch den Abschluss Dampf, der die Haut zäh werden lässt.

6 Butter in der Flambierpfanne erhitzen und die fein gehackten Zwiebeln glasig anrösten.

7 Mit Chardonnay ablöschen und reduzieren lassen.

8 Sauce suprême hinzufügen, verrühren und reduzieren lassen.

9 Die Sauce mit Obers verfeinern.

10 Tomates concassées beimengen und nochmals verrühren.

11 Zum Schluss mit gehacktem Basilikum geschmacklich abrunden.

12 Die Hühnerbrüstchen mit dem Vorleger in die Sauce zurücklegen. Dabei muss darauf geachtet werden, dass die Haut oben und nicht in der Sauce zu liegen kommt.

13 Die Hühnerbrüstchen zusammen mit den Beilagen und der Sauce auf den Gästetellern anrichten.

Der Gästeteller

Rehnüsschen mit Gin und Stopfleber

Noisettes de chevreuil au genièvre et foie gras

Zutaten (für zwei Personen)

- 320 g Rehfilet
- 2 cl Öl
- 2 cl Gin

Sauce

- 100 g Stopfleber
- Salz, Pfeffer
- 2 cl Öl
- 20 g Butter
- 40 g fein gehackte Schalotten
- 12 cl Zweigelt
- 16 cl Sauce gibier
- 40 g Preiselbeeren
- 1 Kaffeelöffel (1 g) Thymian

Mise en Place

Zusätzlich wird ein Dessertteller für die Stopfleber benötigt.

Zubereitung

1 Die gewürzten Rehfilets in heißem Öl anbraten.

2 Gin in die Pfanne gießen und die Filets flambieren.

3 Filets in einer Timbale warm stellen.

4 Die Stopfleber mit Salz und Pfeffer würzen.

5 Öl in der Pfanne erhitzen, die Stopfleber mit der gewürzten Seite nach unten hineinlegen und anbraten. Die obere Seite ebenfalls würzen, umdrehen und anbraten.

6 Die gebratene Stopfleber auf einem kalten Dessertteller zur Seite stellen.

7 Butter in der Pfanne erhitzen und die fein gehackten Schalotten darin glasig rösten.

8 Mit Rotwein ablöschen und reduzieren lassen.

9 Sauce gibier einrühren.

10 Die Preiselbeeren beifügen und mit der Sauce vermengen.

11 Mit Thymian würzen.

12 Die Rehfilets zusammen mit dem Bratrückstand in die Sauce heben.

13 Die Rehfilets auf den Gästetellern anrichten und mit der Stopfleber belegen.

Anschließend mit der Sauce nappieren.

Der Gästeteller

Kaninchenleber mit Calvados

Foie de lapin au calvados

Zutaten (für zwei Personen)

- 280 g Kaninchenleber
- 2 cl Öl
- 2 cl Calvados

Sauce

- 20 g Butter
- 2 Äpfel, entkernt und in Spalten geschnitten
- 40 g fein gehackte Schalotten
- 4 cl Ruby-Portwein
- 18 cl Sauce demi-glace
- Salz, weißer Pfeffer
- 1 Kaffeelöffel (1 g) Oregano

Zubereitung

1 Die Kaninchenleber in Öl anbraten, sodass sie im Inneren noch rosa bleibt. Nicht salzen, da die Leber sonst hart wird.

2 Leber mit Calvados flambieren ...

... und in einer Timbale warm stellen.

3 Die Flamme des Rechauds zurückdrehen. Die Hälfte der Butter in der Pfanne schmelzen lassen und die Apfelspalten darin anschwitzen.

Dann umdrehen und den Vorgang wiederholen, bis die Äpfel goldbraun sind.

4 Die Apfelspalten entweder zusammen mit der Leber oder in einer separaten Timbale warm stellen.

5 Die restliche Butter in der Flambierpfanne schmelzen und die gehackten Schalotten darin anrösten.

6 Mit Portwein aufgießen und reduzieren lassen.

7 Sauce demi-glace unter die reduzierte Portwein-Schalotten-Sauce ziehen.

8 Die Kaninchenleber in die Sauce legen und ziehen lassen. Vergessen Sie nicht, auch den Bratensaft dazuzugeben.

9 Mit Salz und Pfeffer würzen. Erst zum Schluss wird der Oregano zugefügt, damit die ätherischen Öle nicht vorzeitig die Flucht ergreifen.

Der Gästeteller

Schweinsnüsschen mit Dörrpflaumen

Noisettes de porc aux pruneaux

Zutaten (für zwei Personen)

- 6 Schweinsnüsschen à 60 g, in der Küche vorgebraten
- 4 cl Slibowitz

Sauce

- 40 g Knoblauchbutter
- 10 entkernte Dörrpflaumen, in Slibowitz mariniert
- 6 cl Bratensaft
- Salz, Pfeffer, Paprika

Zubereitung

1 Die Schweinsnüsschen in der Pfanne mit Slibowitz flambieren und in einer Timbale warm stellen.

2 Die Knoblauchbutter in der Flambierpfanne schmelzen lassen und die Dörrpflaumen darin kurz dünsten.

3 Mit dem Bratensaft ablöschen und das Ganze gut verrrühren.

4 Mit Salz, Pfeffer und Paprika würzen.

5 Die Schweinsnüsschen in den Saft zurücklegen und einige Male darin wenden.

6 Zusammen mit den Beilagen auf heißen Fleischtellern anrichten.

Geschnetzelte Truthahnbrust mit Armagnac

Suprême de dindonneau à l'armagnac

Zutaten (für zwei Personen)

- 320–360 g enthäutete Truthahnbrust, in dünne Tranchen geschnitten
- 40 g Butter oder 3 cl Öl
- Salz, Muskatnuss
- 3 cl Armagnac

Sauce

- 6 cl Jus de volaille lié (gebundene Geflügeljus) oder Glace de veau (Kalbsglace)
- 1 Esslöffel Johannisbeergelee
- 1 cl Rheinriesling
- 2 cl Obers

Zubereitung

1 Die Butter in der Flambierpfanne erhitzen und die Truthahntranchen darin anbraten.

2 Anschließend mit Salz und etwas Muskatnuss würzen.

3 Mit Armagnac flambieren und die Pfanne so lange vom Feuer wegnehmen, bis die Flammen erloschen sind.

4 Das Fleisch in einer Timbale warm stellen.

5 Bei mäßiger Hitze Jus de volaille lié oder Glace de veau zum Bratensatz in der Pfanne geben.

6 Die Sauce mit Johannisbeergelee, Rheinriesling und Obers vollenden.

7 Die Truthahntranchen in die Sauce zurücklegen und etwa eine halbe Minute ziehen lassen.

8 Das Fleisch zusammen mit den Beilagen auf heißen Fleischtellern anrichten und mit der Sauce nappieren.

Rehmedaillons mit Eierschwammerln

Médaillons de chevreuil flambés aux chanterelles

Zutaten (für zwei Personen)

- 4–6 Rehmedaillons
- 30 g Butter
- Salz
- 4 cl Gin

Sauce

- 5 cl Sauerrahm
- 5 cl trockener Rotwein
- 1 Teelöffel (1 g) Wacholderbeeren
- 1 Teelöffel Preiselbergelee
- 50 g Eierschwammerln (Pfifferlinge)
- 1 Prise Rosmarin, Cayennepfeffer, Wildgewürz

Zubereitung

1 Die Butter in der Flambierpfanne erhitzen.

2 Die Rehmedaillons mit Salz würzen und bei guter Hitze auf beiden Seiten in der Butter anbraten.

3 Mit Gin flambieren und die Medaillons anschließend in einer Timbale warm stellen.

4 Den Sauerrahm und den Rotwein in die Pfanne geben, Wacholderbeeren, das Preiselbergelee und die Eierschwammerln unterrühren.

5 Mit den Gewürzen abschmecken.

Ein Tipp vom Profi
Zerdrückt man mit der Gabel die Wacholderbeeren, wird der Geschmack zusätzlich intensiviert.

6 Die Medaillons in die Sauce geben, etwas ziehen lassen und auf Fleischtellern mit den Beilagen anrichten.

Garnelen Danieli

Crevettes flambées au grappa

Zutaten (für zwei Personen)

- 4 Garnelenschwänze
  (320 g mit Schale)
- Meersalz, Pfeffer
- 2 cl Olivenöl
- 2 cl Grappa

Sauce

- 40 g Butter
- 40 g gehackte Zwiebeln
- 2 gehackte Knoblauchzehen (10 g)
- 12 cl Chardonnay
- 1 Kaffeelöffel (1 g) sehr fein gehackte
  Dille

Mise en Place

Statt einer Timbale wird eine kleine
Flambierpfanne zum Warmhalten
benötigt.

Zubereitung

1 Die Garnelenschwänze salzen und
pfeffern.

2 Olivenöl in der Pfanne erhitzen und
die Garnelenschwänze mit der gewürzten Seite nach unten in der Pfanne
anbraten.

Die zweite Seite ebenfalls würzen und anbraten.

3 Die Garnelenschwänze mit Grappa
flambieren ...

... und zusammen mit dem Bratensaft
in einer kleinen Flambierpfanne warm
stellen.

4 Den Bratensatz mit der Butter
lösen ...

... und die Zwiebeln sowie den Knoblauch darin anrösten.

5 Mit Chardonnay ablöschen und
reduzieren lassen.

6 Die Garnelen wieder in die Pfanne legen ...

... die gehackte Dille beimengen und kurz in der Sauce schwenken.

7 Die Garnelenschwänze zusammen mit den Beilagen auf heißen Fleischtellern anrichten.

Der Gästeteller

Flambierte Scampi auf indische Art
Langoustines flambées à l'indienne

Zutaten (für zwei Personen)
- 20 g Butter
- 6–8 pochierte Scampischwänze, eventuell der Länge nach geteilt
- 2 cl Cognac oder Weinbrand

Sauce
- 20 g Butter
- 40 g gehackte Schalotten oder Zwiebeln
- 1 Esslöffel Apfelmus
- 1 Kaffeelöffel (1 g) Currypulver
- 2 cl Obers
- Salz, Pfeffer

Garnitur: 1 Kaffeelöffel gehackte Petersilie, 1 Kaffeelöffel gehobelte Mandeln

Zubereitung

1 Einen Teil der Butter in der Pfanne erhitzen und die pochierten Scampischwänze darin leicht anbräunen.

2 Mit Cognac flambieren und die Scampischwänze in einer Timbale warm stellen.

3 Die restliche Butter schmelzen und die Schalotten oder Zwiebeln beifügen.

4 Sind die Schalotten glasig angeröstet, das Apfelmus, Curry und Obers beimengen und gut verrühren.

5 Die Scampischwänze in die Sauce legen, mit Salz und Pfeffer würzen und noch etwas ziehen lassen.

6 Aus der Küche werden zwei Teller gebracht, auf denen bereits Reisringe gefällig angerichtet wurden. In die Ringe die Scampi und die Sauce geben und mit Petersilie und Mandeln garnieren.

Flambierte Forelle
Truite flambée

Zutaten (für zwei Personen)
- 40 g Butter
- 2 Forellen à ca. 250 g, in der Küche vorgebraten
- Salz, Paprika
- 20 g gehobelte Mandeln
- 4 cl Malt-Whisk(e)y

Zubereitung

1 Die Butter in der Flambierpfanne erhitzen und die vorgebratenen Forellen darin etwas nachbraten.

2 Mit Salz und Paprika würzen.

3 Die Mandeln darüber streuen.

4 Mit Whisk(e)y flambieren.

5 Auf heißen Fleisch- oder Fischtellern zusammen mit den Beilagen anrichten.

Langustenmedaillons mit Avocado und Brunnenkresse
Médaillons de langouste à l'avocat et au cresson

Zutaten (für zwei Personen)

- 260 g Langustenmedaillons
- Salz, Pfeffer
- 2 cl Öl
- 2 cl Grappa

Sauce

- 20 g Butter
- 40 g Schalotten
- 40 g Avocadowürfel
- 12 cl Chardonnay
- 16 cl Sauce vin blanc
- 4 cl Obers
- 40 g Tomates concassées
- 1 Kaffeelöffel (1 g) Brunnenkresse

Mise en Place

Statt der Timbale wird eine kleine Flambierpfanne benötigt.

Zubereitung

1 Langustenmedaillons würzen.

2 Öl in der Pfanne erhitzen und die Medaillons mit der gewürzten Seite nach unten in der Pfanne anbraten. Die zweite Seite ebenfalls würzen und anbraten.

3 Mit Grappa flambieren ...

... und in einer kleinen Flambierpfanne warm stellen.

4 Den Bratensatz mit der Butter lösen und die Schalotten darin glasig anrösten.

5 Die Avocadowürfel dazugeben und kurz mitrösten.

6 Dann mit Weißwein ablöschen ...

... und mit Sauce vin blanc verrühren.

7 Mit Obers verfeinern.

Hummer Newburg
Homard flambé

8 Die Tomates concassées beimengen ...

... und mit Brunnenkresse geschmacklich abrunden.

9 Die Langustenmedaillons in die Sauce legen und etwas ziehen lassen.

10 Auf den Gästetellern zusammen mit den Beilagen anrichten und mit der Sauce nappieren.

Zutaten (für zwei Personen)

- 1 Portion gekochter Hummer à 600 g oder Hummerstücke
- 50 g Butter
- Salz, weißer Pfeffer
- 4 cl Cognac oder Weinbrand

Sauce

- 30 g Butter
- 40 g fein gehackte Schalotten
- 1 cl Weißwein
- 4 cl Glace de poisson (Fischglace)
- 2 cl Obers
- Cayennepfeffer
- Jeweils 1 Kaffeelöffel (1 g) Thymian, gehackte Petersilie, Kerbel

Zubereitung

1 Hummer zerteilen (siehe S. 61 ff.), falls er nicht bereits in der Küche tranchiert wurde.

2 Butter in der Flambierpfanne erhitzen, die Hummerstücke beifügen und langsam erwärmen.

3 Mit Salz und Pfeffer würzen.

4 Mit Weinbrand oder Cognac flambieren und in einer Timbale warm stellen.

5 Butter in der Pfanne erwärmen und die Schalotten darin glasig rösten.

6 Mit Weißwein ablöschen.

7 Glace de poisson, Obers, Cayennepfeffer und die Kräuter beimengen und die Sauce reduzieren lassen.

8 Hummerstücke auf einem Reisring anrichten und mit Sauce nappieren.

Der Gästeteller

Flambieren von Süßspeisen und Obst

Mise en Place

- Flambierrechaud auf Guéridon oder Flambierwagen
- Flambierpfanne
- Messglas
- Schöpfkelle (Louche)
- Zwei Vorleger (Suppenlöffel und Fleischgabeln) auf Dessertteller
- Stoffserviette
- Platemaster mit sehr heißen Fleischtellern
- Streichhölzer (falls es sich um einen Rechaud ohne automatische Zündung handelt)

Zutaten

Grundmaterialien
Zum Beispiel Crêpes und Früchte.

Gewürze und Würzmittel
- Zimt, Nelken
- Zucker: Roh-, Würfel-, Kristall-, Staubzucker
- Fruchtsäfte
- 1/2 entkernte, ungespritzte Zitrone zum Verrühren der Sauce
- Orangen- und Zitronenzesten
- Fruchtmark

Milchprodukte
Zum Beispiel Obers, Schlagobers, Butter bzw. Buttermischungen, Eiscremes.

Spirituosen
(siehe S. 113)

Garnituren
Mandelstifte, geriebene Haselnüsse, Schokoladensauce etc.

Arbeitsmethode

Grundsauce

1 Den Kristallzucker karamellisieren lassen, bis er cognacfarben ist.

Karamellsauce ist sehr „anhänglich", sie sollte deshalb nie mit dem Vorleger verrührt werden, da sie sonst nicht mehr von ihm lässt.

2 Sobald der Zucker die gewünschte Farbe hat, die Butter hinzufügen und zergehen lassen.

3 Mit Orangensaft ablöschen. Dabei sollte vorher das Zucker-Butter-Gemisch durch Schräghalten in die untere Pfannenhälfte befördert werden, damit der Orangensaft nicht direkt auf den schaumigen Zucker trifft. Der Zucker würde in diesem Fall zu rasch abkühlen und aushärten.

4 Mit der halben Zitrone den karamellisierten Zucker unter ständigem Rühren (die Pfanne befindet sich wieder über dem Rechaud) lösen.

... und so geht es weiter

5 Die Crêpes oder Früchte in die Sauce legen.

6 Das Gericht mit Likör aromatisieren und erhitzen. Der Alkohol darf dabei nicht verbrennen, sondern nur verdampfen.

7 Flambieren.

8 Anrichten und garnieren.

Rezepte

Crêpes Suzette
Flambierte Crêpes
mit Orangenbuttersauce

Zutaten (für eine Person)

Grundsauce
- 4 Kaffeelöffel (30 g) Feinkristallzucker
- 20 g Butter
- 10 cl Orangensaft
- 1/2 entkernte Zitrone

Damit die Bitterstoffe der Schale nicht in die Sauce gelangen, sollte von der Zitrone ein ca. 1/2 cm breiter Streifen geschnitten werden.

- 2 cl Grand Marnier
- 2–3 Crêpes
- 3 g Orangenzesten
- 2 cl Weinbrand oder Cognac
- 30 g Orangenfilets

Zubereitung

1 Die Grundsauce herstellen.

2 Mit Grand Marnier aromatisieren.

3 Die erste Crêpe mit der Gabelspitze fixieren ...

... einrollen ...

... und mit Hilfe des Vorlegelöffels in die Pfanne legen.

4 Dort wieder ausrollen ...

... mit Sauce nappieren ...

... und zu einem Halbkreis falten.

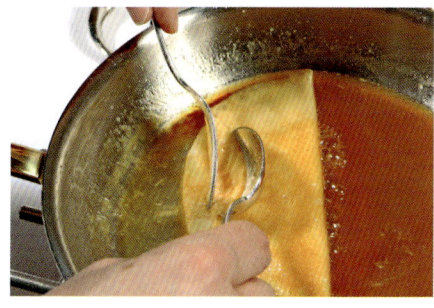

5 Mit der zweiten Crêpe wird ebenso verfahren.

6 Die beiden Crêpes zu Dreiecken falten. Dabei wird die untere Ecke mit der Vorlegegabel fixiert und die Crêpe nach oben hin gefaltet.

7 Die Orangenzesten zu den Crêpes in die Flambierpfanne geben ...

... und etwas erwärmen.

8 Den Cognac in die Pfanne leeren ...

... und die Crêpes flambieren.

9 Die Crêpes zusammen mit den Orangenzesten auf vorgewärmten Fleischtellern anrichten.

10 Die Orangenfilets zu der Sauce in die Pfanne geben und kurz darin schwenken.

Damit die Filets nicht zerfallen, werden sie immer erst am Schluss in der Sauce geschwenkt.

11 Die Orangenfilets zu den Crêpes geben, Orangenzesten darauf verteilen und mit der Sauce nappieren.

Der Gästeteller

Crêpes Calvados

Mit Calvados oder Apfelbrand flambierte Crêpes

Zutaten (für eine Person)

Grundsauce

- 4 Kaffeelöffel (30 g) Feinkristall-zucker
- 20 g Butter
- 10 cl Apfelsaft
- 1/2 Zitrone

- 2 cl Cointreau
- 40 g Apfelwürfel
- 2 cl Calvados oder Apfelbrand
- 2 Crêpes
- 30 g Sauerrahmeis

Garnitur: 1 g Wallnusskrokant, 10 g Karamelloberssauce

Zubereitung

1 Die Grundsauce zubereiten (siehe Arbeitsmethode, S. 130).

2 Mit Cointreau aromatisieren.

3 Die Apfelwürfel in die Sauce geben und unter stetigem Wenden etwas dünsten lassen.

4 Die Apfelstücke auf eine Seite der Pfanne schieben und die erste Crêpe in der Pfanne ausrollen.

5 Die Crêpe mit etwas Sauce nappieren und einige Apfelstücke darauf verteilen.

6 Die Crêpe mit Hilfe des Vorlegers zusammenrollen.

7 Mit der zweiten Crêpe ebenso verfahren. Dabei sollten einige Apfelstücke für die Garnitur aufgespart werden.

8 Den Calvados in die Pfanne leeren ...

... und die Crêpes flambieren.

9 Die Crêpes auf dem vorgewärmten Gästeteller zusammen mit dem Sauerrahmeis anrichten und mit etwas Sauce nappieren. Garniert wird mit Apfelstückchen, Wallnusskrokant und Karamelloberssauce.

Der Gästeteller

Crêpes Wachau
Mit Marillenbrand flambierte Crêpes

Zutaten (für eine Person)

Grundsauce
- 4 Kaffeelöffel (30 g) Feinkristallzucker
- 20 g Butter
- 10 cl Orangensaft
- 1/2 Zitrone

- 2 cl Marillenlikör
- 2 Crêpes
- 40 g Marillenmark
- 20 g Marillenfilets
- 2 cl Marillenbrand
- 40 g weiße Schokolademousse

Garnitur: 1 Kaffeelöffel (1 g) gehackte Pistazien, 10 g Schokoladesauce

Zubereitung

1 Die Grundsauce zubereiten (siehe Arbeitsmethode, S. 130).

2 Mit Marillenlikör aromatisieren.

3 Die erste Crêpe in der Flambierpfanne ausrollen, mit Marillenmark bestreichen ...

... und zusammenklappen.

4 Mit der zweiten Crêpe ebenso verfahren.

5 Die beiden Crêpes zu Dreiecken falten.

6 Die Marillenfilets kurz in der Sauce schwenken.

7 Dann den Marillenbrand beifügen und flambieren.

8 Die Crêpes auf einem Saucenspiegel anrichten, mit Marillenfilets, gehackten Pistazien und Schokoladesauce garnieren und zusammen mit weißer Schokolademousse servieren.

Der Gästeteller

Crêpes Cardinal
Mit Himbeergeist flambierte Crêpes

Zutaten (für eine Person)

Grundsauce
- 4 Kaffeelöffel (30 g) Feinkristallzucker
- 20 g Butter
- 1 cl Zitronensaft
- 2 Esslöffel Himbeermark

- 2–3 Crêpes
- 2 cl Himbeergeist

Garnitur: frische Himbeeren, Schlagobers (Schlagsahne)

Zubereitung

1 Den Feinkristallzucker zergehen lassen.

2 Butter und Zitronensaft hinzufügen.

3 Die Flamme zurückdrehen, da die Farbe des Himbeermarks unter zu viel Hitze leidet.

4 Himbeermark in die Pfanne geben und einrühren.

5 Die Crêpes einlegen und zu Dreiecken zusammenfalten.

6 Mit Himbeergeist flambieren und auf einem vorgewärmten Fleischteller zusammen mit frischen Himbeeren und Schlagobers anrichten.

Crêpes Suchard
Flambierte Crêpes mit Schokoladesauce

Zutaten (für eine Person)

Grundsauce
- 4 Kaffeelöffel (30 g) Staubzucker
- 30 g Butter
- 4 cl Obers
- 2 Esslöffel geriebene Bitterschokolade

- 2–3 Crêpes, zu Dreiecken gefaltet
- 2 cl Kirschwasser oder Cognac
- Evtl. Vanilleeis

Garnitur: Schlagobers (Schlagsahne)

Zubereitung

1 Staubzucker mit Butter zergehen lassen.

2 Bei sehr kleiner Flamme Obers einrühren.

3 Die geriebene Schokolade ebenfalls unterrühren und kurz ziehen lassen.

4 Die zu Dreiecken zusammengelegten Crêpes in die Sauce legen und mit Kirschwasser oder Cognac flambieren.

5 Die Crêpes auf einem vorgewärmten Fleischteller anrichten und mit Schlagobers garnieren. Auf Wunsch kann auch Vanilleeis dazu serviert werden.

Crêpes Schönbrunn
Flambierte Crêpes mit Erdbeermark

Zutaten (für eine Person)

Grundsauce
- 1 Stück Würfelzucker, an einer Zitrone abgerieben
- 2 Stück Würfelzucker, an einer Orange abgerieben
- 15 g Feinkristallzucker
- 30 g Butter
- 10 cl Orangensaft
- 20 g Erdbeermark

- 2 Crêpes
- 2 cl Grand Marnier
- 2 cl Cognac oder Weinbrand

Garnitur: Schokoladensauce, Schlagobers (Schlagsahne)

Zubereitung

1 Den Zucker in der Pfanne karamellisieren lassen.

2 Die Butter beifügen und verrühren.

3 Mit Orangensaft ablöschen und das Erdbeermark einrühren.

4 Die Crêpes in die Sauce legen, mit Sauce nappieren und zu Dreiecken falten (siehe Crêpes Suzette, S. 130 ff.).

5 Mit Grand Marnier parfümieren.

6 Mit Cognac oder Weinbrand flambieren.

7 Die Crêpes auf dem heißen Gästeteller anrichten und mit der Sauce nappieren.

8 Garniert wird mit Schokoladensauce, mit der Fäden über die Crêpes gezogen werden, sowie mit Schlagobers.

Flambierter Mohr im Hemd
Pudding au chocolat à la crème fouettée

Zutaten (für eine Person)
- 1 Mohr im Hemd
- Staubzucker (Puderzucker)
- 2–3 cl Rum, Cognac oder Kirschwasser

Garnitur: Schlagobers (Schlagsahne)

Zubereitung

1 Den Mohr im Hemd dem Gast präsentieren und auf dem Platemaster warm stellen.

2 Mit Staubzucker den Mohr im Hemd stark bezuckern. Dadurch ist gewährleistet, dass der Alkohol nur oberflächlich brennt und die Oberfläche des Puddings nicht verkohlt.

3 In einem kleinen Schöpflöffel (Louche) den Alkohol über der Flamme erwärmen und entzünden.

4 Den brennenden Alkohol über den Mohr im Hemd gießen. Bei dieser Methode wird auf dem Teller flambiert.

5 Mit Schlagobers garnieren.

Auf diese Weise wird unter anderem auch Christmaspudding flambiert.

Flambierte Weichseln mit Feigenkrapfen

Griottes flambées au beignet de figues

Zutaten (für eine Person)

Grundsauce

- 4 Kaffeelöffel (30 g) Feinkristallzucker
- 20 g Butter
- 10 cl Kirschensaft
- 1/2 Zitrone

- 40 g Weichseln (Sauerkirschen)
- 2 cl Kirschenlikör
- 2 cl Kirschenbrand
- 40 g Feigenfilets
- 1 Feigenkrapfen

Zubereitung

1 Die Grundsauce zubereiten (siehe
Arbeitsmethode, S. 130).

2 Weichseln in die Sauce geben und
mit Kirschenlikör aromatisieren.

3 Den Kirschenbrand hinzufügen ...

... und flambieren.

4 Die Weichseln auf dem vorgewärmten Gästeteller anrichten.

5 Die Feigenfilets in die Pfanne geben
und in der Sauce wenden.

6 Die Feigenfilets mit dem Feigenkrapfen auf den Gästeteller zu den Kirschen
heben.

Der Gästeteller

Cherry Jubilée
Sauerkirschenflambee

Zutaten (für eine Person)

Grundsauce
- 4 Kaffeelöffel (30 g) Feinkristallzucker
- 20 g Butter
- 10 cl Kirschensaft
- 1/2 Zitrone

- 100 g entkernte Sauerkirschen
- 2 cl Cherry Heering (Cherrybrandy/Kirschlikör)
- 2 cl Kirschwasser
- 2 Kugeln Vanilleeis

Garnitur: Schlagobers (Schlagsahne)

Zubereitung

1 Die Grundsauce zubereiten (siehe Arbeitsmethode, S. 130) und die Sauerkirschen hinzufügen (einige Kirschen für die Garnitur aufheben).

2 Die Sauce gut aufkochen und reduzieren lassen.

3 Mit Cherry Heering aromatisieren und mit Kirschwasser flambieren.

4 Zwei Kugeln Vanilleeis mit den Kirschen und der Sauce auf dem Gästeteller anrichten und mit Schlagobers garnieren.

Flambierte Zwergorangen mit Chilifäden und Jogurtmousse
Oranges flambées au chili et à la mousse de jaourt

Zutaten (für eine Person)

Grundsauce
- 4 Kaffeelöffel (30 g) Feinkristallzucker
- 20 g Butter
- 10 cl Orangen- oder Zitronensaft
- 1/2 entkernte Zitrone

- 50 g Zwergorangen (Kumquats)
- 2 cl Curaçao triple sec
- Chilifäden
- 2 cl Cognac
- 40 g Jogurtmousse

Garnitur: Schokoladensauce, Marzipanblättchen

Zubereitung

1 Die Grundsauce zubereiten.

2 Die Kumquats beifügen und mit Curaçao aromatisieren.

3 Die Chilifäden dazugeben und mit der Sauce bedecken, da sie sonst beim Flambieren verbrennen würden. Je länger die Chilifäden mitgekocht werden, desto schärfer wird das Gericht.

4 Den Cognac hinzufügen und flambieren.

5 Auf dem Gästeteller ein Gitter aus Schokoladensauce ziehen und die Kumquats zusammen mit dem Jogurtmousse darauf anrichten.

Der Gästeteller

Flambierte Pfeffererdbeeren

Fraises au poivre

Zutaten (für eine Person)

Grundsauce

- 4 Kaffeelöffel (30 g) Feinkristall-zucker
- 20 g Butter
- 10 cl Orangensaft
- 1/2 entkernte Zitrone

- 50 g feste frische Erdbeeren
- 2 cl Grand Marnier
- Grüner, schwarzer oder rosa Pfeffer aus der Mühle
- 2 cl Weinbrand oder Cognac
- 1 Kugel Vanilleeis

Zubereitung

1 Die Grundsauce in der Pfanne zubereiten und die Erdbeeren beimengen. Ganze Erdbeeren können mit der Vorlegegabel angestochen werden. So kann der Saft austreten und sich mit der Sauce vermengen.

2 Mit Grand Marnier aromatisieren.

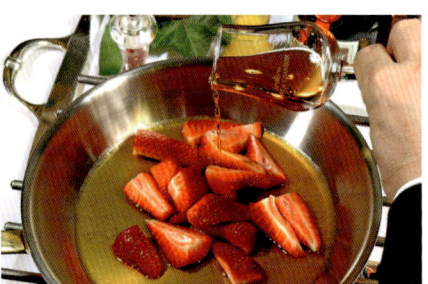

3 Mit Pfeffer aus der Mühle bestreuen.

4 Weinbrand oder Cognac in die Pfanne leeren und die Erdbeeren flambieren.

5 Die Erdbeeren mit der Sauce auf einem Teller oder in einem Coupeglas anrichten, Vanilleeis daraufgeben und sofort servieren.

Der Gästeteller

Flambierte Melone Kavalier

Melon flambé cavalier

Zutaten (für zwei Personen)

- 50 g Butter
- 50 g Feinkristallzucker
- 5 cl Portwein
- 1 Honigmelone (in der Küche halbiert, das Kerngehäuse entfernt), aus dem Fruchtfleisch werden mit einem Parisienne-Ausstecher Kugeln ausgestochen
- 160 g Weichseln (Sauerkirschen)
- 4 cl Marillenlikör
- 4 cl Kirschwasser
- 4 Kugeln Vanilleeis

Garnitur: 20 g Mandelsplitter

Mise en Place

Die ausgehöhlten Hälften dienen als Gefäße und werden in einer Schale mit gestoßenem Eis (auf Dessertteller mit Serviette) angerichtet.

Zubereitung

1 Den Zucker karamellisieren lassen.

2 Die Butter beifügen, sobald der Zucker cognacfarben ist.

3 Mit Portwein ablöschen.

4 Die Melonenkugeln und die Sauerkirschen dazugeben und in der Sauce etwas dünsten lassen.

5 Mit Marillenlikör parfümieren.

6 Mit Kirschwasser flambieren.

7 In jede Melonenhälfte eine Kugel Vanilleeis geben, darauf die flambierten Früchte verteilen und als Krönung nochmals eine Kugel Vanilleeis darauf setzen. Mit Mandelsplittern garnieren.

Bananenflambee

Bananes flambées

Zutaten (für eine Person)

Grundsauce

- 4 Kaffeelöffel (30 g) Feinkristallzucker
- 20 g Butter
- 10 cl Orangensaft
- 1/2 entkernte Zitrone

- 2 Bananenhälften
- 2 cl Cointreau
- 2 cl Weinbrand

Garnitur: evtl. 2 Physalis, Schlagobers (Schlagsahne)

Zubereitung

1 Die Grundsauce (siehe Arbeitsmethode, S. 130) in der Flambierpfanne zubereiten und beide Bananenhälften mit dem flachen Vorlegegriff ...

... mit der Rundung nach unten in die Grundsauce legen.

Aber aufgepasst: Die Bananen sollten nicht zu weich werden.

2 Mit Cointreau aromatisieren. Dabei werden die Bananen gewendet ...

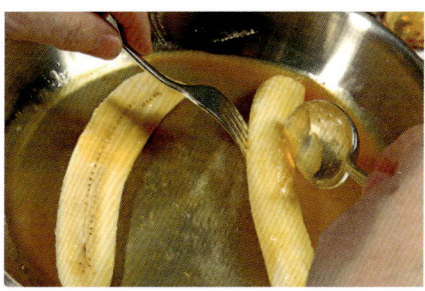

... und mit der Sauce beträufelt.

3 Den Weinbrand in die Pfanne gießen und die Bananen flambieren.

4 Die Bananen auf vorgewärmten Fleischtellern anrichten, mit Sauce überziehen, mit Schlagobers garnieren und sofort servieren.

Der Gästeteller

Flambierter Marzipanbratapfel auf geeister Vanillesauce

Pomme bonne-femme à la sauce de vanille

Zutaten (für eine Person)

Grundsauce

- 4 Kaffeelöffel (30 g) Feinkristall-zucker
- 20 g Butter
- 10 cl Apfelsaft
- 1/2 Zitrone

- 2 cl Amaretto
- 1/2 Zimtstange
- 3 Gewürznelken
- 2 cl Apfelbrand
- 1 Marzipanbratapfel

Garnitur: Vanillesauce, Schokoladen-sauce

Zubereitung

1 Die Grundsauce zubereiten und mit Amaretto aromatisieren.

2 Die Zimtstange und die Gewürznel-ken in die Sauce geben und etwas darin ziehen lassen.

3 Den Bratapfel in die Pfanne heben und mit Sauce beträufeln.

4 Den Apfelbrand in die Pfanne leeren und flambieren.

5 Einen Saucenspiegel aus Vanille- und Schokoladesauce auf dem Gästetel-ler vorbereiten und den Bratapfel darauf setzen.

Der Gästeteller

Flambierte Birnen auf Schwarzwälder Art

Poires flambées à la Forêt-Noire

Zutaten (für zwei Personen)

- 4 geschälte, entkernte Birnenhälften, in Vanille-Zucker-Wasser pochiert
- 5 cl Fond vom Pochieren der Birnen
- 5 cl Marillenpüree (Aprikosenpüree)
- Staubzucker (Puderzucker)
- 5 cl Kirschwasser
- 2 Kugeln Zimteis

Zubereitung

1 In der Flambierpfanne bei mäßiger Hitze den Birnenfond mit dem Marillenpüree vermengen.

2 Dann die Birnenhälften einlegen und ca. zwei Minuten mit der Sauce beträufeln.

3 Mit Kirschwasser flambieren.

Ein Tipp vom Profi
Bestreut man den Pfannenrand und die Birnen zuerst mit Staubzucker, wird die Flamme wesentlich schöner.

4 Die Birnenhälften mit dem entkernten Teil nach unten auf den Gästetellern anrichten, das Zimteis dazugeben und mit der Sauce nappieren.

Flambierte Früchte auf orientalische Art

Fruits flambés à l'orientale

Zutaten (für zwei Personen)

Grundsauce

- 4 Kaffeelöffel (30 g) Staubzucker
- 20 g Butter
- 10 cl Orangensaft
- 1/2 Zitrone

- 4 cl Curaçao
- 1 Mokkalöffel Zimtpulver
- 2 frische Feigen (halbiert), 2 Ananasscheiben, 2 Bananenhälften, 6 entkernte Kirschen, 6 Erdbeeren, 2 Pfirsichhälften, 2 Apfelscheiben
- 2 cl dunkler Corubarum
- 4 Kugeln Vanilleeis
- 2 Esslöffel Schlagobers (Schlagsahne), mit etwas Vanilleeis vermischt (wird bereits in der Küche hergestellt)

Zubereitung

1 Die Grundsauce zubereiten (siehe Arbeitsmethode, S. 130).

2 Mit Curaçao aromatisieren.

3 Zimt beimengen und verrühren.

4 Die Früchte in die Sauce legen, zuletzt die Bananen und die Beerenfrüchte, und bei großer Flamme ein paar Mal wenden, bis sie durch sind.

5 Mit Corubarum flambieren.

6 Die Früchte auf dem Gästeteller zusammen mit dem Vanilleeis anrichten und mit der Vanilleeis-Schlagobers-Mischung nappieren.

Flambierte Feigen und Armagnacpflaumen

Figues et prunes à l'armagnac flambées

Zutaten (für zwei Personen)

- 30 g Staubzucker
- 20 g Butter
- Orangenzeste oder Aranzini von einer Orange
- 6 frische, halbierte Feigen
- 4 Pflaumen, in Armagnac mariniert
- 2 cl Cointreau
- 4 cl Armagnac
- 40 g Zimtparfait

Mise en Place

Die flambierten Feigen und Armagnacpflaumen werden in Sektkelchen oder Coupegläsern angerichtet.

Zubereitung

1 In einer mäßig heißen Flambierpfanne Zucker und Butter cremig rühren.

2 Orangenzeste oder Aranzini, dann die Feigen und etwas später die Armagnacpflaumen in die Pfanne geben.

3 Mit Cointreau parfümieren.

4 Mit Armagnac flambieren.

5 Sektkelche oder Coupegläser bis zu einem Drittel mit Zimtparfait füllen, dann die flambierten Früchte und den reduzierten Saft darauf geben.

Flambieren von Heißgetränken

Mise en Place

- Flambierrechaud auf Guéridon oder Flambierwagen
- Flambierpfanne
- Messglas
- Schöpfkelle (Louche)
- Dessertlöffel auf Dessertteller
- Zwei Kaffeelöffel
- Stoffserviette
- Hitzebeständige Tassen oder Gläser (genaue Angaben gibt es bei den einzelnen Rezepten) auf einem Dessertteller mit Papierserviette und Kaffeelöffel
- Streichhölzer (falls es sich um einen Rechaud ohne automatische Zündung handelt)

Rezepte

Flambierter Irish Coffee

Kenner der Materie werden zwar behaupten, dass flambierter Irish Coffee nicht dem Originalrezept entspricht, und sie haben damit auch Recht – nichtsdestoweniger wird er gerne getrunken und sollte jedem Flambeur geläufig sein.

Zutaten (für eine Person)

- 2 Kaffeelöffel Rohzucker
- 4 cl Irish Whiskey
- Ca. 1 Tasse Espresso
- 4 Esslöffel leicht geschlagenes Obers (Schlagsahne)

Mise en Place

Statt der Flambierpfanne werden ein hitzebeständiges Irish-Coffee-Glas und ein Irish-Coffee-Rechaud benötigt. Der Dessertlöffel wird durch zwei Esslöffel ersetzt.

Zubereitung

1 Rohzucker und Irish Whiskey in das Irish-Coffee-Glas geben.

2 Den Irish-Coffee-Rechaud entzünden und das Glas in die Halterung über die Flamme hängen.

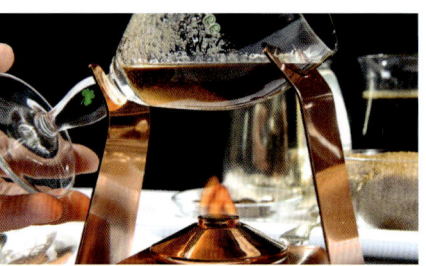

3 Das Irish-Coffee-Glas über der Flamme drehen, sodass der Whiskey gleichmäßig erwärmt wird und der Rohzucker sich auflösen kann.

Warum ist der Zucker beim Irish Coffee so wichtig?
Kaffee mit Zucker hat ein anderes spezifisches Gewicht als Kaffee ohne Zucker und kann daher das Obers tragen. Wäre er ungezuckert, würden sich Kaffee und Obers vermischen.

Bei diesem Irish Coffee gibt es keine scharfe Grenze zwischen Obers und Kaffee, da sich der Rohzucker nicht ganz aufgelöst hat.

4 Das Glas aus der Halterung nehmen und an die Flamme führen, damit sich die aufsteigenden Alkoholdämpfe entzünden können.

5 Das Glas mit heißem Kaffee auffüllen.

Servierfertiger Irish Coffee
Zu Irish Coffee kann ein Kaffeelöffel gereicht
werden, er ist jedoch kein Muss.

6 Einen Esslöffel kurz über die Flamme des Rechauds halten und das leicht geschlagene Obers über den Rücken des vorgewärmten Löffels auf den Kaffee fließen lassen.

7 Das Irish-Coffee-Glas auf einen Dessertteller mit Papierserviette stellen und dem Gast einstellen.

Café Cappuccino

Zutaten (für eine Person)

- 2 cl Crème de Cacao
- 1 cl Weinbrand oder Wodka
- 1 Stück Würfelzucker
- 1 Tasse Espresso
- 3 cl Kaffeeobers

Garnitur: Schlagobers (Schlagsahne), Kakaopulver

Zubereitung

1 In der Flambierpfanne Crème de Cacao, Weinbrand und Würfelzucker erwärmen und flambieren.

2 Mit Kaffee löschen.

3 Das Kaffeeobers einrühren.

4 In eine vorgewärmte Kaffeetasse füllen und mit Schlagobers und Kakaopulver garnieren.

Kaffee Wachau

Zutaten (für eine Person)

- 2 Kaffeelöffel Feinkristallzucker
- 1 Esslöffel Marillenstücke bzw. Kompottmarillen brunoise (Aprikosenstücke)
- 2 cl Marillenlikör
- 1 großer Espresso

Garnitur: Schlagobers (Schlagsahne)

Mise en Place

Zusätzlich werden ein Einspännerglas auf einem Unterteller mit Doily/Underliner oder Spitzenpapier sowie ein Kaffeelöffel benötigt.

Zubereitung

1 Den Zucker karamellisieren lassen.

2 Die Marillenstücke zum karamellisierten Zucker geben ...

... Likör in die Pfanne gießen und flambieren.

3 Mit Kaffee ablöschen ...

... und in das vorgewärmte Einspännerglas füllen.

4 Mit Schlagobers und den karamellisierten Marillenstücken garnieren.

Café diable

Zutaten (für eine Person)

- 2 Kaffeelöffel Feinkristallzucker
- Zitronenzeste
- 2 cl Weinbrand oder Cognac
- 1 große Tasse Espresso
- 2 cl Cointreau
- Schale einer Orange, in einer durchgehenden Spirale geschält, auf eine Gabel gewickelt

Garnitur: Schlagobers (Schlagsahne)

Orangenspirale, auf eine Gabel gewickelt

Mise en Place

Im Idealfall wird ein Flambierwagen mit zwei Flammen verwendet. Café diable wird in einer Kaffeetasse serviert.

Zubereitung

1 Den Zucker in der Flambierpfanne karamellisieren lassen.

2 Dann die Zitronenzeste dazugeben und ebenfalls karamellisieren lassen.

3 Die Pfanne von der Flamme nehmen, den Weinbrand in die Pfanne leeren und flambieren (etwas Weinbrand für die Tasse behalten).

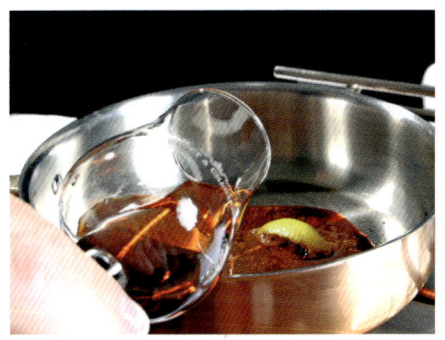

4 Mit Kaffee ablöschen und die Flamme zurückdrehen, da sonst der Kaffee bitter wird. Wird mit einem Rechaud gearbeitet, schiebt man die Pfanne einfach etwas zur Seite.

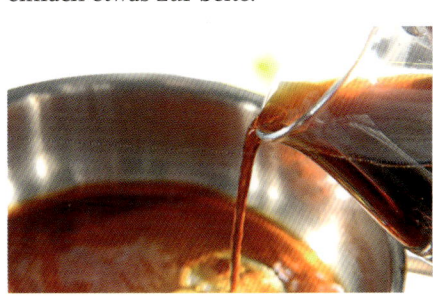

5 In einem Schöpfer den Cointreau (etwas Cointreau für die Tasse überlassen) vorsichtig über einer zweiten Flamme erwärmen.

Dann den Schöpfer so halten, dass die Flamme in den Schöpfer hineinschlägt und den Alkohol entzündet.

6 Die Gabel mit der Orangenspirale über die Flambierpfanne halten, den brennenden Cointreau vorsichtig von oben auf die Schale gießen und in die Pfanne fließen lassen.

7 Die Reste von Cointreau und Weinbrand in eine Kaffeetasse geben.

8 Den Kaffee mit dem Schöpfer in die Tasse gießen.

9 Mit Schlagobers garnieren. Café diable wird auf einem Unterteller mit Doily (Spitzenpapier) und einem Kaffeelöffel serviert.

Servierfertiger Café diable

Café d'Amour

Zutaten (für eine Person)

- 2 cl Cointreau
- 1 Messerspitze Kakaopulver
- 1 Messerspitze Zimt
- Zucker nach Belieben
- 1 große Tasse Espresso
- 1 Zimtstange
- Schlagobers (Schlagsahne)

Garnitur: Schlagobers (Schlagsahne), geriebene Orangenschale, geriebene Schokolade

Mise en Place

Für Café d'Amour wird eine Kaffeetasse benötigt.

Zubereitung

1 In einer Flambierpfanne den Cointreau erwärmen.

2 Kakaopulver, Zimt und etwas Zucker beifügen.

3 Flambieren.

4 Mit Kaffee löschen.

5 Zimtstange in eine vorgewärmte Kaffeetasse geben und den Kaffee eingießen. Mit der Zimtstange kann umgerührt werden.

6 Mit Schlagobers, geriebener Orangenschale und geriebener Schokolade garnieren.

Flambierter Grog Crillon

Zutaten (für eine Person)

- 2 Stück Würfelzucker
- 2 cl Grand Marnier
- 2 cl Crème de Vanille
- 3 cl dunkler Jamaikarum
- 1/8 l heißes Wasser
- 1 Zitronenscheibe, mit Gewürznelken gespickt

Mise en Place

Ein Grogglas sowie lange Zünder werden zusätzlich benötigt.

Zubereitung

1 In das vorgewärmte Grogglas zuerst die Zuckerwürfel, dann Grand Marnier, Crème de Vanille und Jamaikarum geben.

2 Mit einem Zündholz anzünden und nach Belieben brennen lassen (je länger die Flüssigkeit brennt, umso geringer ist der Alkoholgehalt).

3 Mit heißem Wasser ablöschen und die gespickte Zitrone in das Glas dazugeben.

4 Das Grogglas wird auf einem Dessertteller mit Serviette und Kaffeelöffel serviert.

Feuerzangenbowle

Zutaten (für zwölf Personen)

- 1,5 l Rotwein
- 3 unbehandelte Orangen, in Scheiben geschnitten
- 1 unbehandelte Zitrone, in Scheiben geschnitten und mit Nelken gespickt
- 2 Zimtstangen
- 250 g Zuckerhut
- 30 cl hochprozentiger Rum

Mise en Place

Statt der Flambierpfanne werden ein feuerfester Topf oder eine feuerfeste Glasschüssel und eine Feuerzange benötigt. Zusätzlich ist ein Ablageteller notwendig.

Zubereitung

1 Den Rotwein zusammen mit den Orangen- und Zitronenscheiben sowie den Zimtstangen in die Schüssel geben und erhitzen.

2 Die Feuerzange mit dem Zuckerhut auf den Topf legen.

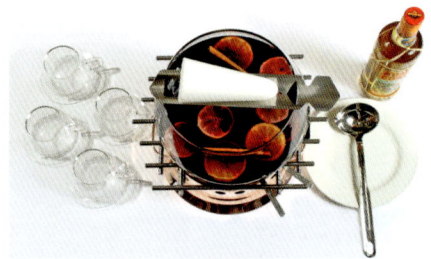

3 Einen Teil des Rums in eine Schöpfkelle leeren und den Zuckerhut damit tränken.

4 Den Zuckerhut mit einem langen Streichholz anzünden.

5 Nach und nach den restlichen Rum mit dem Schöpfer über den Zucker gießen, bis er geschmolzen und in den Wein getropft ist.

Langsam tropft der Zucker in den Rotwein.

Dieser Vorgang nimmt etwa eine halbe Stunde in Anspruch. Gibt man zu viel Rum in zu kurzen Abständen auf den Zuckerhut, läuft man Gefahr, ihn zu verbrennen.

6 Ist der Zuckerhut geschmolzen, wird die heiße Feuerzange mit Hilfe einer Serviette auf den Ablageteller gelegt.

7 Die Feuerzangenbowle mit einer Schöpfkelle in feuerfeste Gläser leeren und auf Untertellern mit Serviette servieren.

Beim Schöpfen bildet sich in der Regel an der Schöpfkelle ein Tropfen; wird der Schöpfer nochmals kurz eingetaucht, kann die Tropfenbildung für ein paar Sekunden unterdrückt werden.

Marinieren

Um gut marinieren zu können, benötigt man neben einer Reihe von Zutaten vor allem Erfahrung und Fingerspitzengefühl. Beim Marinieren kommt jedoch noch eine weitere Komponente ins Spiel: die Kommunikation zwischen Gast und Servicemitarbeiter. Gerade beim Marinieren kann der Gast miteinbezogen werden. Seine Meinung, sein persönlicher Geschmack, seine Vorlieben sind hierbei gefragt und gepaart mit Charme und Witz des Servicemitarbeiters (also mit einer guten Portion Schmäh, wie die Österreicher zu sagen pflegen) bekommt das Marinieren vor dem Gast die richtige Würze.

Was versteht man unter Marinieren?

Marinieren ist eine Tätigkeit, bei der man ein oder mehrere Grundmaterialien wie Salate, Fleisch, Fisch, Gemüse durch Zutaten wie Öl, Essig und Gewürze geschmacklich verändert. Aus diesen Zutaten bereitet man so genannte Marinaden oder Dressings.

Marinieren – ein Relikt aus früheren Zeiten

Da es früher noch nicht die heute bekannten Kühlmöglichkeiten gab, legte man das Fleisch zur Hemmung des Bakterienwachstums mehrere Tage zusammen mit verschiedenen Kräutern und Gewürzen in säurehaltige Flüssigkeit. Mit Öl wurden das Fleisch und die Marinade (Beize) überdeckt, um eine Luftzufuhr und somit eine Übertragung von Fäulnisbakterien zu verhindern.

Wird heutzutage Fleisch gebeizt, dann (hoffentlich) keineswegs, um einen Fäulnisgeschmack zu übertünchen, sondern um dem Fleisch einen speziellen Geschmack zu verleihen und es mürbe zu machen.

Werden Salate speziell vor dem Gast zubereitet, wird der Gast aktiv in die Zubereitung miteinbezogen. Er kann seine Wünsche bezüglich Salatauswahl und Marinade direkt aussprechen.

Mise en Place

- Glas- oder Porzellanschüssel oder Suppenteller mit Unterteller und Serviette
- Vorlegebesteck (Suppenlöffel und Fleischgabel) auf Dessertteller
- Salatvorleger
- Stoffserviette
- Karaffen und Krüge für die flüssigen Zutaten, wie Essig und Öl
- Salz- und Pfeffermühle
- Glasschüsseln oder Raviers für die festen Zutaten, wie Gewürze, Kräuter etc.
- Saucieren für Majonäse, Sauerrahm, Jogurt etc.
- Dessertteller (Salatteller) bzw. Fleischteller zum Anrichten des marinierten Salates

Zutaten

„Denn wo das Strenge mit dem Zarten, wo Starkes sich und Mildes paaren, da gibt es einen guten Klang.
Drum prüfe, wer sich ewig bindet, ob sich das Herz zum Herzen findet. Der Wahn ist kurz, die Reu' ist lang."

Ein Zitat von Friedrich Schiller in einem Kapitel über Marinieren wird so manchen Leser irritieren (die Schillerliebhaber mögen es verzeihen), speziell da wir alle wissen, dass Friedrich Schiller in seinem Gedicht sicher nicht die Vermählung von Gewürzen und Lebensmitteln besang. Und trotzdem passen diese Zeilen sehr gut zum Thema. Gewürze können dominieren und dadurch das Geschmackserlebnis sehr einseitig gestalten, sie können jedoch auch eine herrliche harmonische Verbindung eingehen. Und so manche undenkbare Zutat setzt den nötigen Kontrapunkt, um den Gaumen zum Singen zu bringen.

Marinieren von Salaten

Üblicherweise wird der Salat in den meisten Betrieben bereits in der Küche fix und fertig angerichtet. In vielen Restaurants können sich Gäste an einem Salatbuffet ihren Salat ganz nach ihrem persönlichen Gusto selbst zusammenstellen.

Was ist das Besondere am Marinieren?

Ganz gleich, ob Salate als Begleiter zur Hauptspeise oder als Vorspeise serviert werden – bedenken Sie immer, dass Salate Zusatzverkäufe sind, die die Bilanz eines Betriebes erheblich verbessern.

Salate

Blattsalate: Häuptelsalat (Kopfsalat), Bummerlsalat (Eisbergsalat), Eichblattsalat, Radicchio, Endiviensalat, Friséesalat, Chicorée, Vogerlsalat (Feld- oder Rapunzelsalat), Rucola, Chinakohl, Lollo rosso, Löwenzahn.

Gemüsesalate: Tomaten, Gurken, Karotten, Kartoffeln, Knollensellerie, Stangensellerie, Fenchel, Radieschen, Zucchini.

Die Salate werden bereits in der Küche geputzt und gewaschen und für das Marinieren bei Tisch portionsweise mit den benötigten Zutaten vorbereitet.

Essig

Essig ist in den letzten Jahren zu neuen Ehren gekommen, einerseits durch den gestiegenen Qualitätsanspruch vieler Essigproduzenten, andererseits durch die Erkenntnis, dass ein Schuss vom richtigen Essig einem Salat die Krönung verleihen kann.

Rotweinessig	Wird ausschließlich aus reinem Traubenwein hergestellt. Rotweinessig hat in der Regel durch die vorhandenen Gerbstoffe einen etwas kräftigeren Geschmack als Weißweinessig.
Weißweinessig	Passt ausgezeichnet zu Fisch und Salaten. Viele Winzer stellen mittlerweile auch ausgezeichnete Weißweinessige her, wie z. B. aus der Riesling-, Grüner-Veltliner- und der Muskattraube.
Aceto Balsamico di Modena	Wird aus dem Most der Traube „Trebbiano di Spagna" hergestellt. Das Alter, die Qualität und in Folge der Preis können stark differieren. So muss der Aceto Balsamico Tradizionale di Modena bis zu 25 Jahre reifen und über 90 verschiedene Prüfungen bestehen, bis er seinen Namen tragen darf, was sich klarerweise auch im Preis niederschlägt.
Apfelessig	Wird aus vergorenem Apfelwein hergestellt, hat einen mildfruchtigen Geschmack und eignet sich besonders für Kartoffelsalat, aber auch für Blatt- und Gemüsesalate.
Sherryessig	Wird aus Sherrywein hergestellt und reift wie Sherry in Eichenfässern. Er eignet sich besonders gut zum Marinieren von Blattsalaten, aber ebenso für Saucen und Wildgerichte. Sherryessig harmoniert hervorragend mit Olivenöl. Wegen der meist hohen Säure ist es ratsam, ihn sparsam zu verwenden.
Obstessig	Dafür werden Rot- oder Weißweinessige mit diversen Obstsorten oder ihrem Saft aromatisiert. Obstessige haben ein sehr fruchtiges Aroma. Besonders Himbeeressig eignet sich großartig zum Marinieren von Blattsalaten. Neben Himbeeren können auch Erdbeeren, Brombeeren oder Schwarze Ribiseln (Johannisbeeren) verwendet werden.
Kräuteressig	Wird aus Tafel- oder Weinessig unter Beigabe von Kräutern hergestellt und eignet sich für Blatt- und Gemüsesalate.

Obstessige – nur eine vorübergehende Modeerscheinung? Obstessige sind nicht ein Kind unserer Zeit. So wurde früher, wie alten Kochbüchern zu entnehmen ist, Kartoffelsalat gerne mit Himbeeressig angemacht – eine Tradition, die in unserer Zeit ihre Fortsetzung gefunden hat.

Öle

Zum Marinieren von Salaten werden pflanzliche Speiseöle verwendet, die durch Pressen von Früchten oder Samen hergestellt werden. Erfolgt die Pressung ohne Hitzeeinwirkung, spricht man von kaltgepressten Ölen. Sie sind aufgrund ihres hohen Anteils an ungesättigten Fettsäuren für die Ernährung besonders wertvoll.

Um die Qualität zu erhalten, sollten Öle stets kühl und dunkel gelagert werden.

Olivenöl	Das beste Olivenöl ist das kaltgepresste. Es wird unter den Bezeichnungen „natives Olivenöl extra" oder „extra vergine" angeboten.
	Seine Farbe und sein Geschmack können sehr differieren, so liegen die Farben zwischen Blassgelb und Dunkelgrün, der Geschmack variiert von süßlich bis leicht bitter. Öle von grünlicher Farbe haben in der Regel einen intensiven Geschmack. Olivenöl eignet sich hervorragend für Salate, kalte oder warme Gemüsespeisen, Nudel-, Fisch-, Lamm- und Rindfleischgerichte.
Maiskeimöl	Hat eine goldgelbe Farbe und ist geschmacksneutral. Es wird für Salate, Rohkost und in der Diätküche verwendet.
Kürbiskernöl	Dieses dunkelgrüne, dickflüssige Öl ist eine Spezialität aus der Steiermark. Mit seinem unvergleichlichen nussartigen Geschmack verfeinert es Blatt- und Gemüsesalate, Sulzen, saure Wurst und Rindfleisch. Da es sehr aromatisch ist, sollte es nur sparsam verwendet werden.
	Für so manchen Gast, der mit Kürbiskernöl noch keine Bekanntschaft gemacht hat, könnte der Eindruck entstehen, dass sich der Servicemitarbeiter in der Flasche vergriffen hat. Speisen, die mit Kürbiskernöl angemacht werden, sind wahrlich keine Augenweide. Umso wichtiger ist es, dass der Servicemitarbeiter den Gast über die Vorzüge dieses Öls aufklärt.
Walnussöl	Sehr aromatisches Öl, das deswegen sehr sparsam zum Marinieren von Blattsalaten verwendet werden sollte.
Distelöl (Safloröl)	Mildes Öl, das einen hohen Anteil an ungesättigten Fettsäuren hat.
Sesamöl	Hat ein intensives Röstaroma und sollte deshalb nur sparsam eingesetzt werden.
Sonnenblumenöl	Ist wegen seines hohen Anteils an Linolsäure ein geschätztes Speiseöl.
Traubenkernöl	Ist von grünlicher bis grüngoldener Farbe und hat einen an Trauben und Nüsse anmutenden Duft und Geschmack.
Trüffelöl	Dafür wird kaltgepresstes Olivenöl mit weißen Alba-Trüffeln aromatisiert. Es eignet sich vorzüglich zum Aromatisieren von Blattsalaten und Nudelgerichten.

Gewürze und andere Geschmacksergänzungen
- Koch- und Meersalz
- Weißer und schwarzer Pfeffer in der Mühle, Cayennepfeffer
- Würzkräuter wie z. B. Schnittlauch, Petersilie, Dille, Kerbel, Estragon, Kresse, Basilikum
- Knoblauchzehen, fein gehackte Zwiebeln oder Schalotten
- Estragonsenf, französischer Senf

- Zucker
- Majonäse
- Tabascosauce, Worcestersauce, Chilisauce, Chutney, Ketschup
- Oliven, Kapern, Tomaten, Speck etc.

Milchprodukte
Sauerrahm, Crème fraîche, Jogurt, Roquefort

Grundregeln für das Marinieren von Salaten

Nach Schema F
Man beginnt normalerweise mit den Würzmitteln. Dann folgen das Säuerungsmittel, wie z. B. Essig oder Zitronensaft, und zuletzt das Öl.

Warum kommt der Essig vor dem Öl?
Das ist einfach erklärt. Salz löst sich in Essig wesentlich besser auf als in Öl.

Eine Faustregel

Beim Marinieren von Blattsalaten kommen auf einen Teil Säuerungsmittel etwa drei Teile Öl.

Alles Essig?

Hochwertigen Essig mit Wasser zu verdünnen, ist eine leider weit verbreitete Unsitte, die für Kenner der Materie einem Sakrileg gleichkommt.

Damit das Aroma nicht ins Wasser fällt

Zu marinierender Salat muss immer frisch und trocken sein.

Wie wichtig dieser Umstand ist, soll Ihnen das folgende Beispiel verdeutlichen. Stellen Sie sich folgendes Szenario vor: Nach dem Baden im Swimmingpool möchten Sie Ihre Haut mit Sonnenöl einreiben, obwohl sie noch nass ist. Es wird beim Versuch bleiben, denn wie wir alle wissen, sind Wasser und Öl Kontrahenten, die niemals (abgesehen von einer oberflächlichen Beziehung) eine Verbindung eingehen würden.

Genauso verhält es sich auch mit Salat. Nasse Salatblätter stoßen die Marinade ab und bleiben daher geschmacklose Zeitgenossen.

Der feine Unterschied

Marinaden und Dressings sind beide Salatsaucen, der Unterschied liegt in ihrer Konsistenz. Marinaden sind flüssige, Dressings hingegen gebundene, cremige Salatsaucen.

Die Bezeichnung Dressing leitet sich vom englischen Wort „dress" ab, was übersetzt so viel wie „anziehen, überziehen, umhüllen" bedeutet. In diesem Sinne werden Dressings auch verwendet. Sie umhüllen den Salat – einmal auf französische oder italienische, dann wieder auf amerikanische Art. So vielfältig die Dressings sind, der Ablauf bleibt immer derselbe: Der Salat wird zuerst auf dem Teller angerichtet, dann mit dem Dressing überzogen, jedoch keinesfalls durchmischt.

Bei Marinaden ist die Sachlage eine andere: Sie dienen als Würze für den Salat, jedoch nicht als Bad. Deshalb zieht man den Salat nur kurz durch die Marinade, lässt ihn dann abtropfen und serviert ihn sofort.

Marinieren, richtig gemacht

1 Bieten Sie dem Gast verschiedene Salate an.

2 Fragen Sie ihn, ob er ein bestimmtes Dressing bevorzugt. Falls nicht, geben Sie Empfehlungen bzw. erklären Sie die verschiedenen Dressings und Marinaden.

3 Nach der Bestellung müssen sofort alle notwendigen Gegenstände und Ingredienzien auf einem Guéridon oder Salatwagen bereitgestellt werden.

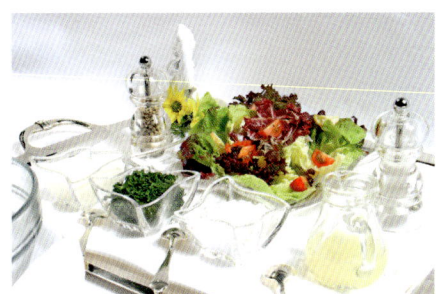

4 Bereiten Sie dann die Marinade oder das Dressing zu.

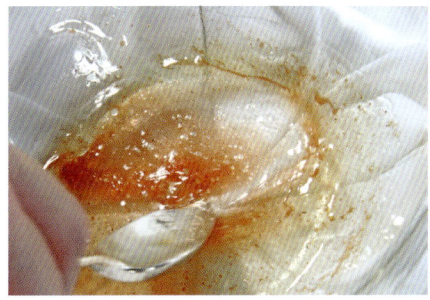

5 Fragen Sie den Gast während der Zubereitung, ob er das Dressing lieber mild oder würzig hat oder ob er von gewissen Zutaten mehr oder weniger möchte.

Manche Gäste hören auch gerne etwas über die Besonderheiten der verschiedenen Kräuter und Gewürze. Sie sehen also, dass Marinieren eine wunderbare Sache ist, um mit den Gästen zu kommunizieren.

6 Ziehen Sie den Salat durch die Marinade und richten Sie ihn auf einem Teller an.

Bei dickflüssigen Dressings richten Sie den Salat zuerst auf dem Teller an und nappieren ihn dann mit der Sauce.

Rezepte

Essig-Öl-Marinade

Für Blattsalate: Salz, nach Bedarf etwas Zucker, ein Teil Essig, zwei Teile Öl

Für Gemüsesalate: Salz, Pfeffer, ein Teil Essig, zwei Teile Öl

Essig-Öl-Knoblauch-Marinade

Hauptsächlich für Blattsalate.

Salz, Pfeffer, ein Teil Essig, zwei Teile Öl, fein zerdrückter Knoblauch

Zitronenmarinade

Vor allem für Blattsalate.

Salz, Pfeffer, evtl. Staubzucker, ein Teil Zitronensaft, drei Teile Oliven- oder Sonnenblumenöl

Majonäsedressing

Majonäse mit Obers, Sauerrahm oder Jogurt strecken und mit Salz sowie weißem Pfeffer abschmecken.

Kräuterdressing

Für Blatt- und Gemüsesalate.

Essig-Öl-Marinade oder Majonäsedressing, fein gehackte Kräuter, wie z. B. Petersilie, Estragon, Basilikum, Kerbel etc., Salz, weißer Pfeffer, evtl. Zitronensaft

Italian Dressing

Vor allem für Blattsalate.

- Salz, Pfeffer
- 1 Teil Rotweinessig
- 3 Teile Olivenöl
- Feinstgehackter Knoblauch
- Zwiebel, in kleine Würfel geschnitten
- Roter Paprika, in kleine Würfel geschnitten
- Oregano, Basilikum
- Gehackte Petersilie

Zubereitung

1 Salz und Pfeffer in die Schüssel geben.

2 Einen Teil Essig hinzufügen ...

... und mit Salz und Pfeffer verrühren,

bis sich das Salz aufgelöst hat.

3 Drei Teile Olivenöl beimengen.

4 Feste Zutaten hinzufügen. Dabei ist es von Vorteil, die Zutaten in kleinen Häufchen nebeneinander in die Schüssel zu geben. So bekommt man einen Überblick, ob alle Zutaten bereits in der Schüssel gelandet sind.

5 Alle Zutaten verrühren.

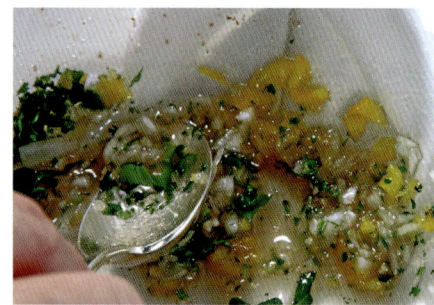

6 Den Salat in die Schüssel geben und durch die Marinade ziehen.

French Dressing

Für Blatt- und Gemüsesalate.

Salz, Pfeffer, ein Teil Essig, drei Teile Öl, französischer Senf, evtl. Knoblauch

Zuerst Salz, Pfeffer, Essig und die Gewürze glatt verrühren, dann tropfenweise das Öl untermengen, bis eine sämige Sauce entsteht.

Jogurtdressing

Für Blatt- und Gemüsesalate.

- Salz, weißer Pfeffer
- 1 Teil Zitronensaft
- 4 Teile Jogurt
- Evtl. etwas Zucker
- Gehackte Kräuter

Zubereitung

1 Salz und Pfeffer in die Schüssel geben.

2 Einen Teil Zitronensaft beimengen ...

... und verrühren.

3 Vier Teile Jogurt hinzufügen, auf Wunsch etwas Zucker beimengen und vermengen.

4 Die Kräuter unterrühren.

5 Den Salat mit dem Dressing nappieren.

Rahmdressing

Für Blatt- und Gemüsesalate.

Salz, weißer Pfeffer, ein Teil Zitronensaft, vier Teile Sauerrahm, gehackte Dille

Cäsardressing

Für den klassischen Cäsarsalat mit Eisbergsalat oder Lattich, es eignet sich jedoch für alle Blattsalate.

Ein Teil Essig, Zitronensaft, Salz, Pfeffer, fein zerdrückter Knoblauch, fein gehackte Sardellenfilets, Parmesan, drei Teile Olivenöl

Plazadressing

Essig-Öl-Marinade (mit Estragonessig und Olivenöl), englischer Senf, Chilisauce und Chutney

Thousand-Islands-Dressing

Für Blattsalate und Salate mit Meeresfrüchten.

Dünn gehaltene Majonäse mit Chilisauce und Ketschup verrühren und in Würfel geschnittene grüne und rote Paprikaschoten, feinstgehackte Zwiebel, Salz und Pfeffer untermengen.

Tausend Inseln und ein Dressing

George Boldt, Manager des bis heute berühmten Hotels Waldorf Astoria in New York um 1900, verbrachte seinen Urlaub stets am St. Lawrence River inmitten der vielen kleinen und größeren Inseln – der Thousand Islands.

War Mr. Boldt auf Reisen, so führte die Geschäfte im Astoria in der Zwischenzeit sein Maître d'Hôtel Oscar Tschirky, besser bekannt als „Oscar of the Waldorf" und schon zu Lebzeiten eine Legende. Er war nicht nur ein ausgezeichneter Manager und Menschenkenner, sondern auch ein formidabler Koch.

Bei einem gemeinsamen Segeltörn am St. Lawrence River stellte Oscar fest, dass er alle Zutaten zum Kochen an Land vergessen hatte. Improvisation war angesagt – und so zauberte er aus allem Essbaren, was an Bord zu finden war, einen Salat mit einem herrlichen Dressing, das Mr. Boldt alsbald auch im Waldorf Astoria unter dem Namen „Thousand-Islands-Dressing" mit grandiosem Erfolg anbot.

Avocado-Flusskrebs-Salat

Salade d'écrevisses aux avocats

Zutaten (für eine Person)
- Salz, Pfeffer
- 1 Teil Essig
- 2 Teile Öl
- Senf, Tomatenketschup
- 1/2 Avocado, in Würfel geschnitten
- Gelbe und grüne Paprika, in Würfel geschnitten
- 1/2 Avocado
- 150 g Flusskrebsschwänze

Zubereitung

1 Salz und Pfeffer in die Schüssel geben und mit einem Teil Essig verrühren.

2 Zwei Teile Öl hinzufügen und die Grundsauce abrühren.

3 Senf und Tomatenketschup beifügen und nochmals gut vermengen.

4 Avocado- und Paprikawürfel dazugeben.

5 Die Avocadohälfte auf dem Gästeteller mit Salz und Pfeffer würzen ...

... und mit etwas Marinade füllen.

6 Die Flusskrebsschwänze in die Marinade einlegen, marinieren ...

... und auf dem Gästeteller anrichten.

Vorspeisencocktails

Vorspeisencocktails stammen aus der amerikanischen Küche und sind leicht und rasch herzustellen. Angerichtet und serviert werden sie in Cocktailgläsern oder -schalen. Von diesen leitet sich auch die Bezeichnung Cocktail ab.

Roquefortdressing 1

Für Blattsalate, Nudelsalat, Fenchelsalat.

Ein Teil passierter Roquefort bzw. anderer Blauschimmelkäse, zwei Teile Öl, ein Teil Essig, Salz, Pfeffer

Roquefort zuerst mit Öl sämig rühren, dann die restlichen Zutaten beifügen.

Roquefortdressing 2

Ein Teil passierter Roquefort (oder anderer Blauschimmelkäse), ein Teil Sauerrahm, zwei Teile Öl, Weißweinessig oder Zitronensaft, Salz, Pfeffer

Roquefort und Sauerrahm vermengen, dann Öl langsam einfließen lassen, verrühren und würzen.

Tomatendressing

Zwei Teile Majonäse, ein Teil Schlagobers, etwas Chilisauce und Tomates concassées (geschälte, entkernte, in Würfel geschnittene Tomaten), Salz, Pfeffer, Zitronensaft

Mise en Place

- Glas- oder Porzellanschüssel oder Suppenteller mit Unterteller und Serviette
- Zwei Vorlegebestecke (Suppenlöffel und Fleischgabeln) auf Dessertteller
- Stoffserviette
- Karaffen und Krüge für die flüssigen Zutaten, wie Essig und Öl
- Salz- und Pfeffermühle
- Glasschüsseln oder Raviers für die festen Zutaten, wie Gewürze, Kräuter etc.
- Saucieren für Majonäse, Sauerrahm, Jogurt etc.
- Dessert- oder Brotteller sowie ein Dessertlöffel für eine Kostprobe
- Cocktailglas zum Anrichten auf Dessertteller mit Serviette, Dessertgabel und Kaffeelöffel

Cocktailsaucen

Pikante Cocktailsaucen werden meist in Verbindung mit Schalen-, Krusten- und Weichtieren serviert.

Cocktailsauce 1

Für Krustentiercocktails, Geflügel- und Blattsalate.

Salz, Cayennepfeffer, Zitronensaft, Tabascosauce, Worcestersauce, zwei Teile

Majonäse, ein Teil Tomatenketschup, zwei Kaffeelöffel fein geriebener Kren (Meerrettich), Cognac oder Weinbrand

Cocktailsauce 2

Zwei Teile Majonäse, ein Teil Tomatenketschup, ein Spritzer Tabascosauce, 2 cl Orangensaft, 2 cl Grand Marnier, 1 Esslöffel in Würfel geschnittenes Orangenfleisch (Brunoise)

Cocktailsauce 3

Zwei Teile Majonäse, ein Teil Schlagobers (Schlagsahne), ein Kaffeelöffel Mangochutney, ein halber Kaffeelöffel Currypulver, 3 cl trockener Sherry, Salz

Cocktailsauce 4

Für Muschel- oder Schneckencocktails

4 Teile Jogurt oder Sauerrahm, 1 Teil Estragonsenf, ein Spritzer Worcestersauce, etwas zerdrückter Knoblauch, etwas Zitronensaft, zwei Kaffeelöffel gehackte Dille

Rezepte

Shrimpscocktail

Cocktail de crevettes

Zutaten (für eine Person)

- Cocktailsauce 1 (siehe S. 157)
- 70 g Shrimps

Garnitur: Salatchiffonade, Eischeiben, Ketakaviar und geriebener Kren

Zubereitung

1 Salz und Pfeffer mit Zitronensaft in einer Schüssel verrühren.

2 Jeweils einen Spritzer der Worcestersauce und der Tabascosauce beifügen und kurz durchrühren.

3 Zwei Teile Majonäse und einen Teil Tomatenketschup beimengen.

4 Den Kren beifügen.

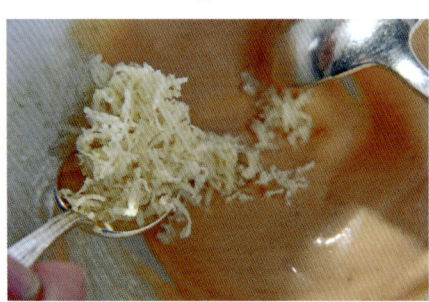

5 Mit einem Schuss Cognac geschmacklich abrunden.

6 Eine Kostprobe für den Gast auf einem Dessertlöffel anrichten und auf einem Dessert- oder Brotteller servieren.

7 Wenn die Cocktailsauce für den Gast in Ordnung ist, die Cocktailschale mit Salatchiffonade auskleiden.

8 Die Shrimps durch die Marinade ziehen ...

... und im Cocktailglas auf der Salatchiffonade anrichten.

Hummercocktail

Cocktail d'homard

Zutaten (für zwei Personen)

- 1 gekochter Hummer
- Cocktailsauce 1 (siehe S. 157)
- Zitronensaft
- Salz
- Tabasco- oder Worcestersauce

Garnitur: Brunnenkresse, Eischeiben, gefüllte Oliven

Zubereitung

1 Zwei Cocktailschalen mit Brunnenkresse auslegen.

2 Den Hummer tranchieren (siehe S. 61 ff.), falls der Hummer nicht bereits in der Küche tranchiert wurde und das Fleisch bereit steht.

3 Das Hummerfleisch in kleine Stücke teilen.

4 Die Cocktailsauce zubereiten.

9 Mit Eischeiben, Ketakaviar und geriebenem Kren anrichten.

5 Die Hummerstücke auf die Kresse legen und mit einigen Tropfen Zitronensaft beträufeln.

6 Mit Salz und Tabasco- oder Worcestersauce würzen.

7 Die Hummerstücke mit der Cocktailsauce nappieren.

8 Mit schönen Hummerstücken, wie Schwanzmedaillons oder Scheren, belegen und mit Eischeiben und Oliven dekorieren. Es können aber auch die Hummerbeine als Garnierung seitlich auf die Cocktailschale gesteckt werden.

Der Hummercocktail wird zusammen mit Toast und Butter eingestellt.

Das Cocktailglas wird auf einem Dessertteller mit Spitzenpapier oder Serviette serviert. Darauf liegt links eine Dessertgabel und rechts ein Kaffeelöffel.

Marinieren von Fleisch, Fisch und Krustentieren

Mise en Place

- Glas- oder Porzellanschüssel oder Suppenteller mit Unterteller und Serviette
- Vorlegebesteck (Suppenlöffel und Fleischgabel) auf Dessertteller
- Fleischgabel
- Stoffserviette
- Karaffen und Krüge für die flüssigen Zutaten, wie Öl
- Salz- und Pfeffermühle
- Glasschüsseln oder Raviers für die festen Zutaten, wenn sie nicht bereits zusammen mit dem Fleisch auf einer Platte serviert werden
- Ein Dessertteller oder Brotteller und eine Dessertgabel für die Kostprobe
- Kalter Fleischteller zum Anrichten

Rezepte

Beefsteak tatare

Biftek tartare

Beefsteak tatare ist eine internationale Spezialität, die aus Lungenbraten-(Rinderfilet-)Spitze zubereitet wird.

In vielen Betrieben wird es in der Küche zubereitet, in der gehobenen Gastronomie wird es jedoch beim Tisch des Gastes mariniert und angerichtet. Die Vorteile für den Gast liegen auf der Hand: Er sieht, welche Ingredienzien verwendet werden, und kann den Geschmack selbst bestimmen.

Zutaten (für eine Person)

- Salz, Pfeffer oder Cayennepfeffer
- 150 g geschabte oder gehackte Lungenbraten-(Rinderfilet-)Spitze
- 1 roher Frischeidotter (wegen der Salmonellengefahr wird Trockenei-

gelb bzw. stabilisiertem Eigelb der Vorzug gegeben)
- Öl
- 1/2 Kaffeelöffel Senf und Ketschup
- Tabascosauce, Worcestersauce
- Fein gehackte Sardellenfilets oder Sardellenpaste, Kapern, Essiggurkerln, Zwiebeln, Petersilie
- Paprikapulver, edelsüß
- Eventuell Weinbrand, Cognac, Calvados oder Bierschaum zur geschmacklichen Abrundung

Garnitur: Zwiebelringe, gehackte Petersilie, Paprikapulver, Salatblätter

Zubereitung

In der Küche wird das feinstgehackte Fleisch in Form eines Laibchens auf einer Platte, einem Teller oder in einer Schüssel angerichtet. Oben befindet sich der Dotter eines frischen, rohen Eies, rund um das Fleisch werden die Geschmackszutaten und die Sardellenfilets gruppiert.

1 Die Platte dem Gast präsentieren.

2 Bevor Sie mit der Zubereitung anfangen, sollten Sie den Gast fragen, wie er das Beefsteak tatare wünscht.

3 Salz und Pfeffer in die Schüssel geben.

4 Die Schüssel mit dem Fleisch und dem Eidotter so kippen, dass der Eidotter auf den Vorlegelöffel rutscht.

5 Den Eidotter in die Schüssel geben ...

... das Öl hinzufügen und zu einer Grundsauce vermengen.

6 Senf, Ketschup und jeweils einen Spritzer der Würzsaucen (nicht zu viel Tabasco) mit der Grundsauce verrühren. Der Gast sollte dabei stets gefragt werden, welche Geschmacksrichtung er bevorzugt (mild, pikant, scharf).

Die entstehende Marinade kann mit Öl etwas verlängert werden. Aber aufgepasst: Viele Gäste ziehen eine feste Konsistenz ihres Tatars einer cremigfetten vor, deshalb ist eine Rückfrage sehr wichtig.

7 Nach Fertigstellen der Grundmarinade die festen Zutaten und das Paprikapulver beifügen und verrühren.

Der Gast bestimmt, welche Zutaten genommen werden. So gibt es Gäste, die keine oder nur wenig Zwiebel

wünschen. Auch Sardellen sind nicht jedermanns Sache. Besonders bei Sardellenpaste ist Vorsicht geboten, da sie geschmacklich sehr dominant ist.

8 Das Fleisch zu der Grundsauce geben und beides entweder mit zwei Vorlegegabeln oder mit dem Vorlegebesteck vermengen. Dabei kann das Fleisch immer wieder auseinander geschoben ...

... oder mit der Gabel gegen den Löffel gedrückt werden.

9 Auf Wunsch des Gastes kann das Beefsteak tatare mit einem Spritzer Weinbrand, Calvados oder Bierschaum geschmacklich abgerundet werden.

10 Dem Gast eine Kostprobe auf einem Dessert- oder Brotteller mit Dessertgabel reichen.

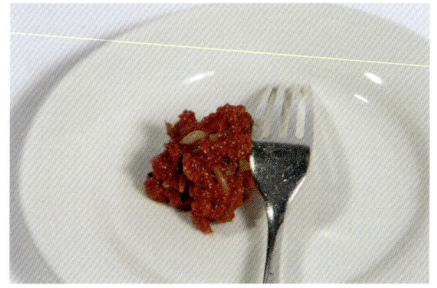

11 Entspricht das Tatar dem Wunsch des Gastes, ein gefälliges Laibchen aus der Masse formen.

Mit der Vorlegegabel kann auch ein Muster in das Laibchen gedrückt werden.

12 Das Laibchen auf einem kalten Fleischteller anrichten und mit Zwiebelringen, Petersilie, Paprikapulver, Salatblättern etc. garnieren.

Zum Beefsteak tatare wird Weißbrot- oder Schwarzbrottoast sowie Butter gereicht.

Lachs tatare
Salmon tartare

Zutaten (für eine Person)

- Salz (Meersalz), weißer Pfeffer
- Crème fraîche
- Dijonsenf
- Öl
- Gehackte Zwiebeln, Dille
- Fein gehackte Sardellenfilets oder Sardellenpaste
- 150 g gehacktes Lachsfilet
- Limettensaft

Garnitur: Sauerrahm, Ketakaviar, Limettenzesten

Zubereitung

1 Salz und Pfeffer in die Schüssel geben. Bei Meersalz kann es ruhig etwas mehr sein.

2 Crème fraîche hinzufügen.

3 Eine Kaffeelöffelspitze Dijonsenf dazumengen ...

... und das Ganze mit etwas Öl verrühren.

4 Die festen Zutaten nach und nach in die Schüssel geben ...

... und mit dem Vorlegelöffel verrühren.

5 Das Laibchen aus gehackten Lachsfilets beifügen und mit den Zutaten vermischen, indem man das Fleisch mit der Gabel gegen den Löffel drückt.

6 Erst wenn das Fleisch gut mariniert ist und die Poren mit dem Öl verschlossen sind, kann der Limettensaft hinzugefügt werden. Sind die Poren nicht geschlossen, bekommt das Fischfilet eine unansehnliche weißgraue Farbe.

Um den Limettensaft besser dosieren zu können, ist es von Vorteil, ihn zuerst auf einen Löffel zu gießen.

7 Dem Gast eine Kostprobe auf einem Dessert- oder Brotteller mit Dessertgabel reichen.

8 Entspricht der Lachs tatare dem Wunsch des Gastes, aus der Masse mit Hilfe von zwei Vorlegelöffeln Nockerln formen.

... und mit Sauerrahm, Ketakaviar und Limettenzesten garnieren.

9 Die Nockerln auf einem kalten Fleischteller anrichten ...

Der Gästeteller

Lachscarpaccio
Carpaccio de salmon

Zutaten (für eine Person)

- Salz, weißer Pfeffer oder Cayenne-pfeffer
- Öl
- Honig
- Dijonsenf
- Sauerrahm
- Crème fraîche
- Limettensaft
- 150 g geputztes, plattiertes Lachsfilet

Garnitur: Chilisauce, gehacktes Basili-kum, Pfeffer aus der Pfeffermühle

Zubereitung

1 Salz und Pfeffer in die Schüssel geben.

2 Öl hinzufügen und alles verrühren.

3 Dijonsenf, Honig (mehr Senf, weniger Honig), Sauerrahm, Crème fraîche und etwas Limettensaft zu der Grundsauce geben und alles miteinan-der abrühren.

4 Die Sauce in feinen Fäden über das Lachscarpaccio ziehen.

5 Die Chilisauce tüpfchenweise auf dem Lachscarpaccio verteilen und mit gehack-tem Basilikum und etwas frisch gemahlenem Pfeffer bestreuen.

Der Gästeteller

Langustenmedaillons auf Jungzwiebelvinaigrette

Médaillons de langouste au vinaigrette de petits (jeunes) oignons

Zutaten

- Salz, Pfeffer
- 1 Teil Essig
- 2 Teile Öl
- Tomates concassées
- Lauch, in Ringe geschnitten
- Gehackte Jungzwiebeln
- Gehackter Kerbel
- Gehacktes Ei
- Dijonsenf
- 150 g Langustenmedaillons

Zubereitung

1 Salz und Pfeffer in eine Schüssel geben und mit einem Teil Essig verrühren.

2 Zwei Teile Öl hinzufügen und die Grundsauce abrühren.

3 Tomates concassées, Lauchringe, Jungzwiebeln, Kerbel, gehacktes Ei und Dijonsenf beimengen und alles nochmals verrühren.

4 Ein Vinaigrettebett auf dem Gästeteller anrichten.

5 Die Langustenmedaillons darauf gefällig anordnen und etwas Vinaigrette auf den Medaillons verteilen.

Der Gästeteller

Spezialgedecke

Spezialgedecke werden aufgedeckt bzw. passende Besteckteile eingedeckt, wenn die Gerichte mit den herkömmlichen Bestecken nicht oder nur sehr schwer gegessen werden können oder wenn für sie sonstige spezielle Utensilien benötigt werden.

Vielen Gästen wird bange bei der Vorstellung, in einem Feinschmeckerrestaurant Bestecke vorgelegt zu bekommen, die sie allenfalls in einer Werkstätte, aber niemals zum Gebrauch in einem Restaurant vermutet hätten. So mancher Gast hat vielleicht auch schon die Bekanntschaft mit dem einen oder anderen unprofessionellen Servicemitarbeiter gemacht, der ihm mit süffisanter Miene zu verstehen gab, dass es mit seiner Geschicklichkeit nicht weit her ist.

Hummer, Schnecken und Konsorten mit dem dazugehörenden Spezialbesteck essen zu können, ist etwas Schönes. Die Welt dreht sich jedoch weiter, wenn man diese Fertigkeiten nicht von Kindesbeinen an beherrscht. Sie als Servicemitarbeiter sollten sich bewusst sein, dass jeder Gast eine gute Figur machen möchte. Zeigen Sie Verständnis für seine Nöte, so können Sie sein Vertrauen und vielleicht auch einen weiteren Stammgast gewinnen. Die Unsicherheit Ihrer Gäste kann also auch ein Startkapital sein – nutzen Sie es.

Schnecken

Schnecken sind Weichtiere, die den ganzen Erdball, das Land ebenso wie das Wasser, besiedelt haben. Für Gourmets ist die Weinbergschnecke die Schnecke par excellence.

Seit die meisten Weinbergschneckenarten in der freien Wildbahn selten geworden sind, ist die Zucht von Weinbergschnecken in so genannten Schneckengärten zur Notwendigkeit geworden, um die große Nachfrage befriedigen zu können.

Hauptproduzent von Weinbergschnecken ist nach wie vor Frankreich (vorwiegend das Burgund). Böse Zungen behaupten gar, dass die Schneckenzucht in Frankreich zu einer Nationaldisziplin erhoben worden ist. In Deutschland, Österreich, Italien und im Schweizer Waadtland steckt die Zucht von Weinbergschnecken noch in den Kinderschuhen.

Schnecken – Hausmannskost der anderen Art
Schnecken waren wahrscheinlich schon in der Steinzeit ein Nahrungsmittel, das besonders in Zeiten allgemeiner Nahrungsknappheit genutzt wurde. Ausgrabungen beweisen, dass Schnecken aus dem Mittelmeerraum bei römischen Legionen häufig auf dem Speiseplan standen. Durch die Expansion des römischen Imperiums wurden Schnecken und dazugehörige Rezepte rasch (ganz im Gegensatz zum eigentlichen Tempo der Protagonisten) über ihren ursprünglichen Lebensraum hinaus verbreitet.

Im europäischen Mittelalter machten Mönche aus der Not eine Tugend.

Nach der damaligen Auslegung der katholischen Kirche zählten Schnecken weder zu Fisch noch zu Fleisch und durften daher auch während der Fastenzeit gegessen werden. Auf diese Weise entstanden vor allem in der Umgebung französischer Klöster eine Vielzahl von Schneckenrezepten. Um den Geschmack zu verfeinern, wurden die Schnecken sogar mit Kräutern wie Rosmarin und Thymian gefüttert.

Schnecken werden selten frisch, meist jedoch bereits verarbeitet verschickt. Der beste Zeitpunkt für die Verarbeitung von Schnecken ist kurz vor oder nach dem Eindeckeln, da sich die Tiere Vorräte für die Winterruhe angefressen haben. Vor der Verarbeitung müssen Schnecken durch mehrtägiges Fasten gereinigt werden, sodass ihr Darm völlig leer wird. Anschließend werden die Schnecken getötet, gereinigt und, meist gefroren oder gekocht, in Konserven verschickt.

Gängige Zubereitungsarten

Schnecken mit würziger Fleischglace
Escargots à la chablisienne

Fein gehackte Schalotten werden in Weißwein eingekocht, mit Fleischglace vermischt, gewürzt und in die Schneckenhäuschen gefüllt. Die Schnecken werden in die Fülle gedrückt, die Häuschen mit Butter verschlossen, mit Bröseln bestreut und in einer Schneckenpfanne im Rohr vollendet.

Schnecken auf Burgunder Art
Escargots à la bourguignonne

Die Schnecken werden zusammen mit Schneckenbutter (Butter, gehackte Schalotten, Knoblauch, Petersilie, Salz und Pfeffer) im Gehäuse in einer Schneckenpfanne nochmals im Rohr erhitzt und dann serviert.

Schnecken auf Dijoner Art
Escargots à la dijonnaise

Die gekochten Schnecken werden mit einer Reduktion aus Rotwein, Schalotten und Kalbsglace in die Gehäuse gefüllt, die Gehäuse mit Schneckenbutter verschlossen und im Rohr in einer Schneckenpfanne gegart.

Schnecken ohne Gehäuse
Escargots au beurre aux fines herbes ou au beurre d'ail

Die Schnecken werden mit Kräuter- oder Knoblauchbutter in einer Tongutpfanne (Caquelon) gegart.

Gebackene Schnecken
Escargots en fritot

Die Schnecken werden paniert und in Fett gebacken (auch in Brioche- oder Blätterteig). Sie werden mit Messer und Gabel gegessen.

Marinierte Schnecken
Escargots marinés

Sie werden in Weißwein und Essig zusammen mit Pilzen und Gewürzen gekocht. Die erkalteten Schnecken werden mit Messer und Gabel gegessen.

Serviergegenstände

Schneckenpfanne
Für Schnecken im Gehäuse

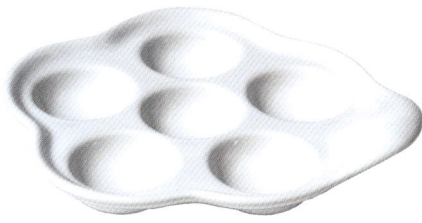

Schneckentongutpfanne (Caquelon)
Für Schnecken, wenn sie ohne Gehäuse serviert werden

Schneckengabel
Für Schnecken, mit oder ohne Gehäuse serviert; Größe: ca. 13 cm

Schneckenzange
Zum Halten des Schneckenhauses; Größe: ca. 15 cm

Service

Prinzipiell gibt es zwei Arten, Schnecken als warme Vorspeise zu servieren:

- Schnecken im Gehäuse werden in einer Schneckenpfanne eingestellt,
- Schnecken ohne Gehäuse in einer Schneckentongutpfanne (Caquelon).

Schnecken im Gehäuse

1 Standteller mit Underliner
2 Fleischteller mit Serviette
3 Suppenteller
4 Brotteller mit Buttermesser
5 Grundgedeck
6 Schneckenzange
7 Schneckengabel
8 Suppenlöffel (oder Dessertlöffel)
9 Standglas (Richtglas)
10 Weißwein- oder Rotweinglas
11 Dessertteller mit Weißbrot
12 Schneckenpfanne auf Unterteller mit Serviette
13 Ablageteller (Dessertteller)
P Pfeffer
S Salz

Schnecken ohne Gehäuse

1 Standteller mit Underliner
2 Fleischteller mit Serviette und Schneckentongutpfanne
3 Grundgedeck
4 Schneckengabel
5 Kaffeelöffel
6 Brotteller mit Buttermesser
7 Standglas (Richtglas)
8 Weißwein- oder Rotweinglas
9 Dessertteller mit Weißbrot
P Pfeffer
S Salz

Wie man Schnecken isst

Schnecken im Gehäuse

Für so manchen Gast ist Schnecken-essen ein Rätsel. Damit die Premiere ohne Zwischenfälle verläuft, können Sie den Gast dezent in die Kunst des Schneckenessens einweihen – voraus-gesetzt, Sie wissen, wie es geht.

1 Der Suppenlöffel wird in den Teller gelegt.

2 Mit der Schneckenzange fixiert man das Gehäuse – die Öffnung weist dabei nach oben.

3 Mit der Schneckengabel zieht man das Fleisch aus dem Häuschen und gibt es auf den Löffel.

4 Die Butter wird aus dem Schnecken-haus darüber gegossen und das Fleisch zusammen mit Weißbrot gegessen.

5 Die leeren Gehäuse legt man auf den Abfallteller oder auf die Schnecken-pfanne.

Schnecken ohne Gehäuse

1 Mit der Schneckengabel holt man das Fleisch aus der Vertiefung und isst es zusammen mit dem Weißbrot.

2 Die zurückbleibende flüssige Butter wird mit dem Kaffeelöffel gegessen oder mit einem auf eine Gabel gesteck-ten Brotstück aufgetunkt.

Passende Beilagen und Getränke

Zu Schnecken wird üblicherweise Weißbrot bzw. Baguettes serviert. In Frankreich reicht man dazu Rotwein, wie z. B. Côtes du Rhône. Trockener Zweigelt oder Blaufränkisch passt ebenso gut wie trockener Chablis und Weißburgunder.

Muscheln

Schon seit der Jungsteinzeit hat der Mensch Muscheln zum Fres-sen gern. Wohin man in Küstenregionen auch schaut – überall werden Muscheln gekocht, gebraten oder roh gegessen. Meist findet man sie im Boden eingegraben oder an Felsen und Pfählen festgeklebt, wo sie Nahrung aus dem Wasser filtern.

Um den Bedarf an Muscheln befriedi-gen zu können, werden Muscheln, im Speziellen Austern und Miesmuscheln, in Muschelgärten gezüchtet.

Miesmuscheln vermehren sich sehr stark, deshalb sind die Preise für diese kleinen Leckerbissen erschwinglich.

Die Züchtungsmethoden variieren von Land zu Land. So werden in Spanien di-cke Taue in das Meer gehängt, an denen sich die jungen Miesmuscheln festset-zen können. In Italien und Frankreich wachsen die Miesmuscheln an Pfählen zu Köstlichkeiten heran, in den Nieder-landen werden Muschelbänke auf dem Meeresboden angelegt.

Miesmuscheln haben eine längliche Form, eine blauviolette Schale und werden bis zu zehn Zentimeter lang. Ihr gelbes bis orangefarbenes Fleisch ist würzig und leicht verdaulich.

Miesmuscheln

Gängige Zubereitungsarten

Miesmuscheln auf Matrosenart
Moules à la marinière

Die Muscheln werden in einem Sud aus Weißwein, Schalotten, Knoblauch, Kräutern gedünstet und eventuell mit Cognac verfeinert.

Miesmuscheln auf Bordelaiser Art
Moules à la bordelaise

Miesmuscheln in Rotwein-Schalotten-Sauce.

Miesmuscheln auf Marseiller Art
Moules à la marseillaise

Die Miesmuscheln werden in Öl zu-sammen mit Tomaten gedünstet.

Serviergegenstand

Austerngabel
Für Muschelgerichte und frische Aus-tern Natur; Größe: ca. 15 cm

Service

Muschelgerichte können

- im Suppenteller dem Gast direkt eingestellt werden oder
- in einer Kasserolle bzw. einer Terrine präsentiert und auf einem Platemaster (Rechaud) warm gestellt werden. Ja nach Gepflogenheit des Hauses bedient sich der Gast selbst oder der Servicemitarbeiter richtet auf einem bereitgestellten Teller an.

Wie man Muscheln isst

1 Muscheln im Sud werden im Suppenteller angerichtet.

2 Man hält die Muschel mit der einen Hand und löst mit der Gabel das Muschelfleisch aus der Schale. Die Schale kann aber auch als Zange benützt werden, um das Fleisch aus einer anderen Muschel herauszulösen.

1 Standteller mit Underliner
2 Fleischteller mit Serviette
3 Suppenteller
4 Grundgedeck
5 Austerngabel (oder Fischgabel)
6 Suppenlöffel
7 Brotteller mit Buttermesser
8 Standglas (Richtglas)
9 Weißweinglas
10 Dessertteller mit Weiß- oder Schwarzbrot
11 Suppenterrine mit Schöpfer auf einem Rechaud oder Platemaster
12 Fingerbowle
13 Ablageteller (Dessertteller)
P Pfeffer
S Salz

3 Die leeren Schalen werden auf den Abfallteller gelegt.

4 Der Sud wird mit dem Suppenlöffel konsumiert.

Passende Beilagen und Getränke

Zu Muschelgerichten kann Weißbrot, Baguette oder Schwarzbrot gereicht werden.

Werden Muscheln mit Wein zubereitet, so bietet es sich förmlich an, den selben Wein auch zu servieren. Mit trockenen Weißweinen liegt man jedenfalls immer richtig. Auch Fino Sherry passt ausgezeichnet zu Muschelgerichten.

Muscheln, die ihrem Namen keine Ehre machen
Die Bezeichnung „Miesmuschel" lässt so manchen am guten Geschmack dieser Muschelart zweifeln. Wer Miesmuscheln jedoch schon gegessen hat, weiß, dass sie alles andere als mies schmecken. Der Name leitet sich vielmehr vom mittelalterlichen „mies" ab, was nichts anderes als „bemoost" bedeutet. Denn fast wie Moos sehen die vielen Fäden aus, mit denen sich die Muscheln an Felsen und Pfählen festhalten. Ohne diese Fäden würden die Muscheln von der Meeresströmung weggeschwemmt werden.

Austern

Austern sind Delikatessen, die die Herzen der Feinschmecker seit Jahrtausenden höher schlagen lassen. Dabei sieht man diesen unansehnlichen, schuppigen Muscheln auf den ersten Blick gar nicht an, welchen Schatz sie in sich bergen, und unter Schatz verstehen wahre Gourmets sicher nicht die Perle, die sich dann und wann als charmante Abwehrreaktion gebildet hat.

Der „wahre" Gourmet

Wenige Austern sterben alt, und jene, die es schaffen, scheiden unbekannt ...

Austern

Die meisten Austern stammen heutzutage aus Kulturen. Sie haben viele Namen, die generell als Herkunftsbezeichnungen zu verstehen sind. Für Kenner sind die Namen wichtig, da z. B. eine Austernart aus einem bestimmten Gebiet in Irland anders schmeckt als dieselbe Austernart aus Gewässern in Frankreich oder England.

Austernart	Vorkommen und Bezeichnung	Aussehen und Geschmack
Europäische Auster	Frankreich: Belons, Marennes und Gravettes d' Arcachon, Bouzigue Holland: Imperiales England: Colchesters, Whitstables und Royal Natives Irland: Galway, Cork Belgien: Ostende Dänemark: Limfjords	Form: rundlich, flach Farbe: von hellen Grau- und Grüntönen bis Sandfarben Geschmack: stark beeinflusst von der Umgebung, normalerweise milder, feiner Geschmack
Portugiesische Auster (Felsenauster)	Sie wird vor allem in Frankreich in Austernteichen, den so genannten Claires, gezüchtet. In Marennes-Oléron ernähren sich die Austern von einer kupferhältigen Kieselalge, die den Austern eine grüne Farbe verleiht. Diese Austern kommen als „Fines de Claires" und als „Spéciales de Claires" in den Handel.	Form: länglich und tiefer als die europäische Auster Farbe: Schiefergrau oder Braun Geschmack: herber und kräftiger als der der europäischen Auster, Fines de Claires haben einen nussigen Geschmack
Amerikanische Auster	An der gesamten Atlantikküste der USA, z. B. Blue Point von Long Island, Chincoteague aus Virginia, Cape Cod, Malpeque	Form: rundlich Geschmack: unterscheidet sich deutlich von dem europäischer Austern
Pazifische Felsenauster	Japanische Gewässer und Chinesisches Meer, z. B. japanische Felsenauster, Kamimoto, Westküste der USA, wie z. B. Yearling, Rock-Oyster	Form: Die Japanische Felsenauster ist länglich, elliptisch, wegen ihrer beachtlichen Größe (bis zu 30 cm) wird sie auch Riesenauster genannt. Die Kamimoto ist rundlich und stark gerippt. Die Yearling ähnelt der portugiesischen Felsenauster.

Gängige Zubereitungsarten

- Austern Natur (roh).
- Pochierte Austern (in Weißweinsauce).
- Geräucherte Austern.

Serviergegenstände

Austerngabel

Austernmesser

Zum Öffnen von frischen Austern; Größe: ca. 15 cm

Austernbrecher

Mit Handschutz, zum Öffnen frischer Austern; Größe: ca. 15 cm

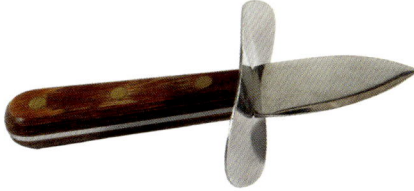

Austernplatte

Zum Anrichten von Austern und anderen Meeresfrüchten; die Austernplatte liegt auf dem Austerngestell und wird mit gestoßenem Eis gefüllt.

Austern, „r"höret uns!

Ein altes Sprichwort besagt, dass man Meeresfrüchte nur in den Monaten, in denen ein „r" vorkommt, also von September bis April, essen sollte. Diese Aussage muss jedoch etwas relativiert werden: Sie trifft auf die Meerestiere aus unseren Breitengraden zu.

Aber was steckt nun wirklich hinter dieser Regel? In die Monate Mai bis August fällt die Fortpflanzung von Krusten- und Schaltieren. Sie sind während dieser Zeit sehr fett- und eiweißhaltig, was nicht jedermanns Geschmack ist. Austern enthalten während der Fortpflanzungsphase eine klebrige Substanz, die wie ein weißer Zuckerguss auf dem Austernfleisch liegt. Diese im Volksmund Austernbutter genannte Schicht ist extrem eiweißhaltig. Haben die Austern die Austernbutter bereits abgestoßen, sind sie relativ mager.

Es gibt also viele Gründe, um die Monate abzuwarten, die nicht nur mit einem „r" aufgefettet sind.

Service

Austern Natur werden sowohl

- auf Austernplatten (auf gestoßenem Eis mit oder ohne Algen und Seetang)
- als auch in tiefen Glas- oder Metallplatten (auf Eis) auf dem Tisch des Gastes eingestellt.

Der Gast hebt die Austern entweder selbst auf seinen Teller oder der Servicemitarbeiter richtet die Austern auf einem bereitgestellten Teller an.

Auf Tellern werden höchstens sechs Stück auf einmal serviert. Hat ein Gast ein Dutzend bestellt, werden die nächsten sechs Stück auf einem frischen Teller nachserviert.

1 Standteller mit Underliner
2 Fleischteller mit Serviette
3 Grundgedeck
4 Austerngabel
5 Brotteller mit Buttermesser
6 Ablageteller (Dessertteller)
7 Fingerbowle
8 Austernplatte oder Glas- bzw. Metallplatte mit gestoßenem Eis und zwei

   Fleischgabeln
9 Standglas (Richtglas)
10 Weißweinglas
11 Dessertteller mit Zitrone
12 Dessertteller mit Pumpernickel, Vollkornbrot, Westfäler Brot (mehreren Lagen Pumpernickel mit Butter dazwischen) oder Baguette
P Pfeffermühle

Öffnen von Austern

Frische Austern werden in den meisten Restaurants geöffnet und servierfertig aus der Küche gebracht. In Belgien, England und Frankreich gibt es jedoch noch vielerorts Gaststätten, in denen Austern geschlossen aus der Küche serviert und am Tisch des Gastes geöffnet werden. Der Gast kann sich an Ort und Stelle von der Frische des Gebotenen überzeugen.

Mise en Place

- Austernmesser
- Vorleger (Suppenlöffel und Fleischgabel) auf Dessertteller
- Ablageteller (Dessertteller)
- Stoffserviette
- Austernplatte mit gestoßenem Eis

Arbeitsmethode

1 Die geschlossenen, angerichteten Austern dem Gast präsentieren und die Platte anschließend auf dem Guéridon abstellen.

2 Die Auster hat eine flache und eine gewölbte Schalenseite. Die Auster von der Platte heben und mit der gewölbten Seite nach unten auf die Stoffserviette legen.

3 Mit dem Daumen die Auster von oben fixieren und die Spitze des Austernmessers auf der Seite des „Scharniers" hineindrücken.

4 Um die Rundung der Auster fahren (bei länglichen Austern wird um die Spitze gefahren).

5 Das Austernmesser bei der Rundung der Auster leicht aufkanten, um den Deckel zu heben.

Eine Auster muss erobert werden
Austern, die sich leicht öffnen lassen bzw. sich bereits geöffnet haben, sind nicht entgegenkommende Zeitgenossen, sondern für den Verzehr ungeeignet. Eine Muschelvergiftung schadet nicht nur dem Gast, sondern auch dem guten Ruf des Betriebes.

6 Den Deckel in Richtung „Scharnier" abheben.

7 Die Auster mit dem Messer von der Schale lösen. Die Auster schwimmt in der Schale.

8 Sollten sich Splitter in der Schale befinden, werden sie mit einem Pinsel entfernt (eventuell den Pinsel vorher in Salzwasser tauchen).

9 Die geöffneten Austern auf einem Fleischteller, einem Austernteller oder einer Austernplatte anrichten.

Austernplatte

Wie man Austern isst

1 Man legt immer nur eine Auster auf den Teller. Falls die Auster noch mit der Schale verwachsen ist, löst man sie mit der Austerngabel.

2 Die Austern können mit Zitronensaft und nach Belieben mit Pfeffer aus der Mühle gewürzt werden.

Wird die Zitronenhälfte mit einem Gazestreifen umwickelt, können die Kerne nicht herausfallen.

3 Dann schlürft man die Auster entweder mit dem Zitronensaft und dem verbliebenen Meereswasser aus der Schale oder isst sie mit der Gabel. Die Flüssigkeit wird dann nachträglich aus der Schale getrunken.

4 Die leeren Schalen legt man auf den Ablageteller oder auf die Platte zurück. Die Finger reinigt man in einer bereitgestellten Fingerbowle.

Passende Beilagen und Getränke

Als Beilagen eignen sich
- Pumpernickel, Vollkornbrot, Westfäler Brot oder Baguette,
- Weinessig,
- Sauce vinaigrette, Schalottenmarinade, amerikanische Cocktailsauce oder Tabascosauce,
- Zitronenhälften.

Trockene Weißweine, wie z. B. Chardonnay, Chablis, Muscadet, Sauvignon Blanc, sowie trockener Schaumwein, wie z. B. Champagner, sind die idealen Begleiter zu Austern.

Krebse

Bereits im Mittelalter galten Flusskrebse als Delikatesse und wurden als hervorragende Fastenspeise geschätzt. Im 19. Jahrhundert blühte ein reger Handel mit Flusskrebsen, die Bäche und Teiche in rauen Mengen belebten und ebenso selbstverständlich in den Kochtopf wanderten. Durch Überfischung, Wasserverschmutzung und die Krebspest wurden im letzten Jahrhundert manche Arten beinahe vollständig ausgerottet. Inzwischen werden jedoch einige Flusskrebsarten, im Speziellen der Signalkrebs und der Louisiana-Flusskrebs, mit großem Erfolg gezüchtet.

Krebsarten

Flusskrebse	Vorkommen	Aussehen
Edel- oder Solokrebs	Ist aus dem Handel beinahe verschwunden. Neuerdings sind Züchtungsversuche zur Freude von Gourmets von Erfolg gekrönt.	Der Edelkrebs ist die größte einheimische Krebsart. Er kann bis zu 20 cm lang werden, ist olivgrün oder dunkelbraun und hat kräftige Scheren, die auf der Unterseite rot sind.
Galizierkrebs (Sumpfkrebs)	Ursprünglich aus Osteuropa (Galizien), heute in ganz Mitteleuropa. Wird auch gezüchtet. Im Handel werden heute hauptsächlich Galizierkrebse angeboten, die überwiegend aus der Türkei und dem Iran stammen.	Der Galizier hat schmälere Scheren (nur wenig Fleisch) als der Edelkrebs und einen wesentlich helleren Panzer.
Signalkrebs	Aus Amerika eingeführt, wird gezüchtet.	Auf den ersten Blick ähnelt er dem Edelkrebs sehr stark. Auf der Oberseite der Scheren befindet sich jedoch ein auffälliger weißer, seltener türkisblauer Fleck, der besonders beim Öffnen der Scheren als deutliches Signal (daher auch der Name) sichtbar wird. Die Scherenunterseiten sind wie beim Edelkrebs rot.

Das Fleisch der Flusskrebse ist weiß, sehr zart und wohlschmeckend. Besonders schmackhaft ist es nach der Sommerhäutung, also ab Mitte August.

Wenn Krebse die Nase voll haben
Als Krebsnasen werden die leeren Kopf-Brust-Stücke bezeichnet, die zum Garnieren und Füllen verwendet werden.

Serviergegenstände

Krebsmesser
Mit der Krebsgabel ausschließlich zum Zerteilen von Krebsen; Größe: ca. 18 cm

Krebsgabel
Mit dem Krebsmesser ausschließlich zum Zerteilen von Krebsen; Größe: ca. 18 cm

Weich wie Butter
Häuten sich Flusskrebse, fühlen sie sich sehr weich an. Deshalb nennt man sie in diesem Zustand Butterkrebse.

Bereits nach einigen Tagen ist der Chitinpanzer jedoch wieder völlig ausgehärtet.

Service

Werden Krebse im Sud gekocht, stellt man sie in einer Terrine auf dem Tisch des Gastes ein. Oft bedienen sich die Gäste selbst, manche schätzen jedoch die hilfreiche Hand eines Servicemitarbeiters, der die Krebse auf einem vorbereiteten Teller anrichtet und gegebenenfalls auch zerteilt.

1 Standteller mit Underliner
2 Fleischteller mit Serviette
3 Suppenteller; für den Sud kann anstelle des Suppentellers auch eine Bouillontasse eingedeckt werden. In diesem Fall ist ein Bouillonlöffel zu verwenden.
4 Grundgedeck
5 Fleischmesser
6 Fleischgabel
7 Suppenlöffel
8 Krebsmesser
9 Krebsgabel
10 Brotteller mit Buttermesser
11 Dessertteller mit Brot (vorzugsweise Weißbrot)
12 Sauciere mit Saucenlöffel (ist der Sud passiert, kann er à part in einer Sauciere eingestellt werden)
13 Suppenterrine mit Schöpfer auf einem Rechaud oder Platemaster
14 Standglas (Richtglas)
15 Weißweinglas
16 Fingerbowle
17 Ablageteller (Dessertteller) für Schalenteile mit zwei Fleischgabeln zum Vorlegen
P Pfeffer
S Salz

Wie man Krebse isst

1 Mit den zwei Fleischgabeln hebt man einen Krebs aus der Terrine und legt ihn in den Suppenteller.

2 Mit dem Schöpflöffel gießt man etwas Sud darüber.

3 Zuerst bricht man die Scheren mit den Armen ab, anschließend dreht man die Schwanzflosse ab.

4 Mit dem Krebsmesser öffnet man die Unterseite der Schwanzflosse und drückt sie mit den Händen leicht auseinander. So kann das Krebsfleisch besser aus der Schale gelöst werden.

5 Mit der Spitze des Krebsmessers entfernt man den Darm, der sich als schwarzer, dünner Faden abhebt, und legt ihn zusammen mit der Schale auf den Abfallteller.

6 Anschließend reinigt man die Finger in der bereitgestellten Fingerbowle.

7 Dann isst man mit dem Fleischbesteck das ausgelöste Fleisch.

8 Zum Öffnen der Scheren klemmt man die Scherenspitze mit dem Loch des Krebsmessers ein und bricht sie ab. Die entstandene Öffnung kann mit dem Krebsmesser noch erweitert werden.

9 Mit der Krebsgabel kann man das Fleisch aus der Schere ziehen.

10 Die Schalenteile werden wiederum auf den Abfallteller gegeben.

11 Dann reinigt man die Finger nochmals in der Fingerbowle und isst das Fleisch mit dem Fleischbesteck. Den Krebsfond kann man mit dem Suppenlöffel essen.

Passende Beilagen und Getränke

Zu Krebsen werden vorzugsweise Weißbrot, Baguette, Graubrot oder Toastbrot gereicht.

Als Getränk passt trockener Weißwein, wie z. B. Grüner Veltliner, Riesling, Muscadet oder Weißburgunder hervor-ragend zu Krebsen. In Schweden ist es Sitte, zu Krebsgerichten Bier und sehr kalten Aquavit zu trinken.

Hummer, Langusten und Krabben

Raue Schale, weicher Kern. So könnte die Kurzbeschreibung von Hummer, Languste und Co lauten. Mit Zangen bewaffnet, mit einer Rüstung umgeben, wirken sie wie wandelnde Bastionen. Es gibt eine große Vielfalt dieser mehr oder weniger gepanzerten Krebstiere. In der Regel schmecken sie meist umso besser, je kälter das Wasser ihres Lebensraumes war.

Der Hummer wurde bereits im Kapitel Tranchieren (siehe S. 61 ff.) behandelt. Deshalb widmen wir hier den Langusten und Krabben einige Zeilen.

Langusten stehen den Hummern an Geschmack in nichts nach. Was ihnen fehlt, sind die Scheren mit ihrem köstlichen Inhalt. An den langen Fühlern kann man mit einem Blick Langusten von Hummern unterscheiden.

Krabben tragen das beste Fleisch in ihren Scheren herum (könnte das der Grund sein, warum sie so wehrhaft sind?). Aber auch der Panzer birgt ausgezeichnetes Fleisch. Bei weiblichen Krabben kommen Gourmets mit dem Corail zusätzlich auf ihre Kosten.

1 Standteller mit Underliner	10 Platte mit Hummer, Languste oder Krabbe
2 Fleischteller	11 Standglas (Richtglas)
3 Grundbesteck	12 Weißwein- oder Sektglas
4 Fleischmesser	13 Fingerbowle
5 Fleischgabel	14 Ablageteller (Dessertteller)
6 Hummerpike	P Pfeffer
7 Hummerzange	S Salz
8 Brotteller mit Buttermesser	
9 Sauciere mit Saucenlöffel	

Serviergegenstände

Hummergabel (Hummerpike)

Zum Herausziehen des Fleisches aus den Scheren, den Armen und den Beinen; Größe: ca. 23 cm

Hummerzange

Zum Aufbrechen der Scheren, Gelenke und Beine; Größe: ca. 20 cm

Service

Hummer, Langusten und Krabben können auf folgende Weise angerichtet und serviert werden:

- Bereits portioniert auf Platten oder Tellern, die dem Gast eingestellt werden.
- Im Ganzen auf einer Platte, tranchiert und angerichtet wird vor dem Gast.
- Halbiert auf einer Platte, die auf dem Tisch des Gastes eingestellt wird. Der Gast zerlegt das Krustentier selbst. Die Scheren werden jedoch bereits in der Küche aufgeschlagen und abgetrennt.

Früher wurde das Fleisch von Krustentieren mit einem Fischbesteck zerteilt, was nicht gerade einfach war. Heute denkt man etwas praktischer und deckt ein Fleischbesteck ein.

Wie man Hummer und Langusten isst

Möchte der Gast beim Hummer bzw. bei der Languste selbst Hand anlegen, so wird in der Küche alles so vorbereitet, dass der Gast die einzelnen Teile leicht auslösen kann. In diesem Fall sind die Scheren, Arme und Beine bereits abgedreht und aufgeschlagen, der Hummer ist in der Mitte geteilt und Magen und Darm sind entfernt. Dadurch sind die schwierigsten Arbeiten bereits vorweg genommen.

1 Zuerst wird die Schwanzflosse auf den Teller gelegt und das Fleisch mit der Hummergabel ausgelöst.

2 Das Fleisch wird mit einem Fleischbesteck gegessen. Vorher wird es in die gereichte Sauce getunkt.

3 Dann werden die Scheren und Beine auf den Teller gelegt.

4 Die aufgeschlagenen Scheren werden von den Armen abgebrochen. Manchmal löst sich das Fleisch aus der Schale, wenn man an beiden Enden zieht. Wenn nicht, entfernt man die Schale mit der Hummerzange und zieht das Fleisch mit der Hummergabel heraus. Dabei hält man die Schale mit den Fingern.

5 Zum Schluss werden die Beine mit der Zange vom Körper getrennt und im Gelenk gebrochen. Dann wird das Fleisch mit der Hummergabel herausgezogen. Die Beine können auch ausgesaugt werden.

6 Die Finger werden zwischendurch immer wieder in der Fingerbowle gereinigt.

Vom Schwergewicht zum Fliegengewicht
Hummer wird im Restaurant stets nach Gewicht berechnet – aber nicht nach dem Gewicht der essbaren Teile, sondern nach dem Gesamtgewicht des Tieres. In Gefangenschaft verliert Hummer verhältnismäßig schnell an Gewicht. Je länger der Hummer also im Aquarium gehalten wird, desto schlechter wird das Verhältnis zwischen essbarem und nicht essbarem Teil.

Ein frischer Hummer liegt schwer in der Hand. Ist ein Hummer ungewöhnlich leicht, so ist dies ein untrügliches Zeichen dafür, dass er schon zu lange in Gefangenschaft lebt.

Passende Beilagen und Getränke

Zu kaltem gekochtem Hummer, kalter gekochter Languste oder Krabbe werden folgende Beilagen serviert:

- Saucen auf Mayonnaisebasis (Sauce verte, Sauce tyrolienne),
- leichte Kräutersaucen mit Olivenöl,
- Zitronen- und Olivenöldressings
- oder nur frische Zitrone.

Zu warmem Hummer, warmer Languste und Krabbe oder gegrilltem Hummer passen:

- zerlassene Butter,
- Zitronensaft
- oder zerlassene Butter, vermischt mit Zitronensaft, etwas Knoblauch und frischer Dille.

Als Getränke eignen sich trockene Weißweine, wie z. B. Chardonnay, Pinot Blanc, Chablis oder Riesling, sowie trockene Schaumweine, wie z. B. Champagner (brut).

Kaviar

Wussten Sie, dass es um 1900 in amerikanischen Saloons Sitte war, kostenlos Kaviarsandwiches zu Bier zu reichen? Das geschah sicher nicht aus reiner Nächstenliebe, sondern hatte einen triftigen Grund: Der Kaviar wurde zur damaligen Zeit wegen mangelnder Kühlung sehr stark gesalzen und kurbelte so den Bierkonsum unerhört an, da Salz bekanntlich durstig macht. Die Zeiten, in denen Kaviar beinahe ein Grundnahrungsmittel war, sind längst vorbei. Kaviar bedeutet heute Luxus pur.

Kaviarsorten

Kaviar ist der behandelte Rogen von Fischen. Er kann theoretisch von jedem weiblichen Fisch stammen, dessen Eier nicht giftig sind, wie z. B. die des Kugelfisches (Fugu).

Echter Kaviar stammt ausschließlich von weiblichen Stören aus dem Kaspischen und dem Schwarzen Meer. Man unterscheidet dabei drei Sorten, die nach der Störart benannt sind, von der sie stammen: **Beluga**, **Ossietra** und **Sevruga**.

Nach dem Fang wird der Rogen entfernt und durch ein Sieb gestrichen, um die unerwünschte Schleimhaut der Eierstöcke zu entfernen. Anschließend werden die Eier gewaschen, gesalzen und abgepackt.

Malossol

Malossol ist keine Kaviarsorte, sondern eine Bezeichnung für Kaviar, der einen Salzgehalt von höchstens 2,8 bis 4 % aufweist. Das russische Wort „malossol" bedeutet mild gesalzen. Qualitativ hochwertiger Kaviar wird gerade so viel gesalzen, wie es für die begrenzte Haltbarkeit notwendig ist. Der natürliche Geschmack bleibt dabei weitgehend erhalten.

Kaviarselektion

Neben den klassischen Sorten wie Beluga, Ossietra und Sevruga werden noch außergewöhnliche Farb- und Größen-

Kaviarsorte	Aussehen	Geschmack
Belugakaviar Vom Belugastör (auch Hausen genannt)	Die Eier sind mit einem Durchmesser von 3,5 mm sehr groß und hellgrau bis anthrazitfarben. Belugakaviar hat eine sehr zarte Schale und muss daher besonders vorsichtig behandelt werden. Weicht die Lagertemperatur nur geringfügig vom Optimum ab, kann er zu weich und matschig werden.	Der Geschmack ist mild cremig.
Ossietrakaviar (Osietra, Ossetra) Vom Ossietrastör (auch Waxdick genannt)	Die Eier mit einem Durchmesser von etwa 2 mm haben eine härtere Schale als Belugakaviar und sind daher unempfindlicher. Die Farbpalette reicht von Goldbraun bis Tiefschwarz. Je älter der Fisch ist, umso heller wird der Rogen.	Der Geschmack ist fein nussig und mit keiner anderen Sorte vergleichbar.
Sevrugakaviar Vom Sevrugastör (auch Scherg genannt)	Die Eier sind wesentlich kleiner und changieren zwischen Hellgrau und Schwarz. Sevrugakaviar ist sehr dünnschalig und daher auch empfindlich.	Kenner schätzen das kräftige und würzige Aroma.
Ketakaviar Vom Ketalachs	Die Eier sind größer (5 mm im Durchmesser) und druckempfindlicher als die von Stören. Sie sind orange-rot.	

abweichungen für besondere Liebhaber selektiert. So wird der tiefschwarze Kaviar von jungen Ossietrastören als **Royal Black Kaviar** gehandelt und der helle, goldbraun schimmernde, ebenfalls vom Ossietrastör stammende Kaviar als **Imperial Kaviar.**

Royal Black Kaviar

Imperial Kaviar

Qualitätsmerkmale

Guten Kaviar erkennt man am Glanz der Körner und daran, wie sie perlen.

- Frischer Kaviar perlt locker.
- Je zarter die Haut des Rogens, desto besser ist der Kaviar.
- Guter Kaviar hat einen arttypischen, feinen Geruch. Verdorbener Kaviar riecht und schmeckt säuerlich und darf auf keinen Fall serviert werden.

Verpackung

Die ideale Verpackung für frischen Kaviar sind die traditionellen, innen mit Gold beschichteten Dosen mit einem Stülpdeckel. Sie werden in Größen zu 125, 250, 500 und 1.800 g angeboten. Der Deckel presst die überschüssige Lake heraus. Ein fest anliegendes Gummiband verschließt die Dose luftdicht. So bleibt der Kaviar bis zu ein Jahr haltbar.

Der Dosendeckel von Belugakaviar ist blau, von Sevrugakaviar rot und von Ossietrakaviar gelb.

Pasteurisierter Kaviar wird meist in Gläsern zu 1, 2 und 4 oz abgefüllt.

Serviergegenstände

Um den Geschmack von Kaviar richtig auskosten zu können, ist spezielles Kaviarbesteck aus Perlmutt, Horn oder Holz notwendig. Auf gar keinen Fall sollte Kaviar mit Silber in Berührung kommen, da Silber oxidiert und den Geschmack des Kaviars verändert. Auch Besteck aus Edelstahl eignet sich nicht für Kaviar.

Kaviarlöffel

Zum Herausnehmen des Kaviars aus dem Behälter; Größe: ca. 20 cm

Kaviarmesser

Zum Auflegen des Kaviars auf Toast oder Blinis; Größe: ca. 20 cm

Kaviarkühler

Zum Kühlen des Kaviars; der Kaviarkühler ähnelt einer Suprêmeschale, jedoch mit dem Unterschied, dass er einen Einsatz für einen Glastiegel hat, in dem der Kaviar angerichtet wird. Der Kaviarkühler wird mit gestoßenem Eis gefüllt.

Schildpatt

Viele Kaviarliebhaber schwören auf Kaviarbesteck aus Schildpatt. Dieses Material wird jedoch aus dem Panzer bestimmter Meeresschildkröten, im Speziellen der Karettschildkröten, hergestellt. Alle Meeresschildkröten sind durch das Washingtoner Artenschutzübereinkommen streng geschützt.

1 Standteller mit Underliner
2 Fleischteller
3 Grundgedeck
4 Kaviarmesser
5 Brotteller mit Buttermesser
6 Dessertteller mit Weißbrottoast oder Blinis
7 Dessertteller mit Serviette, Suprême-schale mit Eis, Butter und Dessert-gabel

8 Fleischteller mit Serviette, Suprême-schale oder Kaviarkühler mit Eis, Kaviar und Kaviarlöffel
9 Standglas (Richtglas)
10 Weißwein-, Sekt- oder Wodkaglas
11 Dessertteller mit Zitrone
12 Dessertteller mit Serviette, Raviers (oder kleinen Glasschüsseln) und Kaffeelöffel für die Beilagen
P Pfeffer
S Salz

Service

Kaviar dürfte das einzige Lebensmittel der Welt sein, das auch in allerfeinsten Kreisen in der Blechdose auf den Tisch kommt und daraus auch gegessen wird.

Kaviar kann folgendermaßen angerichtet und serviert werden:

- Im Originalbehältnis (der Dose) auf gestoßenem Eis in einer Suprême-schale bzw. auf einem Eissockel.
- In einer Suprêmeschale mit Kaviareinsatz auf gestoßenem Eis.
- In einem Kaviarkühler.

Wie man Kaviar isst

Die eleganteste Weise, Kaviar zu essen, ist, direkt aus der Dose etwas Kaviar mit dem Kaviarlöffel auf einen Bissen gebutterten Toast zu geben und ihn mit der Hand zum Mund zu führen.

Man kann aber auch mit dem Kaviarlöffel etwas Kaviar sowie die gewünschten Beilagen auf den Teller geben. Dann bricht man ein Stück Toast ab, bestreicht es mit Butter und verteilt darauf den Kaviar. Die Beilagen werden ebenfalls auf das Stück Toast gegeben.

Kaviar auf russische Art mit Blinis und Sauerrahm

Passende Beilagen und Getränke

Zu Kaviar können folgende Beilagen serviert werden:

- fein gehackte Schalotten,
- fein gehacktes Eiweiß und fein gehackter Dotter,
- Zitronenhälften oder Zitronenspalten,
- Weißbrottoast mit Butter oder
- Blinis (kleine, warme Buchweizenpfannkuchen) mit Sauerrahm, in diesem Fall werden zusätzlich ein Dessertmesser und eine Dessertgabel eingedeckt, oder
- Ofenkartoffeln mit Sauerrahm.

Man kann Kaviar pur oder zusammen mit den Beilagen essen, wobei anzumerken ist, dass Beilagen – vor allem Zitrone – wirklich nur auf Wunsch des Gastes serviert werden sollten. Allzu leicht können sie den exquisiten Geschmack des Kaviars überdecken.

Andere Länder, andere Sitten
Auf russische Art wird Kaviar zusammen mit Sauerrahm auf den Blinis verteilt und mit Dessertmesser und -gabel gegessen.

Auf polnische Art wird Kaviar mit Kartoffeln in der Schale und Sauerrahm serviert und ebenfalls mit Dessertmesser und -gabel konsumiert.

Zu Kaviar passen trockene Weißweine, wie z. B. Sancerre oder Riesling, trockene Schaumweine, wie z. B. Champagner brut, sowie eisgekühlter Wodka, die den Geschmack unterstreichen und die Eigenart des Kaviars hervorheben.

Fondue

Fondue ist gut und macht gute Laune. Tatsächlich gibt es an einem kalten Winterabend nichts Gemütlicheres, als in einer kleineren oder größeren Runde gemeinsam aus einem Topf zu essen. Das Fondue stammt aus der Schweiz und wurde ursprünglich mit Käse zubereitet. Der Name Fondue leitet sich von „fondre" ab, was so viel bedeutet wie schmelzen.

Serviergegenstände

Fonduekarussell
Für Fondues aus Fleisch, Fisch und Krustentieren. Die Schüsseln für die Saucen können gedreht werden.

Fonduepfanne aus feuerfestem Ton (Caquelon)
Für Käse- und Schokoladenfondues

Schokoladenfonduegarnitur
Für Schokoladenfondues

Fonduegabeln
Für alle Fonduearten

Speziell für Käsefondues

Fonduekäscher
Für Fisch- und Krustentierfondues

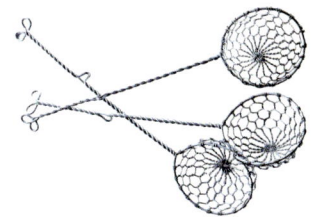

Service

Bevor das Fondueessen beginnt, werden zuerst Fleischteller bzw. spezielle Fondueteller zusammen mit Fonduegabeln auf dem Gästetisch eingedeckt. Das Fondueset sowie die Beilagen werden dann eingestellt.

Onduearten

Käsefondue

Zutaten

- 1–2 Knoblauchzehen, halbiert
- Gruyère, Vacherin oder Emmentaler, in Würfel geschnitten
- Trockener Weißwein, z. B. Neuburger
- Kirschwasser
- Salz, Pfeffer
- Muskatnuss
- Weißbrotwürfel

Bei einer Variante des Käsefondues werden zusätzlich z. B. Birnen- und Ananasstücke und Champignons gereicht.

Mise en Place

- Caquelon
- Brenner
- Holzspatel oder Holzlöffel auf Dessertteller
- Zünder

Zubereitung

1 Das Caquelon mit einer Knoblauchzehe ausreiben.

2 Den Brenner entzünden.

3 Die Käsewürfel in das Caquelon geben und mit Weißwein und Kirschwasser schmelzen lassen. Während des Schmelzens sollte so lange mit einem Holzspatel oder Holzlöffel umgerührt werden, bis die Käsemasse sämig ist.

4 Mit Salz, Pfeffer und Muskatnuss würzen.

Ein Tipp vom Profi
Rührt man etwas Kartoffelmehl, Maizena oder weißes Weizenmehl mit einem Gläschen Kirschwasser an und bindet damit die Käsemasse, wird sie noch cremiger. Das Fondue sollte bei der Zubereitung nie kochen, sondern nur ziehen. Dies gilt auch für das Warmhalten auf dem Rechaud.

Wie man ein Käsefondue isst

Dazu spießt man mit einer Fonduegabel einen Weißbrotwürfel auf, dreht ihn in der Käsemasse und führt ihn mit der Gabel zum Mund.

Passende Getränke

Trockener Weißwein, vor allem jener, mit dem das Käsefondue zubereitet wird, passt hervorragend zum Käsefondue.

Fondue aus Fleisch, Fischen und Krustentieren

Zutaten

- Fleisch (ursprünglich nur Rinder-filet), in Würfel geschnitten
- Fische, wie z. B. Zander und Scholle
- Krustentiere, wie z. B. Süßwasser-krebse, Shrimps, Scampi
- Muscheln

Fische und Krustentiere werden in Bier- oder Backteig getaucht oder nur in Mehl gewälzt.

Mise en Place

- Caquelon mit Brenner oder
- Fonduekarussell
- Zünder

Zubereitung

Man unterscheidet nach der Zubereitung zwei Arten von Fleischfondues.

Fondue bourguignonne

Das Fleisch wird in Würfel geschnitten und in Öl zubereitet.

Fondue chinoise (Bouilli)

Das Fleisch wird in Scheiben geschnitten und in Suppe gegart. Es wird der Fond der hauptsächlich verwendeten Fleisch-, Fisch- oder Krustentierart gewählt, für Rindfleisch also eine Rinderbouillon. Aber auch ein Gemüsefond ist denkbar.

Ein Tipp vom Profi
Die Suppe für ein Fondue chinoise darf auf keinen Fall zu stark gewürzt sein, da sie sich bei der Zubereitung reduziert und so das Fleisch zu scharf werden würde.

Der Kessel eines Fonduesets wird halb mit Öl bzw. Suppe gefüllt und erhitzt. Um zu verhindern, dass das Öl zu spritzen beginnt, gibt man eine geschälte Kartoffel hinein.

Wie man ein Fleischfondue isst

Man spießt ein Stückchen Fleisch auf die Fonduegabel und hält es so lange in das heiße Öl bzw. in die Suppe, bis es gar ist.

Gewürzt wird auf dem Teller. Ebenso werden die Saucen auf den Teller gegeben.

Fondueteller sind so gemacht, dass die Saucen in abgegrenzte Bereiche gegeben werden können und nicht ineinander verrinnen.

Passende Beilagen

Fleischfondues: Sauce tartare, Sauce rémoulade, Sauce tyrolienne, Sauce Choron, Sambalsauce oder Tabascosauce; Weiß- und Schwarzbrot, Senfgemüse, Mixed Pickles.

Fondues aus Fischen und Krustentieren: Sauce vinaigrette, Sauce tartare oder warme Tomatensauce.

Passende Getränke

Zu Rind- und Lammfleisch ist Rotwein empfehlenswert, zu Schweine-, Kalb-, Hühnerfleisch, Fischen, Krustentieren und Muscheln trockener Weißwein.

Schokoladenfondue

Das Schokoladenfondue wird auch unter dem Namen „Fondue Suchard" angeboten.

Zutaten

- Schokolade
- Obers
- Milch
- Evtl. Jamaikarum oder Kirschwasser
- Frisches oder pochiertes Obst, wie z. B. Birnen, Pfirsiche (in Würfel geschnitten), Bananen (in dicke Scheiben geschnitten), große Beerenfrüchte, wie z. B. Erdbeeren
- Biskuit, in Würfel geschnitten

Mise en Place

- Caquelon mit Brenner oder Schokoladenfonduegarnitur
- Kochlöffel auf Dessertteller
- Zünder

Zubereitung

In einem Caquelon oder in einer speziellen Schokoladenfonduegarnitur wird die Schokolade geschmolzen und unter ständigem Rühren mit Obers und Milch vermengt, bis sie eine cremige Konsistenz hat.

Falls der Gast es wünscht, kann das Ganze noch mit Jamaikarum oder Kirschwasser geschmacklich verfeinert werden.

Passende Getränke

Zu einem Schokoladenfondue passen Dessertweine und halbsüßer Schaumwein.

Käseservice

Wer in die Welt des Käses eintaucht, ist zuallererst verblüfft von der Vielfalt der Farben, Formen und Aromen. Es offenbart sich dem Käsekenner eine reichhaltige Palette von Geschmacksnuancen, die kaum zu überbieten ist.

Käse wird auf der Speisekarte oft sehr stiefmütterlich behandelt. Während Hauptgänge oder Desserts gerne blumig beschrieben werden, muss sich der Käse fast immer mit einem Plätzchen am Ende der Seite begnügen, wo er lapidar als Käseteller angeführt ist. Detailbeschreibungen gibt es meist nicht, das Wort „Käseteller" vermittelt eher die Botschaft: „Auf dem Teller landet, was gerade da ist, Käse ist für uns kein Thema." – Schade. Wo es doch so herrliche Käsesorten gibt, die einen Versuch wert sind, und Gäste, die sich durchaus zu einem Streifzug in die Käsewelt verführen lassen.

Von der Milch zum Käse

Man kann den Käse drehen und wenden, wie man will. Er ist im Grunde genommen nichts anderes als geronnene Milch. Wie so vieles Geniale beruht auch die Herstellung von Käse auf einem ganz einfachen Prinzip. Man trennt das feste Kasein (Eiweiß, das etwa dem Topfen entspricht) der Milch von den flüssigen Inhaltsstoffen (Molke).

So, wie beim Wein aus ein und derselben Traubenart die unterschiedlichsten Weine entstehen können, so ist es auch beim Käse. Die ungeheure Sortenvielfalt ist einerseits davon abhängig, von welchem Tier die Milch stammt und wie das Tier gehalten wurde. Andererseits führen unterschiedliche Bearbeitungsverfahren und verschiedene Reifungsarten dazu, dass aus dem immer gleichen Grundstoff Milch unendlich viele Käsesorten entstehen.

Damit das Kasein ausfällt, werden spezielle Milchsäurebakterien oder Labenzyme zugesetzt, die den Gerinnungsprozess in Gang bringen – es entsteht dickgelegte Milch, die Gallerte.

Dicklegen der Milch

Der Einfachheit halber sollen an dieser Stelle jedoch nur die zwei wesentlichen Arten der Käseherstellung näher beschrieben werden.

Käseherstellung mit Milchsäurebakterien

Bei dieser Art der Käseherstellung leisten die Milchsäurebakterien den Löwenanteil. Sie spalten den Milchzucker auf und verwandeln ihn in Milchsäure. Das Eiweiß gerinnt, die Milch wird dick und es entsteht der Topfen (Sauermilchquark). Er ist die Basis für die unterschiedlichsten Frischkäsesorten. Frischkäse ist also nichts anderes als ungereifter Käse.

Lässt man den Topfen reifen, entsteht Sauermilchkäse, wie z. B. Quargel, Kochkäse und Graukäse. Spezielle Reifekulturen, mit denen die Oberflächen behandelt werden, geben dem Sauermilchkäse sein unvergleichliches Aroma.

Beim Geruch so manchen Sauermilchkäses scheiden sich die Geister – was den einen begeistert, schlägt den anderen beinahe in die Flucht.

Käseherstellung mit Lab

Bei der Herstellung von Labkäse wird die Milch mit Lab, einem Enzym des Kälbermagens, vermischt und dick gelegt.

Mit einer so genannten Käseharfe wird die Gallerte dann klein geschnitten. So erhält man den Käsebruch. Je kleiner diese Bruchkörner sind, desto fester wird der Käse, da so mehr Molke abfließen kann.

Ähnlich wie beim Sauermilchkäse wird auch hier der Käsebruch in sortentypische Formen gefüllt, je nach Käsesorte zusätzlich gepresst und in ein Salzbad gegeben. Dadurch wird weitere Molke entzogen und die Rindenbildung gefördert.

Der entstandene Jungkäse wandert dann in den Reifekeller, wo er bei konstanter Temperatur und einer Luftfeuchtigkeit von 80 bis 90 % so lange reift, bis er das Aussehen und das Aroma erlangt, das für ihn typisch ist.

Wirklich ruhig geht es dabei aber weder für die Jungkäse noch für ihre Betreuer zu. Durch regelmäßiges Wenden wird erreicht, dass sich die restliche Flüssigkeit in der Käsemasse gleichmäßig verteilt. Weichere Käse müssen deshalb auch öfters gewendet werden als festere. Auch die Käserinde wird aufwendig gepflegt, sodass sich mit der Zeit der körnige Bruch zu einem geschmeidigen Käseteig verwandelt.

Man unterscheidet Rundlochung, Bruchlochung, Mischlochung, Schlitzlochung – charakteristische Lochstrukturen bestimmter Käsesorten, die jeder bei genauerem Hinsehen feststellen kann.

Absoluter Fettgehalt =
Fett in der Trockenmasse (F. i. T.) multipliziert mit

- 0,3 bei Frischkäse
- 0,4 bei Weichkäse
- 0,5 bei Schnittkäse
- 0,6 bei Hartkäse

Beispiel
100 g Camembert (55 % F. i. T.)

55 x 0,4 = 22 % Fettanteil

in 100 g Käse, also 22 g Fett

Wie kommen die Löcher in den Käse?

Zahlreiche Legenden ranken sich um die Herkunft der Löcher im Käse. Wie die Löcher wirklich entstehen, erklärt die Wissenschaft folgendermaßen: Durch die Tätigkeit spezieller Reifungskulturen entsteht Kohlendioxid, ähnlich wie in einem Hefeteig. Das Gas will entweichen, wird aber durch den Käseteig und die Rinde daran gehindert. Daher sammelt es sich in unterschiedlich großen Hohlräumen, den Käselöchern.

Fettgehalt und Trockenmasse

Ein Käse setzt sich aus der Trockenmasse und Wasser zusammen. Je mehr Trockenmasse ein Käse enthält, desto härter ist er.

Während der Käsereifung verdunstet laufend Wasser, die Trockenmasse bleibt jedoch annähernd konstant. Aus diesem Grund wird der Fettgehalt eines Käses immer in Prozent der Trockenmasse angegeben.

Die Prozentangabe des Fettgehalts lässt manchen figurbewussten Gast vor Käse zurückschrecken. Der absolute Fettgehalt ist jedoch wesentlich geringer als oftmals angenommen. Bei Weichkäsen beträgt der absolute Fettgehalt beispielsweise nur halb so viel. Zum Berechnen des absoluten Fettgehaltes gibt es eine einfache Formel.

Käsearten

Im Käseservice unterteilt man Käse nach dem Wassergehalt bzw. der Trockenmasse in folgende Arten.

Käsearten	Wassergehalt	Trockenmasse	Reifung	Besonderheiten
Frischkäse	Ca. 70 %	Ca. 30 %	Unfermentierter, ungereifter Käse	Cremige Konsistenz
Weichkäse	Ca. 60 %	Ca. 40 %	2–4 Wochen Reifung von außen nach innen	Weißschimmelrinde, natürliche (Rotkultur-)Rinde, blauer/grüner Innenschimmel, Doppelschimmel
Schnittkäse	Ca. 50 %	Ca. 50 %	4–6 Wochen Reifung in der Folie, in Wachs oder in einer mit Rotkulturen behandelten Rinde	Der Wassergehalt liegt deutlich unter dem von Weichkäse. Dies verleiht ihnen eine schnittfeste, aber dennoch geschmeidig schmelzende Konsistenz.
Hartkäse	Max. 40 %	Ca. 60 %	3 Monate bis 1½ Jahre (bei diversen Hartkäsen, wie z. B. Parmesan, bis zu drei Jahre)	Die Rinde wird gewaschen, gebürstet oder geschabt; Hartkäsesorten zeichnen sich durch ihre extrem gute Haltbarkeit aus
Sauermilchkäse	Ca. 60 %	Ca. 40 %	Unfermentierter Käse, aus Topfen hergestellt; Quargel mit Rotkultur reift ca. 3 Wochen	
Schmelzkäse	Ca. 50 %	Ca. 50 %	Keine Rinde	Cremige Konsistenz

Affinieren von Käse

„Nicht affinierter Käse ist wie ein junger Wein, der zu früh den Weg ins Glas gefunden hat."

Käse wird aus Lagergründen sehr häufig in jungem Zustand angeboten, in dem er noch nicht sein volles Aroma erreicht hat. Um den Punkt der optimalen Geschmacksentfaltung, die so genannte „Gourmetreife", zu erreichen, bedarf er einer Nachreifung.

Beim Affinieren wird der Käse in eigenen Reifekammern oder Reifekellern gewendet und je nach Käsesorte abgerieben oder gebürstet, bis er sein typisches Aroma und den gewünschten Reifegrad erreicht hat.

Serviergegenstände

Käsewagen

Der Käsewagen ist sicherlich die beste Art, Käse perfekt zu präsentieren. Der große Vorteil besteht darin, dass ein Käsewagen zum Tisch des Gastes gebracht werden kann. Man könnte beinahe von einem Angriff auf die Sinne des Gastes sprechen, wenn man ihm die Käseköstlichkeiten vor Augen führt.

Aber auch die praktische Seite soll hier nicht unerwähnt bleiben: Angefangen bei den verschiedenen Schneidwerkzeugen, über Teller bis hin zum Gebäck findet auf einem Käsewagen alles seinen Platz.

Käseglocke

Eine Käseglocke sieht nicht nur gut aus, sondern verhindert auch, dass die Käsesorten vorzeitig austrocknen. So nebenbei hält sie aber auch das manchmal etwas markante Aroma manch einer Käsesorte in Zaum.

Die Käseglocke ist eine gute Alternative zum Käsewagen. Sie kann auf einen Servierwagen oder Guéridon gestellt und so beim Tisch des Gastes präsentiert werden.

Doppelgriffmesser

Zum Zerteilen von Käseblöcken und -laiben.

Eingriffmesser

Mit seitlichen Rillen und geätzter Klinge; zum Zerteilen von kleinen Käseblöcken und -laiben.

An einer geätzten Klinge bleiben kaum Käsereste haften.

Weichkäsemesser

Mit Wellenschliff und großer Lochung; der Griff liegt höher als die Klinge, um den Käse ganz durchschneiden zu können. Damit die unterschiedlichen Edelschimmelarten (Weißschimmelkäse, Blau-/Grünschimmelkäse, Rotkulturkäse) nicht vermischt werden, sollten zum

Portionieren unterschiedliche Messer benutzt werden.

Käselyra

Sie ist das ideale Werkzeug zum verlustfreien Portionieren von Weichkäse und gerolltem Frischkäse. Mit der Käselyra erzielt man einen glatten, feinen Schnitt.

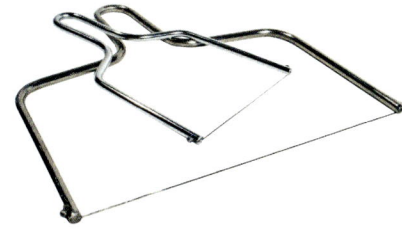

Käselyren gibt es in verschiedenen Größen.

Parmesanstecher

Zum Abbrechen kleiner Stücke vom großen Parmesanlaib.

Käsehobel

Zum Abziehen dünner Käsestreifen von ganzen Laiben sowie zum Abhobeln der Rinde von Hartkäsen.

Schabmesser

Zum Schaben von sehr cremigem Edelschimmelkäse (z. B. Kracher Grand Cru).

Girolle

Die Girolle dient zum Schaben von „Tête de Moine" (Mönchskopfkäse).

Sie besteht aus einem runden Brett, in dessen Zentrum ein zugespitzter stählerner Stift steckt, und einer sich horizontal drehenden Kurbel mit einem Schabmesser. Der Käse wird auf den Stift gespießt und die Kurbel gedreht – dadurch schabt das Messer über den Käse und bildet Käserosetten, so genannte Girolles.

Grundregeln im Umgang mit Käse

Aus freien Stücken

Käse reift von außen nach innen, das heißt für den Käsekenner, dass der Käse nicht durchgehend gleich schmeckt.

Käse sollte daher immer in gleich große Stücke (wenn möglich, in gleichmäßiger Dreiecksform) mit etwa gleich viel Rindenanteil geschnitten werden.

Dünn geschnittener Käse trocknet rascher aus, verliert an Geschmack und ändert unter Umständen auch die Farbe. Wird der Käse in Dreiecksform geschnitten, kann dies verhindert werden.

Durch richtiges Portionieren lassen sich Schnittverluste und unverkäufliche Reste vermeiden, ein Umstand, der für jeden Betrieb von Interesse ist.

Wie viel darf's denn sein?

Wird Käse als Hauptspeise serviert, rechnet man mit 180–200 g Käse. Als Abschluss eines Menüs genügen 75–95 g.

Wird ein reines Käsebuffet ausgerichtet, bei dem der Käse die Hauptrolle einnimmt, kalkuliert man mit 250 g pro Person.

Dabei ist es wichtig, die Tellergröße zu berücksichtigen. Sind die Teller sehr groß, muss man mitunter mehr als 250 g einplanen, da die Gäste häufig den Teller randvoll füllen.

Zeitgemäße Käsepräsentation

So mancher Gast bevorzugt die milden, beinahe süßlichen Käse, während dem anderen der Käse gar nicht reif und würzig genug sein kann. Wohin auch immer der Geschmack eines Gastes tendiert, eines sollte bei der Zusammenstellung eines Käsetellers immer berücksichtigt werden: Die Präsentation erfolgt von mild bis kräftig. Damit vermeidet man, dass die milderen Käse den Geruch der kräftigeren annehmen. Diese Reihenfolge hat aber noch einen weiteren triftigen Grund: Wer mit den würzigsten Käsesorten zuerst beginnt, kann später beim besten Willen kein zartes Aroma mehr geschmacklich wahrnehmen.

Die Reihenfolge nach Geschmacksstufen bei Käse als Nachtisch ist:
- Frischkäse.
- Weichkäse mit weißem Edelschimmel.
- Weichkäse mit Rotkultur.
- Schnittkäse mit Rotkultur.
- Hartkäse mit Naturrinde.
- Weichkäse mit blauem oder grünem Edelschimmel.

Der aufmerksame Leser wird sich vielleicht fragen, wo beispielsweise der milde Schnittkäse verblieben ist. Dafür gibt es eine einfache Erklärung: Milder Schnittkäse passt für ein Frühstücksbuffet, nicht aber als Nachtisch.

Bewährt hat sich die Praxis, sich die Käseplatte oder den Käseteller als Ziffernblatt einer Uhr vorzustellen. Dabei wird der mildeste Käse auf 6.00 Uhr gelegt und der Teller dem Gast auch so eingestellt. Man kann den mildesten Käse aber auch in der Mitte des Tellers platzieren und auf 6.00 Uhr mit dem nächsten Käse fortfahren.

Die Spitzen der Käsestücke sollten immer nach außen weisen.

Kleine Geschichte aus der Praxis

Werden Gäste zum Buffet gerufen, beginnen sie normalerweise dort, wo die Teller gestapelt sind, also unmittelbar neben dem Frischkäse. Üblicherweise ergibt sich alsbald eine lange Warteschlange und es dauert nicht lange, bis die ersten ungeduldigen Gäste aus der Menge ausbrechen, um zum anderen Ende des Buffets, den würzigen Käsesorten, zu eilen. Dort wird auf den Teller geladen und zurück am Tisch mit Hingabe gegessen.

Ist der erste Ansturm auf das Buffet verebbt und wird der zweite Gang zu den milderen Käsesorten angetreten, steht so manchem Gast die herbe Enttäuschung ins Gesicht geschrieben. Was ist passiert? Wie bereits erwähnt, sind würzige Käsesorten geschmacklich so dominant, dass sie die Finesse von milden Käsesorten ins geschmackliche Niemandsland befördern.

Als engagierter Servicemitarbeiter sollten Sie Ihre Gäste auf diesen Umstand unbedingt aufmerksam machen – Ihre Gäste werden diesen Hinweis „schmeckend" zur Kenntnis nehmen und die Ehre Ihres Käsesortiments ist somit gerettet.

Ein Käse stellt sich vor

Zur leichteren Orientierung sollten die verschiedenen Käsesorten auf einem Käsewagen oder einer Käseplatte mit Schildchen versehen werden, auf denen der Name des Käses und eventuell eine kurze Produktbeschreibung (Herkunft, Käseart etc.) zu lesen sind.

Käse in rauen Mengen

Prinzipiell sind fünf bis acht Käsesorten pro Käseteller bzw. Käseplatte empfehlenswert.

Je mehr Personen jedoch erwartet werden, desto mehr Käsesorten sollten auch angeboten werden.

Personen	Sorten
1–9	5
10–19	6–9
20–99	10–15
ab 100	16 und mehr

Wahre Schönheit kommt von innen

Käse sollte vor der Präsentation immer angeschnitten werden, damit er zeigen kann, was in ihm steckt. So bekommt der Gast die Gelegenheit, den Teig genau begutachten zu können.

Der wohltemperierte Käse

Damit ein Käse zu seiner Höchstform auflaufen kann, sollte er mindestens eine Stunde vor dem Servieren aus dem Kühlschrank genommen werden. So kann er sein Aroma richtig entfalten. Wie immer gibt es auch hier eine Ausnahme von der Regel – Frischkäse kommt kühlfrisch auf den Teller.

Käse benötigt Zeit, um sich für seine Fans zu erwärmen.

Eine faire Sache

Werden mehrere Segmente von einem Käselaib geschnitten, sollte immer die Schnittseite gewechselt werden, damit der Käse nicht auf einer Seite vollkommen austrocknet.

Weniger ist mehr

Der Käse hat das Sagen. Üppige Dekorationen lenken nur vom Geschmack ab. Die Garnierung sollte daher nur punktuell auf dem Teller bzw. auf der Platte platziert werden. Passende Garnituren sind z. B. Trauben, Äpfel, Birnen, Nüsse und Kürbiskerne.

Walnüsse harmonieren ausgezeichnet mit Käse.

Zum Garnieren völlig ungeeignet ist Sauergemüse, wie z. B. Essiggurken oder Mixed Pickles.

Käse ist an sich so gewürzt, dass er zusätzliches Salzen und Pfeffern nicht nötig hat. Butter sollte nur auf Wunsch des Gastes eingestellt werden.

Gute Umgangsformen in Gesellschaft mit Käse

Käse trocknet relativ schnell aus. Daher ist es wichtig, den restlichen Käse bzw. frische Schnittstellen mit Alufolie (Blau-, Grün- und Weißschimmelkäse) oder atmungsaktiver lebensmittelechter Klarsichtfolie (Schnitt-, Hart- und Sauermilchkäse) abzudecken.

Portionieren von Käse

Immer mehr Gäste schätzen ein fachgerechtes Anrichten von Käse sowie die entsprechende Beratung. Neben den nötigen Kenntnissen über die verschiedenen Käsesorten müssen Servicemitarbeiter aber auch wissen, wie Käse mit möglichst wenig Verlust zu schneiden ist und wie man ihn ebenso appetitlich und informativ wie andere Produkte präsentieren kann.

Käse richtig zu portionieren, ist eine Frage der Wirtschaftlichkeit. Mit einer guten Schnitteinteilung ist der Käsezuschnitt verschwindend gering.

Mise en Place

- Schneidbrett aus Holz, Stein oder Marmor mit transparenter Käseglocke oder
- Käsewagen
- Doppelgriffmesser
- Eingriffmesser
- Unterschiedliche Weichkäsemesser
- Käselyra
- Käsehobel
- Parmesanstecher
- Schabmesser
- Girolle
- 2 Vorleger (Fleischgabeln, Suppenlöffel)
- Fleischteller
- Dessertmesser, Dessertgabeln

Mise en Place auf einem Käsewagen

Schneiden von Frischkäserollen

Für das Schneiden von Frischkäserollen eignet sich die Käselyra hervorragend. Die Form des Käses wird dadurch nicht in Mitleidenschaft gezogen.

Mit der Käselyra eine Scheibe abschneiden ...

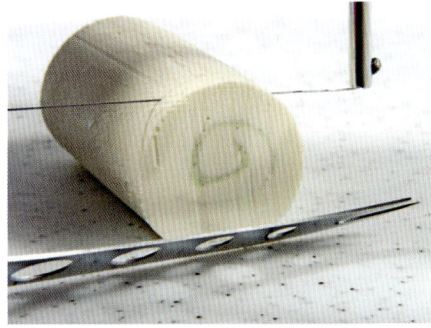

... und mit einem Weichkäsemesser auffangen.

Mit der Käselyra erhält man eine glatte Schnittfläche.

Schneiden von Weichkäsetorten

1 Die ganze Torte zuerst halbieren, damit die zweite Hälfte, wenn sie übrig bleibt, leichter abgepackt werden kann.

2 Eine Käsehälfte zur Seite heben.

3 Den Mittelpunkt der anderen Käsehälfte mit dem Messer anritzen ...

... den Käse mit dem Gabelrücken fixieren und ein Segment („Tortenstück") herausschneiden.

4 Mit dem Messer unter das Reststück fahren und es zusammen mit der Gabel

auf die andere Käsehälfte legen. So schafft man mehr Platz.

5 Das Etikett, falls vorhanden, mit der Messerspitze und der Gabel vom Käsesegment lösen.

6 Das erste Stück für den Käseteller schräg abschneiden.

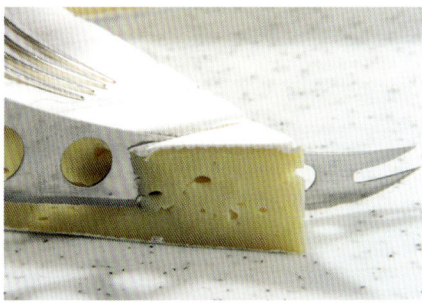

195

7 Das zweite Stück gerade schneiden und an das erste Stück heranrücken.

8 Das dritte und das vierte Stück werden auf die gleiche Weise portioniert.

Alle vier Teilstücke sollten gleich groß sein.

9 Die restlichen Stücke werden in Richtung Spitze portioniert.

Da der Käse konisch verläuft, werden die Stücke hinten etwas breiter geschnitten.

Der Vorteil bei dieser Technik ist, dass die Stücke immer schön abgepackt werden können, falls etwas übrig bleibt.

Schneiden einer Schnittkäsetorte mit essbarer Rinde

Arbeitsmethode 1

1 Den Käselaib mit einem Doppelgriffmesser halbieren.

Die Daumen sollten auf den Druckpunkten des Messers zu liegen kommen, um so mehr Druck ausüben zu können.

2 Eine Käsehälfte nach hinten schieben, dabei sollten beide Hälften mit der Schnittfläche zum Servicemitarbeiter zeigen.

3 Den Käse mit dem Gabelrücken fixieren, den Mittelpunkt mit dem Messer anritzen und ein Segment herunterschneiden.

4 Das Reststück auf die andere Käsehälfte zurücklegen.

5 Das Segment zur Seite kippen und ein Stück davon schräg abschneiden.

Man beginnt immer an der Spitze eines Käsesegmentes an zu schneiden.

6 Das zweite Stück gerade abschneiden.

7 Das dritte Stück etwas größer schneiden ...

... auf die Seite legen und dritteln.

8 Das vierte Stück wieder gerade abschneiden und ebenfalls dritteln.

9 Beim Reststück die Mitte mit dem Messer markieren.

10 Von der Mitte her zur hinteren rechten Ecke hin schneiden. Dabei sollte jedoch nicht direkt in die Ecke, sondern kurz vorher eingeschnitten werden, damit der Anteil der Rinde gleichmäßig verteilt wird.

11 Das Stück auf die Rindenfläche legen ...

... und wiederum in Dreiecke portionieren.

12 Von der Mitte her einen geraden Schnitt nach hinten ziehen ...

... auf die Schnittfläche legen und portionieren.

13 Beim Reststück werden die Arbeitsschritte 10–12 wiederholt.

Bei einem Buffet kann der Käse in dieser Form wieder zusammengebaut werden. Der Vorteil ist, dass er dadurch nicht so schnell austrocknet.

Arbeitsmethode 2

1 Ein Segment mit einem Doppelgriffmesser vom Käselaib herunterschneiden.

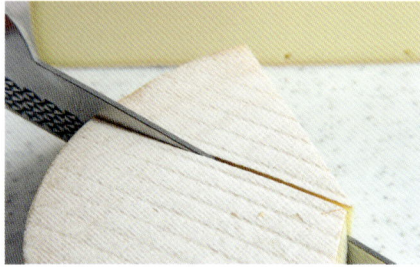

2 Dann mit einem anderen Messer die Spitze des Segmentes abschneiden …

… und zur Seite kippen.

3 Das Käsestück in der Mitte durchschneiden.

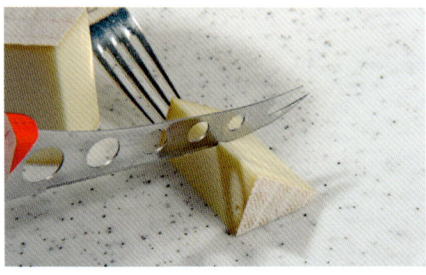

Je nach Größe können die zwei Stücke noch einmal halbiert werden.

4 Das zweite Stück vom Käsesegment abschneiden. Es sollte etwas größer sein als die Käsespitze.

5 Das Käsestück umkippen …

… und um 90 Grad drehen.

6 Das Käsestück in der Diagonale durchschneiden, wobei darauf geachtet werden soll, nicht direkt in die Ecken zu schneiden.

7 Das erste der beiden Käsestückchen auf die Schnittfläche legen und in kleine Dreiecke portionieren.

8 Mit dem zweiten Stück ebenso verfahren.

9 Vom Endstück des Käsesegments die erste Scheibe schneiden …

… nochmals halbieren …

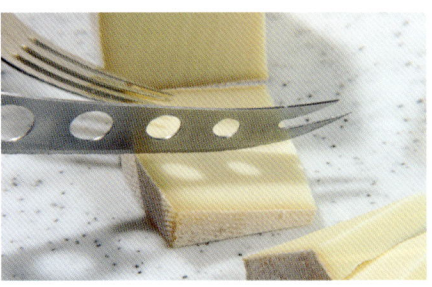

... und diese Stücke wiederum in zwei Dreiecke teilen. Auch hier sollte wieder kurz vor der Eckkante eingeschnitten werden, um einen gleichmäßigen Rindenanteil zu erzielen.

10 Den restlichen Käse ebenso in Scheiben schneiden, halbieren und in Dreiecke portionieren.

Schneiden von Käseblöcken

1 Mit einem Eingriffmesser eine 1½–2 cm dicke Scheibe vom Käseblock schneiden.

Mit dem Daumen wird zusätzlich Druck ausgeübt.

2 Die Käsescheibe mit dem Rücken der Vorlegegabel fixieren und mit einem Weichkäsemesser halbieren.

3 Vom Mittelpunkt des Quadrates zuerst zur linken Ecke hin schneiden ...

... und dann nochmals gerade schneiden, sodass ein Dreieck entsteht.

4 Das Dreieck zur Seite kippen und nochmals in gleich große Stücke portionieren.

5 Vom restlichen Käsequadrat das zweite Dreieck herausschneiden ....

6 Die nächsten zwei Dreiecke mit einem geraden Schnitt vom Käsequadrat abtrennen ...

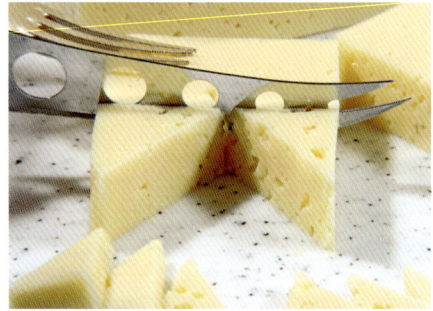

... und auf die gleiche Weise, wie im Arbeitsschritt 4 erklärt, portionieren.

Schneiden von großen Käselaiben

1 Den Käselaib mit einer Serviette halten, den Mittelpunkt der Käsehälfte mit einem Eingriffmesser markieren ...

... und ein Segment herunterschneiden.

2 Das Hauptstück wieder zurückschieben.

3 Das Käsesegment zur Seite kippen, mit dem Gabelrücken fixieren und die Rinde an der Längsseite entfernen.

... und ebenso portionieren.

4 Das Käsestück der Länge nach halbieren.

5 Die Rinde der einen Hälfte an der Breitseite entfernen ...

... und zur Seite legen.

6 Nun wird das Messer gewechselt. Mit einem Weichkäsemesser und mit einem schrägen Schnitt das erste Dreieck vom Käsesegment schneiden.

7 Das zweite Dreieck mit einem geraden Schnitt abschneiden ...

... aufstellen und nochmals halbieren.

8 Dann ein drittes Stück vom Käsesegment schneiden ...

... auf die größte Fläche stellen (dadurch kann der Käse leichter geschnitten werden) und in drei mundgerechte Stücke teilen.

Das Käsestück wird so fixiert, indem man mit dem Gabelrücken dagegen hält.

9 Das nächste Stück vom Käsesegment wird wieder gerade heruntergeschnitten und wie in Schritt 7 und 8 portioniert.

Schneiden von Weichkäse in Ringform

Wird ein Weichkäse mit Weißschimmelrasen aus der Verpackung genommen, sollte er nicht mit den Fingern berührt werden, da sich diese Schicht an den Druckstellen braun verfärben würde.

... und zur Seite legt.

Vielmehr hebt man den Käse an den dafür vorgesehenen Verpackungslaschen heraus.

1 Den Käse mit dem Gabelrücken fixieren und mit einem Weichkäsemesser ein Segment herausschneiden.

2 Das Etikett, falls vorhanden, mit Hilfe des Messers und der Gabel entfernen.

3 Dann das Käsesegment portionieren, indem man einzelne Käsestücke versetzt abschneidet ...

Schneiden von Käsezylindern

1 Den Käse mit einer großen Käselyra halbieren. Dabei wird ein Ende der Käselyra mit der Hand umschlossen, um ihr mehr Führung zu geben.

2 Die Käsehälften mit Hilfe einer Vorlegegabel auseinander ziehen.

3 Eine Käsehälfte zurückschieben und von der anderen mit der Käselyra ein Segment schneiden.

Mit dem Daumen wird zusätzlicher Druck auf den Draht ausgeübt.

4 Das Käsesegment mit Hilfe eines Weichkäsemessers und der Vorlegegabel umlegen.

5 Das restliche Käsestück wird auf die andere Käsehälfte zurückgelegt.

6 Mit dem Rücken der Vorlegegabel das Käsestück fixieren und mit einer kleinen Käselyra die Rinde des Käsesegmentes entfernen.

7 Eine 1–1½ cm breite Scheiben mit der kleinen Käselyra herunterschneiden …

… und mit Hilfe des Weichkäsemessers und einer Vorlegegabel umlegen.

8 Die Käsescheibe mit dem Gabelrücken fixieren und mit der kleinen Käselyra abwechselnd mit schrägen und geraden Schnitten in kleine Dreiecke portionieren.

9 Den verbleibenden Rest des Käse-segmentes mit parallelen Schnitten in gleichmäßige Stücke portionieren.

Die Stücke sollten hinten etwas breiter sein, da das ganze Käsestück eine konische Form hat.

10 Die einzelnen Käsestücke können so zusammengesetzt werden, dass die ursprüngliche Form des Käsesegmentes wiederhergestellt ist.

Stechen von Parmesan

Das Stechen von Parmesan ist im wahrsten Sinne des Wortes Geschmackssache: Indem er gestochen (bzw. gebrochen) wird, vergrößert sich seine Oberfläche und die Geschmacksstoffe können im Mund besser gelöst werden.

Die Rinde links und rechts mit dem Parmesanstecher einschneiden ...

... und einzelne mundgerechte Stücke herausbrechen. Die Rinde bleibt dabei stehen.

Fingerfood auf Italienisch – die Parmesanstückchen werden vom Gast mit den Fingern gegessen.

Schaben von Käse

Manche Käsesorten werden nicht geschnitten, sondern zu feinen Rosetten geschabt. Durch das Schaben wird die mit Luft in Berührung kommende Fläche des Käses vergrößert. Das verändert einerseits die Struktur des Käseteigs und ermöglicht andererseits die volle Entwicklung des Geschmacks.

Geschabt wird beispielsweise der Tête de Moine mit einer Girolle (siehe S. 192).

Rosetten können aber auch mit einem Schabmesser vom Käse gelöst werden, wie z. B. bei der Käsespezialität Kracher Grand Cru, einem Edelschimmelkäse aus Österreich, der mit einer Beerenauslese verfeinert wird.

Dabei wird das Schabmesser so an der Oberfläche des Käses entlanggeführt, dass eine fächerartige Struktur entsteht.

Partnersuche – Käse sucht Getränk für harmonische Stunden

„Zu Käse passt Rotwein", lautet die weit verbreitete Formel. Das ist grundsätzlich nicht falsch, wer sich jedoch nur nach diesem Leitsatz richtet, bringt sich um so manchen Genuss.

Der Glaube, dass die Kombination von Rotwein und Käse eine göttliche Fügung sei, ist eines der Klischees, die sich hartnäckig in den Köpfen halten. Dabei werden feine Rotweine von kräftig-würzigen Käsesorten häufig förmlich erschlagen, während sich schwere Rotweine nur mit wenigen, sehr aromatischen Käsesorten vertragen. Viele Käsesorten harmonieren wesentlich besser mit Weißweinen oder Bier.

Die Wahl des Getränkes sollte sich danach richten, welches am besten mit einem Käse harmoniert. Und das muss bei Weitem nicht immer Wein sein, schon gar nicht Rotwein. Vielmehr ist erlaubt, was schmeckt. Und meistens schmeckt, was sich gegenseitig in seinen Aromen unterstützt beziehungsweise gut ergänzt.

Käse und Wein

Zucker ist kein Freund von Käse, außer er befindet sich in einem Prädikatswein, der eine heftige Liaison mit einem Grün- oder Blauschimmelkäse eingeht. Zu beachten ist: Wer Wein zur Käseplatte reichen möchte, sollte sich bei der Wahl des Weines nach dem kräftigsten Käse richten.

Käsesorten nach Geschmacksstufen	Empfehlung	Rebsorten
Frischkäse Beispiele: Topfen, Cottage-Cheese, Rollino, junger Schaf- und Ziegenkäse, Ricotta	Für fettärmere Varianten nur frische, fruchtige, säurearme Weißweine oder leichte Roséweine	Rivaner (Müller-Thurgau), Neuburger, Welschriesling
	Fettreichere Sorten mit Kräutern und Gewürzen als „Geschmacksverstärker" verlangen nach gehaltvolleren Weißweinen oder Roséweinen mit milder Säure	Weißburgunder, Zierfandler, Rotgipfler, Bouvier, Ruländer (Grauburgunder)
Aromatische bis kräftig-würzige Weichkäse mit weißem Edelschimmel Beispiele: Brie, Camembert, Brillat-Savarin, Boursin	Fruchtige, feinwürzige Weißweine mit angenehmer Säure für mildere Käse	Neuburger, Weißburgunder, Chardonnay, Grüner Veltliner und Riesling
	Trockene, gehaltvolle, gut ausgebaute Weißweine für reifere Käse	Weißburgunder, Ruländer (Grauburgunder), Chardonnay, Neuburger, Grüner Veltliner
	Mittelkräftige Rotweine mit milder Säure ohne hervorstechendes Tannin	Blauer Portugieser, Blauer Burgunder, Zweigelt, Trollinger
	Trockener Sekt oder Champagner	
Weichkäse mit Rotkultur Beispiele: Schlosskäse, Romadur, Limburger, St. Severin, Rossol, Roter Mönch mit Birne, Münster	Extraktreiche Weißweine, Spät- oder Auslesen, trocken ausgebaut	Weißburgunder, Ruländer (Grauburgunder), Chardonnay, Grüner Veltliner
	Fruchtige, körperreiche, vollmundige Rotweine	Blauer Zweigelt, Blaufränkischer, Cabernet Sauvignon, Merlot
Milde Schnittkäse Beispiele: Bergbaron, Traungold, Butterkäse, Tilsiter, Gouda, Edamer, Bel Paese	Fruchtbetonte, mittelkräftige Weißweine mit milder Säure	Weißburgunder, Neuburger, Grüner Veltliner, Rotgipfler, Zierfandler
	Mittelkräftige Rotweine mit feinem Tannin	Blauer Zweigelt, St. Laurent, Blauer Burgunder, Merlot
Aromatische Schnittkäse Beispiele: Amadeus, Moosbacher, Mondseer, Räucherkäse, Bergbaron, Provolone, Port-Salut	Kräftige, fruchtbetonte Weißweine, die auch in der Barrique ausgebaut sein können	Weißburgunder, Neuburger, Grüner Veltliner, Rotgipfler, Zierfandler
	Mittelkräftige bis kräftige Rotweine mit ausgereiftem Tannin	Blauer Zweigelt, Blaufränkischer, Blauer Burgunder, Merlot
Aromatische junge Hartkäse Beispiele: junger Emmentaler, junger Bergkäse, junger Parmesan	Kräftige, fruchtbetonte Weißweine mit edler Säure und höherem Alkoholgehalt	Ruländer (Grauburgunder), Neuburger, Grüner Veltliner (Smaragd), Chardonnay
	Fruchtige, milde Rotweine mit mittlerem Alkoholgehalt	Merlot, Blauer Burgunder, Cabernet Sauvignon, Rotweincuvées (Bordeaux)
Kräftig-würzige Schnitt- und Hartkäse Beispiele: St. Patron, Raclette, Jerome, Alpzirler, Emmentaler, Bergkäse, Asmonte, Parmesan, Le Rosé, Greyerzer, Pecorino, Sbrinz, Cheddar, Tête de Moine	Ausgeprägte, kräftige Weißweine mit höherem Alkoholgehalt	Ruländer (Grauburgunder), Neuburger, Grüner Veltliner (Smaragd), Chardonnay
	Trockene, körperreiche Rotweine mit reifem Tannin	Cabernet Sauvignon, Blaufränkischer, Blauer Burgunder, Nebbiolo, Dornfelder

Doppelschimmelkäse	Körperreiche, intensiv traubige Weißweine	Grüner Veltliner, Riesling, Muskat-Ottonel, Traminer
Beispiele: Dolce Bianca, Troubadour, Castello Blue	Prädikatsweine	
	Portwein, Madeira	
Weichkäse mit Blau- oder Grünschimmel	Prädikatsweine von der Auslese bis zur Trockenbeerenauslese	
Beispiele: Österkron, Kracher Grand Cru, Danablu, Gorgonzola, Stilton, Roquefort, Cabrales	Sauternes-Weine	
	Portwein, Oloroso-Sherry, Madeira	

Käse und Bier

Bei aller Weinseligkeit sollte man die Tatsache nicht übersehen, dass manche Käsesorten, wie z. B. Sauermilchkäse und kräftige Rotkulturkäse, besser mit Bier harmonieren.

Käsesorten

▪ Schnittkäse mit Rotkultur, Weichkäse mit Rotkultur, Ziegenkäse, Hartkäse (Emmentaler)
Bierempfehlung: kräftiges, vollmundiges Lagerbier
▪ Gepfefferte Frischkäse, Weichkäse mit Rotkultur, würzige Schnittkäse mit Rotkultur, Kräuterkäse, Pfefferkäse
Bierempfehlung: Weizenbier

▪ Würzige Ziegenkäse, Blauschimmelkäse, Hartkäse (z. B. Parmesan)
Bierempfehlung: dunkles Bier mit starkem Malzgeschmack
▪ Würzige Hartkäse, Sauermilchkäse, Bierkäse
Bierempfehlung: Altbier, Zwickelbier

Käse und Fruchtsäfte

Die große Gruppe der Fruchtgetränke bietet für jeden Geschmack etwas und überrascht so manchen Käseliebhaber, der bisher nur auf die Kombination von Wein und Käse eingeschworen war.

Das Spiel der Aromen zwischen einem gut gereiften Moosbacher und Mangosaft, einem steirischen Graukäse und Birnensaft, einem Heumondkäse und naturtrübem Apfelsaft eröffnet Käseliebhabern eine neue Welt.

Käse und Wasser

Wer Purist ist und die volle Geschmacksvielfalt eines Käses auskosten will, ist am besten mit kohlensäurearmem, mildem Mineralwasser als Begleiter beraten.

Auch die Kombination von Käse mit so genannten „Flavoured Waters" sorgt für attraktive Geschmacksergebnisse.

Käse und Tee

Käse und Tee können sehr interessante Harmonien zuwege bringen, vorausgesetzt, der Tee ist ungezuckert.

So harmonieren unter anderem Weißschimmelkäse und Darjeeling-Tee, Mondseer und grüner Gun-Powder-Tee oder Blauschimmelkäse und Schwarztee ausgesprochen gut miteinander.

Zubereitung und Service von Kaffee

„Allzeit Kaffeezeit" – seit 400 Jahren hat dieses köstliche bittere Getränk einen Fixplatz in der europäischen Kultur. Dabei war der rabenschwarze Trank nicht immer so angesehen. Religiöse Fanatiker zogen gegen das „Gebräu des Satans" zu Felde, bis Papst Clemens VIII. mit folgenden Worten der Hatz ein Ende bereitete: „Dieser Trank ist viel zu köstlich, sodass es eine Sünde wäre, ihn nur Ungläubigen zu überlassen." Dem Siegeszug der Kaffeebohne stand nach dieser Absolution nichts mehr im Wege, und das, obschon die Zubereitung des Kaffees zur damaligen Zeit eine beschwerliche Angelegenheit war. Schenkt man Charles Maurice de Talleyrand Glauben, lohnten sich die Mühen durchaus: „Heiß wie die Hölle, schwarz wie der Teufel, rein wie ein Engel und süß wie die Liebe", all das kann eine gute Tasse Kaffee anscheinend vereinen.

Grundregeln der Kaffeezubereitung

Ob heiß oder kalt, mit oder ohne Alkohol, aromatisiert oder flambiert, geschüttelt oder gerührt, der Vielzahl an Kaffeevariationen sind keine Grenzen gesetzt.

Je nach Kultur und Tradition der einzelnen Länder und Regionen sind unterschiedliche Zubereitungsarten und somit eine große Zahl beliebter Kaffeespezialitäten entstanden. Vor allem in den letzten Jahrzehnten wurden die technischen Möglichkeiten ständig weiterentwickelt, mit dem Resultat immer neuer Formen des Aufbrühens und Zubereitens.

> „Die beste Methode, das Leben angenehm zu verbringen, ist, guten Kaffee zu genießen!"
>
> *Jonathan Swift*

98 % der weltweiten Kaffeeproduktion werden von den beiden Sorten Coffea Arabica und Coffea Robusta bestritten. Sie unterscheiden sich vor allem in ihrem Alkaloidgehalt, ihrem Geruch und ihrem Geschmack.

Robustabohnen haben einen doppelt so hohen Koffeingehalt wie Arabicabohnen und wesentlich mehr Chlorogensäure. Robustakaffee wirkt rauer im Abgang und hat einen erdig-muffig anmutenden Geschmack.

Chlorogensäure – des einen Freud, des anderen Leid
Chlorogensäure hat eine harntreibende Wirkung und verursacht bei magenempfindlichen Personen Irritationen. Chlorogensäure befindet sich auch im koffeinfreien Kaffee.

Damit den gerösteten Kaffeebohnen auch der optimale Geschmack entlockt wird, sind einige Punkte zu beachten. Wir wollen doch nicht riskieren, dass es uns ergeht wie einem Ober, den Winston Churchill mit folgenden Worten bedachte: „If this is tea, please bring me coffee, is it coffee, bring me tea."

Laboranalysen (von Prof. Leopold J. Edelbauer)

Methoden der Kaffeezubereitung	Robustasorten		Arabicasorten	
	Koffein	Chlorogensäure	Koffein	Chlorogensäure
Türkische Methode	2.168 mg/l	876 mg/l	1.187 mg/l	611 mg/l
Espressomethode	2.308 mg/l	596 mg/l	921 mg/l	447 mg/l
Karlsbader Methode	1.941 mg/l	592 mg/l	867 mg/l	422 mg/l

Röstungen bekennen Farbe

Durch die Röstung werden Säuren zunehmend abgebaut und die Aromen können sich entwickeln.

- Schnell und hell geröstete Kaffees eignen sich für die Filterzubereitung (siehe S. 212), da der Säuregehalt für eine stärkere Extraktion zu hoch ist.
- Mittlere Röstungen sind für die Karlsbader Methode (siehe S. 212) und die Kolbenkaffeemaschine wie geschaffen, da der Säuregehalt bei der Röstung bereits abgenommen hat.
- Für die Espressozubereitung sind dunklere Röstungen ideal. Die Bohnen punkten mit weniger Säuren und mehr Karamelltönen. Sehr dunkle Röstungen enthalten jedoch auch mehr Bitterstoffe.

Helle Röstung

Mittlere Röstung

Dunkle Röstung

Der Mahlgrad macht den Kaffee

Jede Kaffeezubereitung verlangt einen bestimmten Mahlgrad, der den Kaffeegeschmack ganz wesentlich beeinflusst.

Bei feiner Mahlung wird die Oberfläche vergrößert – das Wasser kann mehr Extrakte aus dem Kaffee lösen. Bei einer gröberen Mahlung verkleinert sich die Oberfläche mit dem umgekehrten Effekt.

Bei zu fein gemahlenem Kaffee verlängert sich die Kontaktzeit und es werden Schadstoffe wie Koffein, Chlorogensäure, Bitter- und Röststoffe ausgeschwemmt. Weiters können Siebe oder Kaffeefilter verstopft werden.

Durch zu grob gemahlenen Kaffee wird die Kontaktzeit zu kurz – Geschmacks- und Aromastoffe können nicht ausgenutzt werden. Das traurige Ergebnis ist ein Kaffee, der dünn und leer ist.

Eine wichtige Sache soll hier nicht unerwähnt bleiben: Wenn es beim Mahlen zu heiß hergeht, verflüchtigen sich die ätherischen Öle und Aromen vorzeitig.

Sauerstoff – der Feind des Kaffees

Ganze Bohnen behalten ihr Aroma länger als gemahlener Kaffee. Die Bohnen sollten daher erst kurz vor der Zubereitung gemahlen werden.

Frische Ware

Um mit möglichst frischer Ware Kaffee zu machen, sollte der Einkauf auf den Verbrauch abgestimmt werden. Auch die Vorratsbehälter der Kaffeemaschinen sind nur mit der Menge aufzu-

füllen, die in den nächsten Stunden verbraucht wird.

Die Dosis macht's

Die Kaffeemenge wird von der Zubereitungsart, der Tassenanzahl und vom subjektiven Empfinden (kräftiger oder schwacher Geschmack) bestimmt. Die Pulvermenge ist nicht nur entscheidend für den Geschmack, sondern auch für die Bekömmlichkeit des Getränks.

Für eine kleine Tasse Espresso werden etwa 7–8 g Kaffee verwendet. Bei zu hoher oder zu niedriger Dosierung verlängert oder verkürzt sich die Kontaktzeit von Wasser und Kaffee und es entsteht trotz guter Kaffeequalität, Röstung und richtigem Mahlgrad ein Getränk, das den Gast entweder „verbittert" oder mit der Frage hinterlässt, was er da eigentlich bestellt hat.

Zu lange Wartezeiten „verbittern" den Filterkaffee.

Auch bei Kaffee wird nur mit Wasser gekocht

Jede Tasse Kaffee besteht zu 98 % aus Wasser. Ist man sich dieses Umstandes bewusst, wird einem klar, wie wichtig

die Wasserqualität für die Kaffeezubereitung ist. Kaffee wird durch die Härte des Wassers, die darin gelösten Mineralstoffe und Salze, den Chlorgehalt sowie den pH-Wert stark beeinflusst.

Für die Kaffeezubereitung sollte nur frisches Wasser mit einem pH-Wert von 7,0 und einer Gesamthärte von 8° dH verwendet werden.

Vor Inbetriebnahme der Kaffeemaschine muss die Wasserqualität überprüft und ein entsprechendes Filtersystem eingesetzt werden. Diese Vorsichtsmaßnahme wird nicht nur aus Gründen des guten Geschmacks gesetzt, sondern auch um die Maschine vor Verkalkung zu schützen.

Sauberkeit und Hygiene

Kaffee ist ein Lebens- und Genussmittel, das sehr schnell fremden Geruch und Geschmack annimmt.

Die besten Materialien für die Aufbewahrung, Herstellung und das Service von Kaffee sind Glas, Porzellan, Edelstahl und hochwertige Kunststoffe. Kommt der gebrühte Kaffee in Kontakt mit Sauerstoff und Materialien wie Eisen, Kupfer und Messing, verstärken sich die sauren und bitteren Inhaltsstoffe.

Die Kaffeebohnen enthalten Fette, Öle und Wachse, die beim Aufbrühen durch die hohe Wassertemperatur gelöst werden und sich an allen Kontaktflächen anlegen. Da diese Stoffe mit Sauerstoff oxidieren, beeinflussen sie auch den Geschmack. Es ist daher sehr wichtig, den Bohnenbehälter, die Kaffeemaschine und die Kaffeemühle täglich mit Sorgfalt zu reinigen.

Wasser	Charakter	Wirkung
Weiches Wasser	Eher sauer, niedriger pH-Wert	Betont die Säure des Kaffees.
Hartes Wasser	Eher basisch, hoher pH-Wert	Extrahiert nicht so gut; die feinen Fruchtsäuren (besonders bei Arabicasorten) werden neutralisiert – dem Kaffee fehlen Aroma- und Geschmacksfülle.

Methoden der Zubereitung

Fachlich wird bei der Kaffeezubereitung zwischen „Kaffee kochen" wie bei der türkischen Methode und „Kaffee zubereiten" wie bei Filtersystemen und Espressomaschinen unterschieden.

> „Was kann man Gutes von Leuten erwarten, die keine Zeit finden, mit Genuss zu speisen und Kaffee zu trinken."
>
> *Brillat-Savarin*

Filteraufguss

Bei maschinellen Filtersystemen wirken Brühzeit und Wassertemperatur zusammen.

Die Mahlung für diese Zubereitung sollte nicht zu fein sein (mittlere Mahlung), da sonst der Filter verstopft und die Durchlaufzeit verlängert wird. Dadurch erfährt der Geschmack eine Veränderung.

Die ideale Wassertemperatur zum Überbrühen liegt zwischen 88 und 95 °C. Das Wasser extrahiert die Kaffeeinhaltsstoffe in unterschiedlicher Geschwindigkeit. Zuerst lösen sich die Duftstoffe, dann die wohlschmeckenden Aromastoffe, zuletzt die Bitterstoffe und Gerbsäuren. Der Geschmack des Kaffees ändert sich also während des Aufbrühens ständig. Der Brühvorgang sollte innerhalb von vier Minuten abgeschlossen sein, bevor der Kaffee bitter wird.

Das Wasser zum Überbrühen sollte nie über 95 °C heiß sein oder gar kochen. Kaffee (im Speziellen feine Arabicasorten) reagiert im wahrsten Sinne des Wortes „sauer", wenn er mit zu heißem Wasser aufgegossen wird.

Bei zu kaltem Wasser werden die Inhaltsstoffe des Kaffees hingegen sehr schlecht extrahiert. Das Ergebnis ist braunes Wasser mit ein wenig Geschmack, höflich ausgedrückt auch Blümchenkaffee genannt.

Wie der Blümchenkaffee zu seinem Namen kam

Der Begriff Blümchenkaffee bürgerte sich in der Nachkriegszeit ein, als Kaffee so rar war, dass man ihn nur „bohnenweise" einsetzte. Das Ergebnis war ein Getränk, das so durchscheinend war, dass man die Blümchen der Tasseninnenseite sehen konnte.

Karlsbader Methode

Eine interessante Filtervariante ist die Kaffeezubereitung in der Karlsbader Kanne, die sich auch exzellent für die individuelle Zubereitung beim Tisch des Gastes eignet.

Nach Ansicht vieler Kaffeeexperten und Kaffeesommeliers gelingt mit dieser Zubereitung ein fein aromatischer, milder, bekömmlicher Kaffee.

Es ist erfreulich, beobachten zu können, dass in Kaffeehäusern und Restaurants Kaffee aus der Karlsbader Kanne wieder vermehrt angeboten wird.

Die Karlsbader Kanne besteht aus einer Porzellankaffeekanne, einem Porzellanfilter mit feinem Siebboden und einem Wasserverteiler mit Deckel.

Der Porzellandeckel wird nach der Zubereitung als Kannendeckel verwendet.

Mise en Place auf dem Kaffeewagen

- Kaffeewaage
- Kaffeemühle (in diesem Fall auf dem Kaffeewagen montiert)
- Karlsbader Kanne
- Topf zum Wasserkochen
- Schöpflöffel
- Dessertteller
- Kaffeetassen, Untertassen, Kaffeelöffel

Zubereitung

1 Den Wassertopf aufsetzen.

2 Die Kanne vorwärmen, indem man zwei bis drei Schöpfer heißes Wasser in die Kanne leert. Das Wasser bleibt in der Kanne.

3 Den Kaffee (am besten feine Arabicabohnen) abwiegen und in die Kaffeemühle geben. Man berechnet normalerweise 10 g für eine Tasse, ca. 16 g für zwei Tassen und für jede weitere Tasse 6–8 g.

Wiegt man den Kaffee ab, geht man sicher, dass die Qualität immer gleich bleibt.

4 Den Kaffee grießkörnig mahlen.

5 Das vorgewärmte Wasser aus der Kanne leeren und den gemahlenen Kaffee in den Porzellanfilter geben.

6 Den Filter mit dem Wasserverteiler auf die Kanne setzen und mit einem Schöpfer mit ca. 88 °C heißem Wasser aufgießen.

Eine Tasse beinhaltet ca. 40–50 ml Kaffee. Man muss jedoch berücksichtigen, dass etwa ein Viertel der Wassermenge im Kaffeepulver gebunden bleibt. Um diese Wassermenge muss also mehr aufgegossen werden.

Der Brühvorgang dauert maximal vier Minuten.

7 Nach dem Brühvorgang den Filterteil mit dem Wasserverteiler auf einen vorbereiteten Unterteller stellen ...

... die Kanne mit dem Deckel verschließen und den Kaffee ausschenken.

Türkische Methode
(orientalische Zubereitung)

Diese Zubereitungsmethode ist nicht nur in der Türkei, in Griechenland, im gesamten Balkanraum und in vielen orientalischen Ländern üblich. Türkischer Kaffee wird auch bei uns als Spezialität von vielen Gästen geschätzt und kann beim Tisch des Gastes zubereitet werden.

> Der Kaffee muss heiß sein wie die Küsse eines Mädchens am ersten Tag, süß wie die Nächte in ihren Armen und schwarz wie die Flüche der Mutter, wenn sie es erfährt ...
>
> *Arabisches Sprichwort*

Die orientalische Methode ist ein Bestandteil der Esskultur im Vorderen Orient – kein Mahl wird ohne Kaffee beendet.

Mise en Place

- Kaffeewaage
- Kaffeemühle
- Kupferkännchen (Cesve); es gibt Kupferkännchen, die für eine, zwei oder mehrere Portionen dimensioniert sind.
- Zucker
- Kaffeelöffel
- Evtl. Rahat
- Krug mit kaltem Wasser
- Türkische Mokkagläser auf Untertassen mit Serviette

Zubereitung

1 Die Kaffeemenge abwiegen. Pro Tasse werden ca. 6 g (etwa ein gehäufter Kaffeelöffel) berechnet.

2 Die Portion in die Kaffeemühle füllen und mehlfein mahlen.

3 Das Mahlgut in das Kupferkännchen füllen ...

... nach Belieben Zucker beimengen und mit dem Kaffeelöffel durchrühren.

Auf Wunsch kann auch eine Prise gemahlener Kardamom hinzugefügt werden.

Das süße Leben

Je nach Zuckerbeigabe unterscheidet man bei türkischem Kaffee: Sade – ohne Zucker – , Utra – mit wenig Zucker – und Sekerli – mit viel Zucker.

Wird der Kaffee ohne Zucker zubereitet, kann man dazu Rahat bzw. Lokumi servieren. Dabei handelt es sich um Stücke einer zähen, sehr süßen Konfektmasse aus Stärke und Zucker, angereichert mit Mandeln, Pistazien oder Kokosraspeln. Man nimmt ein Stück in den Mund, zerkaut es und trinkt anschließend den Kaffee. So wird der Kaffee im Mund gesüßt.

4 Anschließend mit kaltem Wasser aufgießen.

Da der Kaffee beim Kochen aufschäumt, darf das Kännchen nicht bis zum Rand gefüllt werden.

5 Den Kaffee dreimal aufkochen lassen.

6 Sobald sich der Kaffee gesetzt hat, wird er in die Mokkagläser gefüllt und serviert.

Espressomethode

Der Espresso ist der Inbegriff des Kaffees. Sein Siegeszug begann 1855, als auf der Weltausstellung in Paris die erste Espressomaschine präsentiert wurde. Ab 1901 erfolgte in Italien die industrielle Serienfertigung von Espressomaschinen.

Espressomaschinen arbeiten mit einem Druck von etwa 9 bar. Erst dieser hohe Druck führt zur Emulsion der kaffee-eigenen Öl- und Fettsubstanzen und zur so genannten Crema. Gut zubereiteten Espresso erkennt man an der Crema – einer dichten, feinporigen Schicht –, die den Zucker einige Sekunden hält, bevor er versinkt und die Crema sich wieder verschließt.

Die Crema liefert wichtige Hinweise auf die korrekte Einstellung sowie Abstimmung von Kaffeemühle, Maschine und verwendeter Kaffeemischung.

Die Kunst, einen guten Espresso zu machen	
Fehler	**Ursachen**
Der Espresso hat zu wenig Aroma.	■ Es wurde zu wenig Kaffee verwendet. ■ Der Kaffee ist zu alt oder wurde vor zu langer Zeit gemahlen. ■ Die Röstung ist zu hell. ■ Die Mahlung ist zu grob. ■ Der Kaffee wurde schlecht verpackt oder zu warm gelagert. ■ Es wurde zu viel bzw. zu hartes Wasser (über 8° dH) verwendet. ■ Der Brühdruck liegt unter 7 bar. ■ Die Brühtemperatur liegt unter 90 °C.
Der Espresso ist zu sauer.	■ Die Röstung ist zu hell. ■ Die Kaffeesorte ist zu säureintensiv. ■ Die Brühtemperatur liegt unter 85 °C. ■ Der pH-Wert des Wassers liegt unter 7.
Der Espresso ist zu bitter.	■ Die Kaffeesorte hat einen zu hohen Robustaanteil. ■ Die Brühtemperatur liegt über 95 °C. ■ Die Röstung ist zu dunkel. ■ Es wird eine minderwertige Kaffeesorte verwendet. ■ Die Extraktionszeit ist zu lang. ■ Der Mahlgrad ist zu fein. ■ Die Kontaktteile der Espressomaschine werden nicht ausreichend gereinigt.
Der Espresso hat einen Fremdgeschmack.	■ Das verwendete Wasser ist stark chlorhaltig. ■ Die Bohnenqualität ist minderwertig. ■ Der Kaffee ist zu alt – er schmeckt ranzig. ■ Die Espressomaschine und die Siebe bzw. der Siebträger sind verschmutzt. ■ Der Bohnenbehälter ist mit oxidierten Ölen, Wachsen und Fetten verunreinigt.
Der Espresso hat wenig oder gar keine Crema.	■ Der Kaffee ist zu alt. ■ Der Kaffee wurde schlecht verpackt oder zu warm gelagert. ■ Die Espressomaschine oder die Tassen sind verschmutzt. ■ Das Wasser ist zu weich (unter 4° dH). ■ Die Brühtemperatur liegt unter 85 °C. ■ Die Kaffeemahlung ist zu grob – die Extraktion verläuft zu schnell. ■ Die Kaffeemahlung ist zu fein – die Extraktion verläuft zu langsam.
Die Crema löst sich schnell auf.	■ Die Brühtemperatur liegt über 95 °C. ■ Die Mahlung ist zu grob oder zu fein. ■ Die Espressotassen sind zu kalt oder zu heiß. ■ Der Wasserdruck ist zu niedrig.
Die Crema ist zu hell.	■ Die Röstung ist zu hell. ■ Die Brühtemperatur liegt unter 85 °C. ■ Der Kaffee ist zu alt. ■ Die verwendete Kaffeemenge ist zu gering.
Die Crema ist zu dunkel, der Kaffee schmeckt verbrannt.	■ Die Mahlung ist zu fein. ■ Die verwendete Kaffeemenge ist zu groß. ■ Der Espresso wird zu lange extrahiert. ■ Die Brühtemperatur oder der Wasserdruck ist zu hoch. ■ Die Kaffeeröstung ist zu dunkel.

Kaffeevollendung und Service

Kaffeegeschirr

Heiße Kaffeegetränke werden ausschließlich in Tassen und hitzebeständigen Gläsern mit passendem Unterteller, Serviette und Kaffeelöffel serviert.

Espressotassen sollten etwas dickwandiger sein, um die Wärme besser halten zu können. Die Öffnung sollte relativ klein sein, damit sich die Crema länger hält.

Im Kaffeehaus, vor allem im Wiener Kaffeehaus, ist es Tradition, zum Neu-

tralisieren des Geschmacks ein Glas Wasser zu reichen.

Zucker und andere Süßungsmittel

Zuckersets mit verschiedenen Zuckerarten, wie zB Rohzucker, Kandiszucker, weißem Zucker, kommen bei Gästen sehr gut an. Süßstoff ist zwar nicht jedermanns Sache, sollte jedoch immer bereitgehalten werden.

Milchschaum

Ob Haltbarmilch, Voll-, Leicht-, oder Magermilch zum Aufschäumen verwendet wird, ist für die Konsistenz des Milchschaumes ohne Bedeutung. Milchschaum entsteht aus Eiweiß und nicht aus Fett. Sehr wohl unterscheiden sich die Milchsorten jedoch geschmacklich voneinander. Den besten Geschmack erzielt man mit frischer Milch (4–8 °C) und frischem Obers.

Milch kann in einem Kännchen mit Hilfe der Dampfdüse einer Kaffeemaschine oder mit einem Milchschäumer aufgeschäumt werden. Mit einem Suppen- oder Dessertlöffel wird der Milchschaum dann auf den Kaffee gesetzt.

Beim Aufschäumen sollte die Milchtemperatur nicht über 65 °C liegen, da sonst das Milcheiweiß gerinnt und der Schaum schnell zusammenfällt. Bei noch höheren Temperaturen verbrennt der Milchzucker, das Getränk schmeckt leicht verbrannt.

Kaffeerezepte

Caffè Coretto con Zabaione

Zutaten

- 2 cl Eierlikör oder 1 frischer Eidotter (wegen der Salmonellengefahr wird meist Eierlikör verwendet)
- 1 cl Grappa oder Amaretto
- 1 cl halbtrockener Weißwein
- 1 Kaffeelöffel Staubzucker
- 1 großer Espresso

Mise en Place

- Topf mit heißem Wasser
- Schneekessel
- Rechaud
- Schneebesen
- Dessertlöffel
- Ablageteller (Dessertteller)
- Stoffserviette
- Einspännerglas auf Dessertteller mit Papierserviette und Kaffeelöffel

Zubereitung

1 Eierlikör (oder Eidotter), Amaretto (oder Grappa) und Weißwein mit Staubzucker im Schneekessel verrühren.

2 Anschließend die Masse über dem Wasserbad mit dem Schneebesen schaumig schlagen.

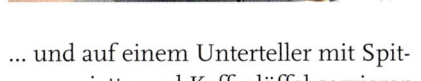

... und auf einem Unterteller mit Spitzenserviette und Kaffeelöffel servieren.

3 Espresso in das vorgewärmte Einspännerglas leeren.

4 Mit dem Dessertlöffel die Masse auf den Kaffee geben ...

Servierfertiger Caffè Coretto con Zabaione

Kaffee Alpengletscher

Zutaten

- 10 cl Schlagobers (Schlagsahne)
- 1 cl Blue-Curaçao-Sirup
- 2 cl Blue Curaçao
- 1 großer Espresso

Mise en Place

- Schneekessel
- Schneebesen
- Ablageteller (Dessertteller)
- Dessertlöffel
- Stielglas auf Dessertteller mit Serviette und Kaffeelöffel

Zubereitung

1 Das Schlagobers und den Sirup im Schneekessel mit dem Schneebesen aufschlagen.

2 Blue Curaçao in das vorgewärmte Glas geben.

3 Mit Kaffee aufgießen und das Getränk mit Curaçao-Schlagobers garnieren.

Gewürzkaffee

Zutaten

- 1 cl Inländerrum
- 3 Gewürznelken
- Evtl. Zucker
- 1 Tasse Kaffee
- 1 Zimtstange (an einem Ende mit Folie umwickelt)
- Evtl. Schlagobers (Schlagsahne)
- Zimtpulver

Mise en Place

- Laufglas auf einem Dessertteller mit Serviette

Zubereitung

1 Den Glasboden mit Rum bedecken.

2 Die Gewürznelken und auf Wunsch des Gastes Zucker beifügen.

3 Mit Kaffee aufgießen und mit der Zimtstange umrühren.

4 Auf Wunsch mit Schlagobers und Zimtpulver vollenden.

Caffè Moscato

Zutaten

- 1 großer, kalter Espresso
- 1 cl Kahlúa (Kaffeelikör)
- 2 cl Eierlikör
- 1 Kaffeelöffel Staubzucker
- Milchschaum
- Muskatnuss

Mise en Place

- Stielglas mit Unterteller, Spitzen-serviette und Kaffeelöffel
- Eiskübel mit Eiswürfeln
- Eiswürfelzange
- Barlöffel
- Shaker
- Kaffeelöffel
- Dessertlöffel
- Muskatreibe
- Ablageteller (Dessertteller)

Zubereitung

1 Eiswürfel in das Glas geben …

… und frappieren. Läuft das Glas an, hat es die richtige Temperatur.

2 Eiswürfel in den Shaker geben …

… und kurz schütteln.

Der Shaker hat die richtige Temperatur, wenn er außen anläuft.

3 Das Schmelzwasser aus dem Shaker abseihen.

4 Den Espresso mit Kahlúa, Eierlikör und einem Kaffeelöffel Staubzucker in den Shaker leeren.

5 Alles mixen.

6 Die Eiswürfel aus dem Glas leeren.

7 Den Kaffee aus dem Shaker in das vorgekühlte Glas gießen.

Persischer Kaffee

8 Mit dem Dessertlöffel den Milch-schaum auf den Kaffee geben ...

... und etwas Muskatnuss darauf reiben.

Zutaten

- 1 Stück Rahat
- Je 1 Prise Kardamom, Zimt und Muskat
- 1 kleiner, sehr heißer Espresso

Mise en Place

- Mokkaglas mit Untertasse auf einem Dessertteller mit Spitzenserviette und Mokkalöffel
- Kaffeelöffel

Zubereitung

1 In das Mokkaglas ein Stück Rahat ...

... etwas Zimt ...

... eine Prise Kardamom ...

... und etwas Muskat geben.

2 Mit sehr heißem Kaffee übergießen und sofort servieren.

Servierfertiger Caffè Moscato

Servierfertiger persischer Kaffee

Kaffeegrog

Zutaten

- 2 Kaffeelöffel Feinkristallzucker
- 1 unbehandelte Zitrone
- 1 großer Espresso
- 2 cl Cognac oder Weinbrand

Mise en Place

- Grogglas auf Unterteller mit Serviette und Kaffeelöffel
- Zestenschneider
- Kaffeelöffel
- Ablageteller (Dessertteller)
- Streichhölzer

Zubereitung

1 Den Zucker in das vorgewärmte Grogglas geben.

2 Mit dem Zestenschneider eine Spirale von der Zitrone schneiden ...

... und in das Grogglas geben.

3 Mit heißem Kaffee aufgießen.

4 Mit Cognac oder Weinbrand floaten. Dabei lässt man den Cognac über den Rücken eines Kaffeelöffels auf den Kaffee fließen. Dadurch wird verhindert, dass sich der Kaffee mit dem Cognac vermischt.

5 Sofort anzünden und servieren, bevor die Flamme erlischt.

Caffè Kahlúa

Zutaten

- 2 cl Kokosmilch
- 1 cl Kahlúa
- 1 Kaffeelöffel Zucker
- 1 großer Espresso
- Schlagobers (Schlagsahne)
- Gehackte Kaffeebohnen

Mise en Place

- Pfanne
- Dessertlöffel
- Ablageteller (Dessertteller)
- Laufglas auf einem Unterteller mit Papierserviette und Kaffeelöffel

Zubereitung

1 Kokosmilch, Kahlúa und Zucker in der Pfanne erwärmen, bis sich der Zucker auflöst.

2 Anschließend mit dem Espresso vermischen und in das vorgewärmte Glas füllen.

3 Mit Schlagobers und den gehackten Kaffeebohnen garnieren.

Marokkaner

Zutaten

- 2 cl flüssige Schokolade
- 1 großer Espresso
- Milchschaum
- Kakaopulver

Mise en Place

- Kleines Stielglas auf Unterteller mit Papierserviette und Kaffeelöffel
- Dessertlöffel
- Ablageteller (Dessertteller)

Zubereitung

1 Die flüssige Schokolade in das Glas geben.

2 Das Glas drehen und dabei so schräg halten, dass die Schokolade zum Glasrand läuft.

3 Anschließend einen großen Espresso auf das Schokoladebett gießen.

4 Mit dem Dessertlöffel den Milchschaum auf den Kaffee geben und mit Kakaopulver garnieren.

Mokkapunsch

Zutaten

- 2 cl Eierlikör
- 2 cl flüssiger Honig
- 1 großer Espresso
- Schlagobers (Schlagsahne)
- 1 Prise Löskaffee

Mise en Place

- Topf mit heißem Wasser
- Schneekessel
- Schneebesen
- Ablageteller (Dessertteller)
- Punschglas auf einem Dessertteller mit Serviette und Kaffeelöffel
- Dessertlöffel

Zubereitung

1 Eierlikör und Honig über dem Wasserbad im Schneekessel mit dem Schneebesen cremig aufschlagen.

2 Kaffee beifügen und verrühren.

3 In das vorgewärmte Punschglas füllen.

4 Mit Schlagobers und Kaffeepulver garnieren.

Kaffee Leopold

Kreiert für Herrn Prof. Leopold J. Edelbauer, den Präsidenten des Österreichischen Kaffeeinstitutes

Zutaten

- 2 Kaffeelöffel Feinkristallzucker
- Zesten von einer unbehandelten Orange
- 2 cl Amaretto
- 1 großer Espresso
- 1 Prise Kardamom
- Schlagobers (Schlagsahne)

Mise en Place

- Flambierpfanne
- Dessertlöffel
- Ablageteller (Dessertteller)
- Laufglas auf einem Dessertteller mit Serviette und Kaffeelöffel

Zubereitung

1 Den Zucker in der Flambierpfanne karamellisieren lassen.

2 Die Orangenzesten hinzufügen.

3 Mit Amaretto ablöschen und mit Kaffee aufgießen.

4 In das vorgewärmte Glas eine Prise Kardamom geben und mit dem Kaffee aus der Pfanne aufgießen.

5 Mit Schlagobers und karamellisierten Orangenzesten garnieren.

> **Kennen Sie den?**
> Fünf Gäste kommen in ein Wiener Kaffeehaus und machen dort ihre Bestellung:
>
> Eine Schale Gold, eine helle Melange, eine dunkle Melange, einen Kapuziner, einen verlängerten Braunen.
>
> Der Ober geht in die Kaffeeküche und sagt: „Fünf Kaffee bitte!"

After Eight

Zutaten

- 3 Stück After-Eight-Schokolade
- 2 cl Obers
- 1 cl Crème de Cacao, weiß
- 1 Kaffeelöffel Zucker
- 1 großer, kalter Espresso
- Schlagobers (Schlagsahne)
- 1 Kaffeelöffel Sirop de Menthe (oder Crème-de-Menthe-Likör)

Mise en Place

- Tourmix
- Eiskübel mit Eiswürfeln
- Eiswürfelzange
- Kaffeelöffel
- Ablageteller (Dessertteller)
- Laufglas auf Dessertteller mit Serviette und Kaffeelöffel

Zubereitung

1 Eiswürfel in das Laufglas geben und frappieren (vgl. S. 218).

2 Zwei Stück After Eight, Obers, Crème de Cacao, Zucker, Kaffee und Eiswürfel in den Tourmix geben.

3 Bei hoher Drehzahl mixen.

4 Die Eiswürfel aus dem Glas leeren.

5 Anschließend in das gekühlte Glas abseihen und mit Schlagobers, etwas Sirop de Menthe und einem Stück After Eight garnieren.

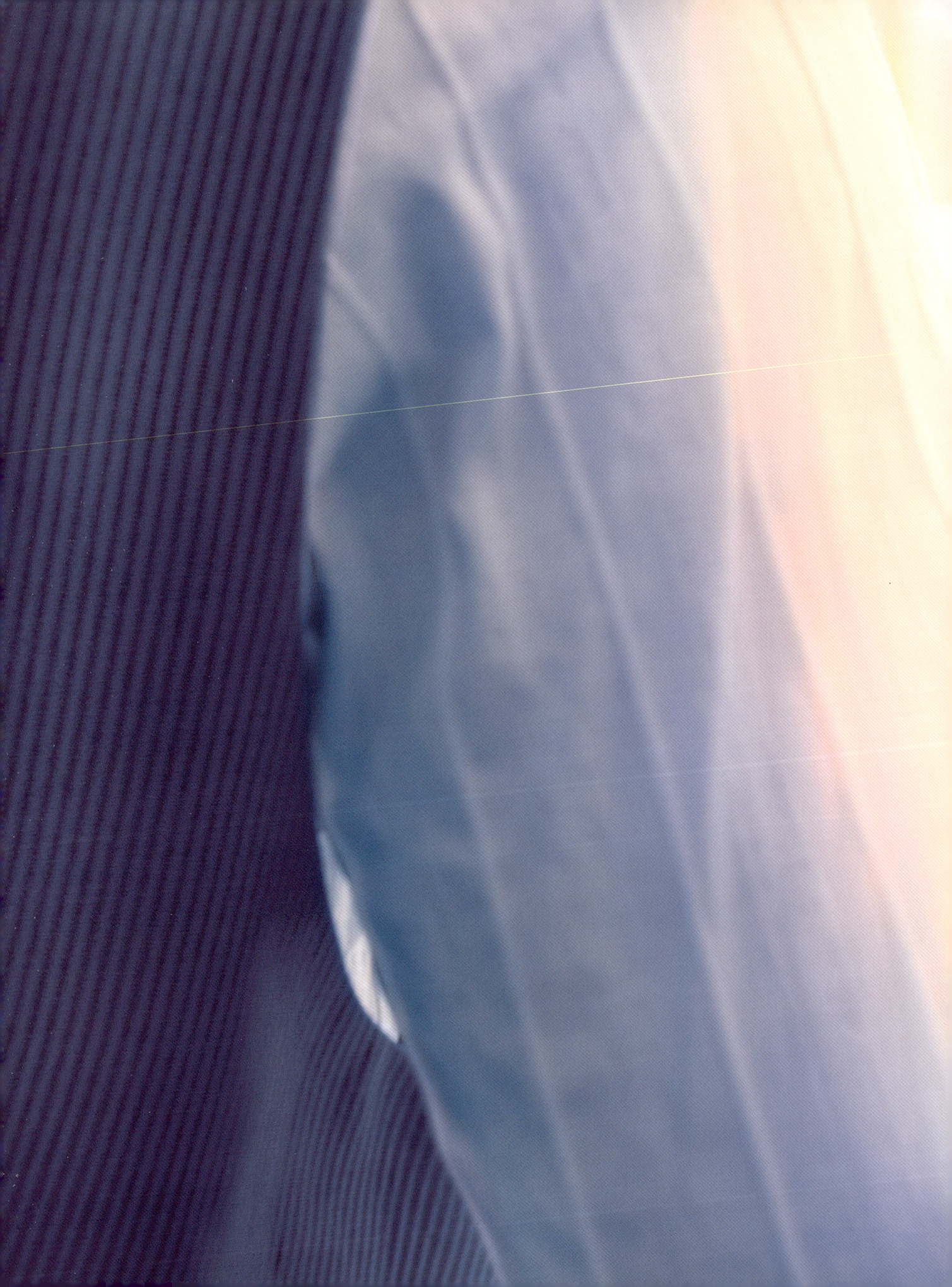

Service mit Esprit

Künftig wird man in der Gastronomie, was den Erfolg betrifft, in dem Maße gewinnen oder verlieren, in dem Mitarbeiter gewonnen werden. Gut ausgebildet, stark motiviert und fachlich auf dem neuesten Stand, das sind die Ansprüche, die es künftig zu erfüllen gilt. Ein harter Weg, doch umso erfolgversprechender sind dadurch die Aussichten für einen wirklich anspruchsvollen Aufgabenbereich.

Fachliche und menschliche Qualitäten werden in Zukunft im gleichen Maße an Bedeutung gewinnen und für den wirtschaftlichen Erfolg eines Betriebes maßgeblich sein. Es sind keine Tellerträger oder devote Befehlsempfänger gefragt, sondern verantwortungsvolle und selbstbewusste Mitarbeiter, die den Gast als Menschen behandeln und dabei selbst Mensch bleiben.

Der Gast ist König

„Der Gast ist König!" Ein Sprichwort, das jeder kennt und das doch so oft ignoriert wird.

Dabei ist Kundenzufriedenheit der Erfolgsfaktor für jedes unternehmerische Handeln.

Wer kennt sie nicht, die Beispiele vom rüpelhaften Betragen eines Kellners im sündteuren Lokal, von der kurz angebundenen Rezeptionistin, der man ansieht, dass jede zusätzliche Auskunft, jeder zusätzliche Service als Belästigung empfunden wird – Serviceleistungen, die oft in keiner Relation zu der Rechnung stehen und den Gast zu Recht verärgern.

Der wahre Kern der Dienstleistung

Häufig kommen einem Aussagen wie „Dienstleistung kommt von dienen" oder „Wer eine Dienstleistung erbringen möchte, muss dienen können" zu Ohren.

Erstens erfordert das Wesen der Dienstleistungsgesellschaft alles andere als eine leicht devote Anweisungsempfänger-Mentalität. Sie verlangt auch keine beflissene Selbstaufgabe und keine Verleugnung der eigenen Persönlichkeit.

Zweitens ist es wenig erheiternd, eine Dienerrolle übernehmen zu müssen, um im Wirtschaftsleben bestehen zu können.

Drittens aber: Es ist inhaltlich falsch. Dienstleistung kommt nicht von dienen, sondern von Leistung! Was zählt, was allem zugrunde liegt, worauf alles aufbaut, das sind die Handlungen, die Taten, die geschaffenen Werke und die erzielten Ergebnisse.

Dienst ist also nicht im Sinne von (be-)dienen zu verstehen, sondern im Sinne von nützen, von helfen, von unterstützen und fördern.

Der Umgang mit Menschen

Der Umgang mit unseren Mitmenschen ist nicht immer einfach. Das ist allen klar, die im Beruf täglich mit Kollegen, Vorgesetzten und Gästen zu tun haben.

Menschen sind verschieden

Jeder empfindet anders, hat eine andere Erziehung erhalten, andere Erfahrungen gemacht, einen anderen Charakter entwickelt und sieht die Dinge zuerst immer nur aus einer Perspektive, nämlich der eigenen.

Dass wir uns bei so viel Andersartigkeit überhaupt verständigen und verstehen können, grenzt eigentlich an ein Wunder.

Jeder Mensch benutzt die Sprache und den Ausdruck des Körpers, um mit anderen zu kommunizieren – meist jedoch, ohne sich dessen bewusst zu sein, und oftmals, ohne die eigenen Verhaltensmuster zu reflektieren. Für fast alle beruflichen und auch privaten Kontakte ist ein überlegter und vorausschauender Umgang mit dem Kommunikationspartner sinnvoll und kann von großem Vorteil sein.

Die Kunst, mit Menschen besser umzugehen

Diese Kunst ist erlernbar und setzt zu Beginn nur etwas mehr Bewusstheit beim Umgang mit anderen, vor allen

Dingen aber mit sich selbst voraus. Dazu zählt einerseits die Bereitschaft, sich selbst einmal aufrichtiger zu beobachten, und andererseits der Mut zur Selbsterkenntnis (was zugegeben nicht immer leicht ist).

Bessere Gespräche, harmonische Beziehungen und Erfolg im Berufsleben, mehr Selbstbewusstsein und Selbstsicherheit folgen zwangsläufig.

Berührungspunkte

Gelegenheiten zu zwischenmenschlichen Kontakten werden heutzutage immer rarer. Dies ist an vielen Situationen erkennbar. Unsere Einkäufe erledigen wir im Supermarkt und bezahlen sie an unpersönlich gestalteten Kassen. Bankgeschäfte erledigen wir über Computer, Telefon oder an einem Bankomaten, unsere Mahlzeiten holen wir an Drive-in-Schaltern ab. Kein Wunder, dass sich der Gast bei so viel High Tech, wenn er einmal im Restaurant ist, nach etwas „High Touch" sehnt.

Setzen Sie daher als Servicemitarbeiter Ihr Einfühlungsvermögen ein, damit der Gast spürt, dass Sie und er Menschen sind.

Der Mensch macht den Unterschied

Im Folgenden werden zwei Beispiele beschrieben, die sehr schön zeigen, worum es beim Service aus der Sicht eines Kunden wirklich geht und worauf echte Servicequalität beruht.

Service zum Erinnern

Herr und Frau Huber aus Deutschland machen Urlaub in Österreich. Nach einem Ausflug betreten sie ein Restaurant, um noch eine Kleinigkeit zu essen. Kaum haben sie das Restaurant betreten, werden sie bereits von einer Servicemitarbeiterin auf liebenswürdige Weise in Empfang genommen. Sie werden an einen hübsch gedeckten Tisch geführt, wobei sich die Servicemitarbeiterin erkundigt, ob dieser Platz ihnen auch zusagt. Die Mäntel werden ihnen abgenommen und in der Garderobe aufgehängt. Herr und Frau Huber machen darauf aufmerksam, dass sie in einer Stunde den Bus erreichen müssen. Die Servicemitarbeiterin gibt daraufhin Empfehlungen, welche Speisen schnell zubereitet werden können. Nach Aufnahme der Bestellung bringt die Servicemitarbeiterin unaufgefordert eine Schüssel mit Wasser für den Hund von Familie Huber. Nachdem das Essen in kürzester Zeit serviert worden ist und den Gästen gut geschmeckt hat, erkundigt sich die Servicemitarbeiterin, ob Herr und Frau Huber noch einen Kaffee mit Kuchen wünschen. Da Frau Huber einige Ausdrücke auf der Speisekarte nicht versteht, erklärt ihr die Servicemitarbeiterin in Kürze, worum es sich

handelt. Frau Huber bestellt einen Kuchen und ist von ihm begeistert. Auf die Frage, wie dieser Kuchen zubereitet wird, geht die Servicemitarbeiterin in die Küche und kommt mit einem handgeschriebenen Rezept zurück. Herr und Frau Huber sind begeistert. Zum Abschied übergibt die Servicemitarbeiterin Herrn und Frau Huber noch eine Visitenkarte sowie einen Prospekt des Hauses, wünscht ihnen noch einen schönen Urlaub und bedankt sich für ihren Besuch.

Service zum Vergessen

Ein Ehepaar betritt um 21.00 Uhr ein Restaurant, das auf den ersten Blick wie ausgestorben wirkt. Hinter der Theke entdecken die beiden Gäste schemenhaft eine Servicemitarbeiterin. Sie telefoniert, dem Inhalt nach geht es um die Planung ihrer abendlichen Aktivitäten. Als sie das Ehepaar entdeckt, verdüstert sich ihr Gesicht. Sie nickt dem Ehepaar mürrisch zu, beendet jedoch das Gespräch erst nach weiteren fünf Minuten.

Das Ehepaar setzt sich inzwischen an einen Tisch und öffnet die Speisekarte, in der zu lesen ist, dass die Küche bis 21.45 Uhr offen ist.

Endlich erscheint die Servicemitarbeiterin. Als sie den Kundenwunsch hört, verdüstert sich ihr Gesicht und sie stößt die Antwort hervor: „Was, jetzt wollen Sie noch etwas Warmes zu essen? Ich glaube nicht, dass die Küche in der Zeit noch etwas kochen kann."

Die Beispiele bringen Licht ins Dunkel

Die Servicemitarbeiterin aus Beispiel 1 vereint alles, was nach dem Empfinden der meisten Menschen einen Service der Spitzenklasse ausmacht. Sie ist freundlich, engagiert und fachlich kompetent. Insbesondere tut sie weit mehr, als rein sachlich erforderlich wäre. Sie macht den Besuch im Restaurant damit zu einem Vergnügen und gibt ihren Gästen das Gefühl, willkommen und geschätzt zu sein.

Die Dame aus Beispiel 2 scheint mit ihrem Verhalten eher der Unterwelt des Service entsprungen zu sein.

Wichtig an den Beispielen ist aber Folgendes: In beiden Fällen handelt es sich um die gleiche Branche, den gleichen Beruf und um die nahezu gleichen Produkte. Der Unterschied im Ergebnis kommt einzig und allein durch die Person zustande, durch ihre Einstellung und ihr Verhalten.

Der Mensch macht den Unterschied.

Worum geht es?

Wenn sich Gäste beklagen, dann handelt es sich selten um ein Serviceproblem. Es ist in den meisten Fällen ein **Einstellungs- und Verhaltensproblem.**

Um es deutlich zu sagen: Alle Klagen über mangelhaften Service sind letztlich Klagen über Unzulänglichkeiten im persönlichen Verhalten, wie z. B. fehlende Einsatzbereitschaft, Gedankenlosigkeit, Ignoranz und Egoismus, oft verbunden mit fachlicher Inkompetenz.

Ein Unternehmen kann noch so ausgeklügelte Organisationsstrukturen haben, kann bei der technischen Ausrüstung noch so fortschrittlich sein

– was ein Gast sieht, erlebt und spürt, ist immer das, was die Person leistet, mit der er persönlich zu tun hat. Alles andere ist für ihn nebensächlich.

Augenblicke der Erkenntnis

> „Es gibt keine unnützen Erfahrungen, nur ungenutzte."
>
> *Peter Tille*

Man könnte die Kontakte von Servicemitarbeitern mit ihren Gästen auch als Augenblicke der Erkenntnis bezeichnen.

Ein Augenblick der Erkenntnis findet jedes Mal statt, wenn ein Gast mit dem Unternehmen in Kontakt kommt und seine Qualität bewertet. Jedes beliebige Detail kann für den Gast zum Augenblick der Erkenntnis werden: das Ambiente des Lokals; das Outfit des Servicemitarbeiters; die Versprechen, die in der Werbung gemacht wurden; wie lange das Telefon läutet, bis jemand abhebt; wie ein Anrufer behandelt wird; wie die schriftliche Korrespondenz und die Rechnungen aussehen und, nicht zu vergessen, wie die zahllosen Kontakte

mit den Servicemitarbeitern verlaufen.

Mit der Zeit neigt man zu der Ansicht, man habe all die verschiedenen Augenblicke der Erkenntnis im Griff. Glauben Sie das ja nicht! Ganz egal, wie viele Erfahrungen Sie gesammelt haben und wie geschickt Sie inzwischen sind, Sie müssen stets damit rechnen, dass Ihre Gäste Sie mit etwas Neuem überraschen. Das liegt daran, dass Gäste alles in einen Augenblick der Erkenntnis verwandeln können.

Es herrscht eine Art Schizophrenie

Die Verwandlung, die mit vielen Menschen vor sich geht, wenn sie vom Kunden zum Anbieter werden, ist verblüffend.

In ihrer Rolle als Kunden sind die meisten Menschen außerordentlich fordernd. Sie erwarten ein ideales Verhalten und einen uneingeschränkten Service von allen anderen. Sie wissen genau, was sie verlangen können, welche berechtigten Ansprüche sie haben und was alles geschehen muss, um sie wirklich zufrieden zu stellen.

In ihrer Rolle als Anbieter gelten aber bei vielen Menschen plötzlich völlig andere Maßstäbe. Die gleichen Erwartungen und Ansprüche werden auf einmal als Zumutung und Belastung empfunden. Gleichzeitig kommt jeder Hinweis auf Mängel oder Unzufriedenheit einem persönlichen Angriff gleich. Sollte einmal die erforderliche Arbeit nicht in der erhofften Schnelligkeit erledigt werden können, wird jede Kundenbemerkung über die Verzögerung mit Empörung zurückgewiesen: „Sie müssen sich eben noch etwas gedulden. Sie sehen doch, dass ich gerade beschäftigt bin ..."

Kommt Ihnen diese Situation bekannt vor?

Leisten Sie als Fachkraft das, was Sie sich als Kunde wünschen!

Ein Ausbruch aus der Servicewüste erfordert immer auch einen Ausbruch aus der Routine. Der erste Schritt wird also darin bestehen, die persönlichen Denkmuster zu überprüfen, die

eigene Blickrichtung zu ändern und zu erkennen, was ein Gast wirklich wünscht.

Die erste Grundregel lautet deshalb: **Beseitigen Sie die Widersprüchlichkeit, und sorgen Sie für ein einheitliches Verhalten.**

Testen Sie auch von Zeit zu Zeit, ob Sie Ihren eigenen Ansprüchen gerecht werden, indem Sie sich folgende Fragen stellen:

- Wäre ich mit meiner Leistung vollkommen zufrieden, wenn ich selbst der Kunde wäre?
- Würde ich gerne mit mir selbst zusammenarbeiten?
- Würde ich mir auch als mein eigener Chef die besten Noten geben?
- Entsprechen mein Verhalten und mein Auftreten meinen eigenen Vorstellungen von einem beeindruckenden Dienstleistungs- und Serviceverhalten?

Schütteln Sie bei manchen Fragen den Kopf? Verzweifeln Sie nicht – Raum für Verbesserungen gibt es immer!

Nonverbale Signale

Bei der nonverbalen Kommunikation speisen wir die Datenbank in unserem Kopf mit allen möglichen Eindrücken. Diese nonverbalen Signale sind z. B. Gestik und Mimik. Je weniger Hintergrundinformationen wir über Personen haben, umso wichtiger werden nonverbale Signale.

Manchmal sind die nonverbalen Botschaften, die wir aussenden, stärker, augenfälliger und enthüllender als das, was wir sagen. Wer mit seinen nonverbalen Signalen eine andere Nachricht übermittelt als mit seinen Worten, irritiert und verunsichert den Gast. Er wird Ihnen skeptisch gegenüberstehen und Ihre Handlungen misstrauisch beäugen.

Die andere Seite der Medaille ist, dass jeder Mensch nonverbal kommuniziert,

so auch Ihre Gäste. Nutzen Sie diese sprachlosen Signale, um den Gast noch besser betreuen zu können.

Was lässt manche so ruhig und entspannt im Umgang mit Menschen erscheinen und warum wirken andere im Gegensatz dazu nervös und unbeholfen?

Forscher meinen, dass der Unterschied möglicherweise darauf beruht, wie wir unsere Erkenntnisse über andere verwerten und umsetzen. Menschen,

die Geschick im Umgang mit ihren Mitmenschen haben, verstehen die Körpersprache ihrer Mitmenschen besser und handeln dementsprechend. Weniger Versierte reden wild drauflos und übersehen die verwirrten Blicke ihrer Mitmenschen, die besagen: „Stopp, ich bekomme nichts mehr mit."

Das Gesicht – ein Stimmungsbarometer?

Unser Gesicht wie auch das unserer Gesprächspartner ist ein offenes Buch, in dem gelesen werden kann, was die Person denkt und fühlt.

Stirnrunzeln

Ihr Gegenüber betrachtet Ihre Äußerungen mit Skepsis oder Ablehnung. Mehr Informationen werden von Ihnen erwartet. Fragen Sie nach, welche Informationen gewünscht werden.

Eine Entscheidung kann von einer Person in dieser Situation nicht erwartet werden.

Pusten

Das Auspusten der Luft mit vollen Backen weist darauf hin, dass der Gast unsere Worte ablehnt.

Durch eine Nachfrage können Sie eventuell den Grund der Ablehnung in Erfahrung bringen.

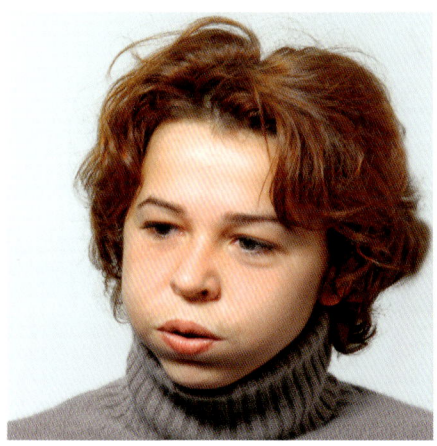

Spitzer Mund

Der Gast lehnt Ihre Ausführungen nicht ab, ist aber auch nicht überzeugt davon. Er hat sich noch nicht entschieden und wägt das Für und Wider ab.

Mehr Informationen werden erwartet. Oft hilft es bereits, einfach nachzufragen, welche Information der Gast noch haben möchte.

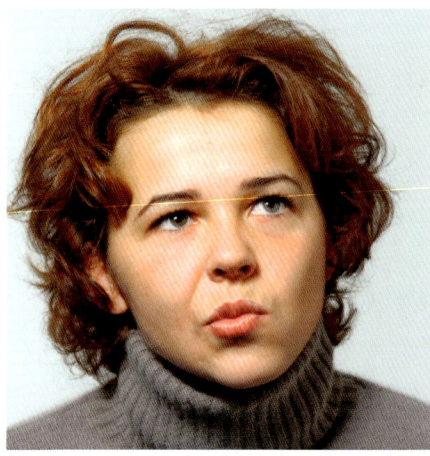

Zunge zwischen den Lippen

Diese Mimik zeigt Interesse an Ihren Empfehlungen. Der Gast lauscht Ihren Ausführungen mit großer Aufmerksamkeit.

Die wenigsten Gäste werden lautstark Protest einlegen, wenn sie irritiert, verwirrt oder frustriert sind. Wenn Sie jedoch auf die versteckten Botschaften achten, werden Sie die nonverbalen Signale ebenso gut verstehen wie die hörbaren. Nutzen Sie diese nonverbalen Helfer, um die Wünsche und Erwartungen Ihrer Gäste zu erfüllen.

Das Nicken als Verkaufsschlager

Das Nicken ist Ihr bester Freund im Service. Alles, was Sie dabei machen müssen, ist, zu lächeln und dabei langsam mit dem Kopf zu nicken, während Sie Ihren Gästen Speisen und Getränke empfehlen. Es ist erstaunlich, wie diese Art der Körpersprache Gäste dazu bewegen kann, Ihre Vorschläge gerne anzunehmen.

Beispiel 1

Gast: „Bringen Sie mir bitte einen großen Espresso."

Servicemitarbeiter (langsam nickend): „Möchten Sie dazu unseren Apfelkuchen probieren? Er ist bei unseren Gästen sehr beliebt."

Gast: „Ja, das hört sich gut an."

Beispiel 2

Gast: „Ich nehme eine Forelle Müllerin."

Servicemitarbeiter (langsam nickend): „Möchten Sie dazu einen gemischten Salat?"

Gast: „Klar, warum nicht?"

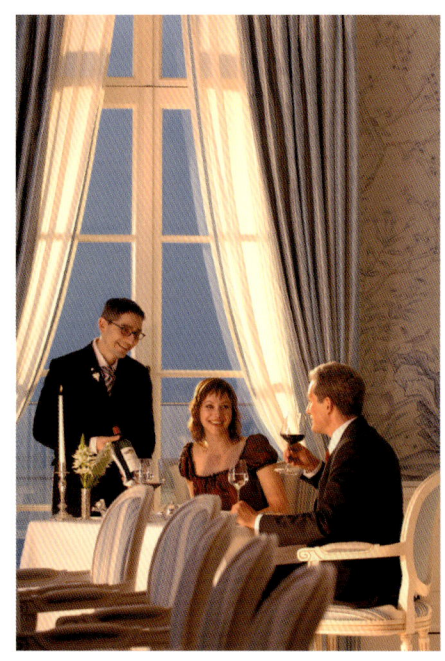

Die richtigen Worte – Eingebung gesucht

Beneiden auch Sie hin und wieder Menschen, denen in jeder Situation das richtige Wort einfällt? Die durch Sprachgewandtheit glänzen und stets die Lacher auf ihrer Seite haben? Oder gehören Sie eher zu denen, die in Anwesenheit wenig vertrauter Personen um Worte ringen und denen erst hinterher die guten Sprüche einfallen?

Gehören Sie zur zweiten Gruppe, gibt es eine gute Nachricht: Sie sind nicht allein mit diesem Problem. Sehr, sehr vielen Menschen geht es ebenso, und nicht nur jungen. Meist hängt die Blockade damit zusammen, dass diese Leute sehr hohe Erwartungen an sich stellen, die sie dann, wenn es darauf ankommt (worauf kommt es eigentlich an?), nicht erfüllen.

Was können Sie also tun? Zum einen hören Sie auf, sich ständig zu verurteilen, wenn nicht alles so läuft, wie Sie es idealerweise geplant haben. Das gilt übrigens auch für andere Gelegenheiten.

Zum andern können Sie viele Situationen im Geiste durchspielen und sich den einen oder anderen Satz dafür zurechtlegen.

Mit Wort und Tat

Da Sie einem Gast nicht alle Speisen und Getränke aus der Küche holen und zeigen können, müssen Sie sie so beschreiben, dass der Gast an ihnen Gefallen findet. Sehen wir uns doch im nächsten Beispiel einmal an, wie man eine Hauptspeise beschreiben kann.

Beispiel

„Die Meeresfrüchtepfanne ist eine unserer beliebtesten Hauptspeisen: 100 g Seelachs, dazu Krabbenfleisch und frische Kammmuscheln, das alles in Weißwein gedünstet. Dazu kommen kleine Erbsen, milder Pfeffer und eine cremige Basilikum-Knoblauch-Sauce. Alles zusammen wird abschließend mit pikanten Gewürzen gebacken und mit einem großen knackigfrischen Salat serviert."

Vertrauen verpflichtet

Ein guter Verkäufer sollte versuchen, das Vertrauen seiner Gäste zu gewinnen. Empfehlen Sie deshalb beliebte, aber nicht gleich und ausschließlich die teuersten Produkte der Karte. So zeigen Sie, dass man Ihnen vertrauen kann.

Probieren geht über Studieren

Wenn Sie Beilagen zur Hauptspeise vorschlagen oder Markenspirituosen empfehlen, benutzen Sie das Wort „probieren". Auf diese Weise weiß der Gast, dass es etwas mehr kostet, aber auch besser schmeckt. Vergessen Sie hier bitte nicht das Nicken.

Beispiel

Gast: „Ich möchte bitte einen Bourbon."

Servicemitarbeiter (langsam nickend): „Möchten Sie den Jack Daniel's probieren?"

Gast: „Kostet der extra?"

Servicemitarbeiter: „Ja, 75 Cent mehr, aber man schmeckt es ..."

Gast: „In Ordnung, ich nehme ihn."

Kleine Besonderheiten

Ein weiteres großartiges Wort, um Getränke und Speisen zu beschreiben, ist „besonders".

Was auch immer Sie besonders empfehlen, es erhält dadurch gesteigerten Wert und eine herausragende Bedeutung.

Beispiel

„Zu diesem Gericht empfehle ich Ihnen besonders den Riesling des Weinguts Jagisch aus dem Weinviertel."

Ganz nach Belieben

Gäste brauchen oftmals Bestätigung, wenn sie etwas bestellen, was sie noch nie zuvor probiert haben. Indem Sie das Wort „beliebt" verwenden, erleichtern Sie die Wahl, der Gast fühlt sich in seiner Entscheidung bestätigt.

Beispiel

Gast: „Wie schmeckt der Kaiserschmarren?"

Servicemitarbeiter: „Unser Kaiserschmarren wird nach einem sehr alten Familienrezept hergestellt und ist bei unseren Gästen sehr beliebt."

Gast: „Das klingt gut! Den möchte ich probieren."

Die Letzten werden die Ersten sein

Gäste merken sich bei einer Empfehlung meist das zuerst und das zuletzt Gesagte. Nennen Sie daher das, was Sie verkaufen möchten, am Anfang und noch einmal am Ende – ein Trick, der in der Werbebranche seit Jahren genutzt wird.

Beispiel

„Zum Rehrücken würde sich besonders ein Blauburgunder, ein St. Laurent oder ein Zweigelt anbieten. Unsere besondere Weinempfehlung heute Abend ist der Blauburgunder aus dem Hause Ach." Dabei sollte ein langsames Nicken erfolgen.

Man – das unpersönlichste Wort auf der Welt

Jeder von uns hat schon einmal erlebt, dass „man etwas tun müsste", sich dabei jedoch niemand angesprochen fühlte. Das unpersönliche „man" streichen wir also am besten ganz aus unserem Wortschatz.

Was die Sprache aussagt

„Die Sprache ist das Haus des Seins."
Martin Heidegger, deutscher Philosoph

Die Wortwahl eines Gastes gibt uns Hinweise darauf, wie er seine Vorstellungen und Gedanken aufruft und das, was wir ihm sagen, überprüft. Achten Sie auf die Wortwahl Ihres Gegenübers und benutzen Sie in Ihrem Beratungsgespräch gleichfalls entsprechende Ausdrücke. Die Chance, verstanden zu werden, erhöht sich dadurch wesentlich.

Der visuelle Typ (sehende Typ)

Ein visueller Mensch spricht über Bilder. Seine Sätze enthalten Wörter wie sehen, anschauen, vorstellen, blicken, wahrnehmen und vieles mehr.

Immer dann, wenn er ein Bild tatsächlich in Gedanken sieht, blicken seine Augen gleichzeitig nach oben.

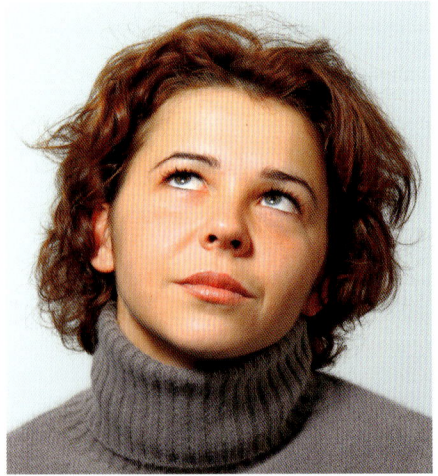

Beispiele

„Das sehe ich genauso."

„Möchten Sie zuerst einen Blick auf die Speisekarte werfen?"

„Wie sieht's aus, können Sie mir einen guten Wein empfehlen?"

„Ich sehe, was Sie meinen."

Der auditive Typ (hörende Typ)

Ein auditiver Mensch spricht über Daten, Zahlen und Fakten. Seine Augen sehen geradeaus und sein Sprache enthält Wörter wie wissen, erfahren, hören, überzeugen etc.

Der auditive Typ ist derjenige Gast, den Sie mit Zahlen und Fakten beeindrucken können.

Beispiele

„Der Blaufränkische 2010 vom Weingut Wellanschitz wurde, wie ich gehört habe, prämiert und hat sogar Weine von anerkannten internationalen Winzern in den Schatten gestellt."

„Wissen Sie, was ich von ... erfahren habe?"

„Ich bin absolut überzeugt, dass Ihnen unser Lammrücken in Kräuterkruste munden wird."

Der kinästhetische Typ (Gefühlstyp)

In seiner Sprache dominieren Wörter wie z. B. anfühlen, empfinden, tasten, spüren, ergriffen, erschüttert und zufrieden sein. Oft ist sein Blick nach unten gerichtet.

Wahrnehmungen sind für den Gefühlstyp bedeutsam. Spüren Sie in Ihrer Argumentation mit dem Kunden den Nutzen auf, machen Sie die Vorteile griffig, und lassen Sie ihn eventuell das Produkt in die Hand nehmen oder zumindest ansehen (z. B. eine Weinflasche).

Beispiele

„Ich habe das Gefühl, dass der heurige Wein ein Bombenerfolg wird!"

„Der Koch hat das richtige Gespür für eigenwillige Kompositionen."

„Der Salat ist knackigfrisch."

Zuhören – die Grundlage für ein gutes Verkaufsgespräch

Der Mensch nimmt nur 25 Prozent von dem auf, was er hört. Was geschieht mit den restlichen 75 Prozent? Sie werden einfach überhört, ausgeblendet, als hätte man gar nichts vernommen. Oft fällt es uns schwer, einem anderen wirklich zuzuhören. Die Gedanken schweifen ab oder sind auf die eigenen Bedürfnisse gerichtet. Zuhören ist jedoch derart wichtig, dass es verwunderlich ist, wie wenig wir davon Gebrauch machen.

Was man durch gutes Zuhören erreichen kann

Wer gut zuhört, muss nicht Rätsel raten – und dabei riskieren, mit der Lösung falsch zu liegen. Ihr Gast ist willens und in der Lage, Ihnen alles (oder zumindest beinahe alles) zu sagen, was Sie wissen müssen.

Durch Zuhören
- kann man leichter herausfinden, was die Gäste wirklich wollen und brauchen;
- Missverständnisse und Irrtümer vermeiden;
- Hinweise erhalten, wie der Service, den man bietet, verbessert werden kann;
- langfristige Gästebeziehungen aufbauen.

Hilfestellungen für aufmerksames Zuhören

Nachricht erhalten – Empfang bestätigt

Wenn die Information komplex ist, bestätigen Sie entweder mit einem Kopfnicken, dass Sie den Gast verstanden haben, oder indem sie die Informationen wiederholen.

> **Beispiele**
>
> „Gut. Lassen Sie mich bitte die Bestellung nochmals wiederholen."
>
> „Ich möchte sichergehen, dass ich Sie richtig verstanden habe. Sie möchten also …"
>
> „Damit alles seine Richtigkeit hat, möchte ich die Bestellung nochmals in Kürze durchgehen …"

Wer fragt, der führt

Wenn Ihnen etwas unklar ist, fragen Sie nach.

> **Beispiele**
>
> „Möchten Sie zu Ihrem Fisch lieber den Riesling aus der Steiermark oder den aus der Wachau trinken?"
>
> „Sie wünschen zur gebratenen Ente Kroketten statt des Serviettenknödels. Habe ich Sie da richtig verstanden?"

Stolpersteine für gutes Zuhören

Neben Lärm und diversen Unterbrechungen (z. B. durch ein Telefonat) gibt es noch einige weniger nahe liegende Ursachen, die das Zuhören erschweren.

Schubladendenken

Vorschnelle Schlüsse, die man aus dem Aussehen, Verhalten oder der Ausdrucksweise eines Gastes zieht, können zu Vorurteilen führen. Man versucht gar nicht mehr, dem Gast zuzuhören.

Persönliche Schwachstellen

Manchmal reagiert man auf Worte oder Formulierungen, die der Gast gebraucht, sehr empfindlich. Die Folge ist, dass so mancher eine ablehnende Haltung einnimmt.

Innere Einstellung

Wer defensiv veranlagt ist, legt jedes Wort auf die Waagschale. Offensiv veranlagte Typen neigen zum Streit und argumentieren im Klarstellstil, bevor der andere überhaupt ausreden kann.

Verschiedene Standpunkte

> „Der beste Weg, andere an uns zu interessieren, ist der, an ihnen interessiert zu sein."

Die besten Argumente nützen nichts, wenn sie am Interesse des Gastes vorbeizielen. Schwelgen Sie deshalb nicht in Ich-Formulierungen, sondern stellen Sie den Gast in den Mittelpunkt Ihrer Beratung. Damit man aber versteht, welchen Standpunkt der Gast vertritt, heißt es zuhören, zuhören, zuhören.

Vermeiden Sie deshalb bei einem Beratungsgespräch auf jeden Fall den Ich-Standpunkt:

- Man hört dem Gast nur oberflächlich zu.
- Die Gedanken schweifen auf persönliche Belange und Interessen ab.
- Die eigenen Vorstellungen und nicht die des Gastes stehen im Vordergrund.

Das Ergebnis ist ein unzufriedener Gast.

Verkaufspsychologisch besser ist der **Sie-Standpunkt.** Dabei nehmen Sie den Standpunkt Ihres Gastes ein.

Beispiele

„Folgendes Angebot könnte für Sie von Interesse sein ... (statt: ich habe noch folgende interessante Information für Sie ...).

„Folgende Vorteile ergeben sich für Sie, wenn Sie ein Buffet ausrichten lassen ... (statt: ich sehe folgende Vorteile ...)."

Danke

Danke zu sagen ist heute ebenso wichtig wie früher. Bei Ihrer Arbeit müssen Sie Ihren Gästen tagaus, tagein danken. Sie müssen das Geschenk des Geschäfts, das Ihnen die Gäste überreichen, aufrichtig würdigen – selbst wenn es vielleicht nicht aufregend ist.

Ein Dankeschön für den Gast

Danke für die Wahl

Es muss immer wieder betont werden: Gäste haben jedes Mal die Wahl unter vielen Anbietern. Wie leicht passiert es, dass man Stammkunden und Laufkunden als selbstverständlich erachtet. Danken Sie ihnen jedes Mal, dass sie Ihren Betrieb gewählt haben.

Danke für ein Kompliment

Komplimente können einem manchmal peinlich sein. Aber das aufrichtige Lob eines Gastes mit einem Achselzucken abzutun, bedeutet, dass es einem anscheinend egal ist, was der Gast denkt. Nehmen Sie ein Kompliment immer freundlich an, indem Sie sich dafür bedanken und hinzufügen: „Ich freue mich sehr, dass Sie uns beehren."

Danke für kritische Bemerkungen oder Verbesserungsvorschläge

Wenn Sie Ihren Gästen für Feedbacks danken, bringen Sie zum Ausdruck, dass Sie verstanden haben, was sie kritisieren oder vorschlagen, und dass Sie ihre Meinung schätzen.

Beispiel

„Danke für Ihre Mitteilung, es ist uns wirklich eine Hilfe, wenn wir wissen, wo wir etwas besser machen können!"

Ein Dankeschön mit Blickkontakt und einem Lächeln kann wahre Wunder wirken.

Danke für eine Empfehlung

Wenn ein Gast Sie weiterempfiehlt, dann riskiert er selbst etwas dabei. Gibt es Probleme, ist das auch für den Gast sehr unangenehm.

Ein schriftliches Dankeschön für eine Empfehlung oder eine kleine Aufmerksamkeit beim nächsten Besuch zeigt dem Gast, dass Sie sich über seine Empfehlung gefreut haben und sie nicht für selbstverständlich halten.

Danke für etwas Geduld

Egal, ob der Gast es Ihnen mitteilt oder nicht (einige Gäste werden es Ihnen mitteilen, da können Sie sicher sein!) – eines steht jedenfalls fest: Niemand wartet gerne.

Dem Gast für seine Geduld zu danken, besagt, dass Sie seinen Aufwand an Zeit wahrgenommen haben und honorieren. Es ist auch eine der effizientesten Möglichkeiten, einen Gast zu beruhigen, der bereits Anzeichen von Ungeduld zeigt.

Oft vergessenes Dankeschön

Danke an Ihre Kolleginnen und Kollegen

Bedanken Sie sich bei Kolleginnen und Kollegen, die Ihnen helfen. Sparen Sie nicht mit Lob, wenn eine Arbeit sorgfältig und gut verrichtet wurde.

Wenn Sie dies bei jeder sich bietenden Gelegenheit tun, und zwar so, dass die Gäste es auch hören, dann merken diese, dass in Ihrem Betrieb Teamgeist herrscht.

Danke an Ihre Vorgesetzten

Um sicherzugehen, dass Ihre Vorgesetzten Ihnen die Unterstützung geben, die Sie brauchen, sollten Sie ihnen ein positives Feedback geben, wenn sie Sie bei Ihrer Arbeit fördern.

Danke an Kollegen in anderen Abteilungen

Während Sie vielleicht der Einzige sind, der tatsächlich mit den Gästen verkehrt, so sind es doch die Kollegen aus den anderen Betriebsbereichen, die Ihre Arbeit mit den Gästen erst möglich machen. Danken Sie ihnen, entweder einzeln oder der ganzen Gruppe.

Danke an sich selbst

Sie arbeiten hart und verdienen sich hin und wieder auch ein Schulterklopfen. Loben Sie sich selbst dafür, dass Sie Ihre Arbeit gut ausführen.

Gute Zusammenarbeit ist keine Selbstverständlichkeit. Ein Dankeschön ist Balsam für jede Seele.

Antistresstechniken

„Ist Ihr Kunde unsicher, müssen Sie Ihr Bestes geben. Sie müssen äußerst kompetent wirken, sehr überzeugend sprechen, viel Ruhe ausstrahlen, und Sie müssen sich voll im Griff haben."

Chip R. Bell

Tief durchatmen

Tief durchatmen ist eine der ältesten und besten stressabbauenden Methoden. Stress bringt das normale Verhältnis von Sauerstoff und Kohlendioxid in der Lunge durcheinander. Tiefes Durchatmen stellt das richtige Mischungsverhältnis wieder her und hilft, die Panik in Zaum zu halten.

Holen Sie tief Luft durch die Nase, halten Sie den Atem sieben Sekunden an (nicht länger) und lassen Sie dann die Luft langsam durch den Mund wieder ausströmen. Wiederholen Sie diesen Vorgang drei- bis sechsmal.

Lächeln

Sie selbst sorgen für Ihre Laune, und diese kann Sie entweder unter Stress setzen oder Sie entspannen.

Lächeln ist ansteckend. Wenn Sie einen Gast betrübt dreinblicken sehen, dann versuchen Sie doch einmal, Blickkontakt zu ihm herzustellen und ihn mit einem Lächeln aufzuheitern. In 99 von 100 Fällen werden Sie sofort ein Lächeln zurückbekommen.

Lachen

Humor ist, wenn man trotzdem lacht! Sich seinen Sinn für Humor zu bewahren, ist das beste Antistressmittel.

Die Stresspsychologin Frances Meritt Stern hatte mit einem einfachen Mittel Erfolg bei einem Klienten, der ihr jahrelang Schwierigkeiten bereitet hatte. „Dieser Narr macht mich noch wahnsinnig!", klagte sie öfters. Eines Tages stellte sie sich ihren Klienten einfach als Clown vor, mit weiß geschminktem Gesicht, Narrenkappe und einem breiten Narrengrinsen im Gesicht. Mit diesem Bild vor Augen, war sie in der Lage, ihre Stressreaktion zu kontrollieren und sich darauf zu konzentrieren, ihre Arbeit zu tun.

Aufgeschoben ist nicht aufgehoben

Wenn Sie Frust und Zorn gewaltsam unterdrücken, dann können Sie sicher sein, dass man es Ihnen anmerkt. Haben Sie also gerade einen Gast vor sich, der Ihre Nerven ganz besonders strapaziert, dann sollten Sie einen späteren Zeitpunkt festlegen, zu dem Sie über diesen Gast nachdenken – und dies dann auch tatsächlich tun.

Unterdrückte Anspannung zehrt an den Nerven, wohingegen es sehr konstruktiv sein kann, seine Reaktion auf Stress auslösende Erlebnisse auf später zu verschieben. Auf diese Weise haben Sie sich stets unter Kontrolle.

Eine fantastische Reise

John Rondell, ein Verkaufsberater, berichtete von folgender Methode: Er begibt sich immer dann an seinen Fantasieort, wenn er einen Kräfte zehrenden Klienten hinter sich hat oder bevor er mit einem Stress auslösenden Klienten sprechen muss.

Er stellt sich dabei vor, wie er an einem wunderschönen weißen Sandstrand in der Karibik zum Schnorcheln geht. Er hatte an dieser Fantasiereise so lange gearbeitet, bis er tatsächlich das Gefühl bekam, sie zu erleben. Obwohl seine Traumreisen nur ein oder zwei Minuten dauern, verliert er dabei jegliches Gefühl für Zeit und Ort und ist nachher vollkommen entspannt.

Die kürzeste Verbindung zwischen zwei Menschen ist ein Lächeln.

Immer locker bleiben

Wer innerlich angespannt ist und kein Ventil findet, neigt dazu, sich zu verkrampfen.

Versuchen Sie es stattdessen einmal mit isometrischen Übungen:

- Spannen und entspannen Sie dabei bestimmte Muskeln oder Muskelgruppen.
- Machen Sie eine Faust, um sie dann wieder zu öffnen.
- Spannen Sie Ihre Bauchmuskeln an, und lassen Sie sie wieder locker.
- Drücken Sie die Handinnenseiten fest gegeneinander, um die Armmuskeln dann wieder zu entspannen.

Manche Menschen beherrschen diese Übungen derart gut, dass sie sie in Gegenwart von anderen ausführen können. Es ist jedoch davon abzuraten, in Gegenwart von Gästen eine Faust zu machen. Diese Geste könnte leicht zu Missverständnissen führen.

Organisation ist alles

Organisation verschafft Ihnen ein Gefühl von Überblick. Damit verringern Sie Stress.

Positiv sprechen

Verschaffen Sie Ihrem Ärger und Ihrem Frust auf positive Weise Luft. Sich mit Kollegen über Erlebnisse mit Gästen auszutauschen, ist eine gute Methode, um einer Situation die komische Seite abzugewinnen. Ganz nebenbei entstehen durch Gespräche auch Ideen, wie Sie in Zukunft mit solchen Situationen besser umgehen können.

Konstantes negatives Reden, das nur Altbekanntes aufwärmt, verstärkt hingegen den Stress, anstatt ihn abzubauen. Es ist eine Negativspirale nach unten, die ein ganzes Team demotivieren kann.

Auch Pausen sind wichtig

Sie können andere nur so gut bedienen, wie Sie sich selbst fühlen. Also müssen Sie gut zu sich selbst sein. Und das können nur Sie allein.

Machen Sie Ihre Pausen zu Stressabbaupausen. Wie wäre es mit einem Spaziergang an der frischen Luft? Lesen Sie ein Kapitel in Ihrem Lieblingsbuch oder sitzen Sie einfach nur einige Minuten mit geschlossenen Augen da. Ersetzen Sie Kaffee und Süßigkeiten durch Fruchtsäfte und gesunde Kost.

Das österreichisch-deutsche Sprachengewirr

Man soll es nicht für möglich halten, und dennoch kommt es auch im deutschsprachigen Raum immer wieder zu mehr oder weniger drolligen Missverständnissen und Verwechslungen aufgrund ländertypisch unterschiedlicher Bezeichnungen.

Da die Gastronomie vor den Grenzen nicht Halt macht, haben wir mit der folgenden Übersicht den Versuch unternommen, etwas mehr Klarheit zu schaffen. Es handelt sich dabei jedoch nur um eine Auswahl und wir erheben keinerlei Anspruch auf Vollständigkeit.

Österreich	Deutschland
Aspik	Gelee
Bauchfleisch	Dicker Lappen, Bauchlappen, Dicke Weich
Beinfleisch	Zwerchrippe, Spannrippe, Querrippe
Beiried	Roastbeef
Blaukraut	Rotkohl
Bries	Kalbsmilch, Kalbsschweser
Bugscherzel	Bugstück, Bugrolle
Dicke Schulter	Dickes Bugstück, Dickes Blatt
Dünnes Kügerl	Knochendünnung, Dünner Lappen, Dünne Weich
Dünnes Schulterblatt	Schaufeldeckel, Bugdeckel, Blattdeckel
Eidotter	Eigelb
Eierschwammerln	Pfifferlinge
Eiklar	Eiweiß
Erdapfel	Kartoffel
Erdbeere	Brestling
Faschiertes	Hackfleisch, Hackepeter, Gehacktes
Feldsalat	Rapunzelsalat, Ackersalat
Fisolen, gelb	Wachsbohnen
Fisolen, grün	Grüne Bohnen
Garnelen	Krevetten
Gelee	Grütze
Geselchtes	Geräuchertes
Grapefruit	Pampelmuse
Grashecht (einjähriger Hecht)	Grüner Hecht
Hals	Nacken, Kamm
Haschee	Hack
Häuptelsalat	Kopfsalat
Heurige	Frühkartoffeln

Hinteres Ausgelöstes	Fehlrippe, Zungengrat, Zungenstück, Abgedeckte Rippe, Siegelrippe, Mürbekamm
Hüferscherzel	Huft, Blume, Rose, Mürbe Schoß
Hüferschwanzel	Bürgermeisterstück, Pastorenstück, Herrenmaus, Eckschwanzstück
Kalbsvögerl	Ausgelöste Hesse
Karfiol	Blumenkohl
Karotte	Möhre
Karree	Rippenspeer
Kavalierspitz	Schaufeldeckel, Bugdeckel, Blattdeckel
Kitz	Junge Ziege
Knödel	Klöße
Knöpfel	Keule, Schlegel
Kohlsprossen	Rosenkohl, Brüsselkohl
Kren	Meerrettich
Kruspelspitz	Fehlrippendeckel
Kugel	Knopfstück, Vorschlag, Sternrose
Kukuruz	Mais
Laibchen	Plätzchen, Frikadelle
Löwenzahn	Bettseicher
Lungenbraten, Filet	Lende, Schlachtbraten, Lummer, Überzwerch, Leiterstück
Marille	Aprikose
Maroni	Edelkastanien
Mehlspeise	Süßspeise
Melanzane	Aubergine, Eierfrucht
Nuss	Knopfstück, Vorschlag, Sternrose
Obers	Süße Sahne
Orange	Apfelsine
Palatschinke	Pfannkuchen, Eierkuchen
Paradeiser	Tomate
Pfefferoni	Peperoni
Pistole (Knöpfel und Englischer)	Stutzen
Platte	Nachbrust, Dünne Brust, Henkel
Polenta	Maisgrieß
Porree	Lauch
Powidl	Pflaumenmus
Preiselbeeren	Kronsbeeren
Randen	Rote Beeten
Raunen	Rote Beeten
Ribiseln	Johannisbeeren
Rieddeckel	Hochrippendeckel
Riedhüfel	Fleischdünnung, Dicker Lappen, Bauchlappen, Dicke Weich
Rostbraten	Hochrippe, Hochrücken, Schoripppe

Rote Rüben	Rote Beeten
Rotkraut	Rotkohl
Sauce	Soße
Sauermilch	Stippmilch, Dickmilch
Sauerrahm	Saure Sahne
Schale	Oberschale, Oberschlag, Kluft
Schlagobers	Schlagsahne
Schlegel, Schlögel	Keule
Schlussbraten	Rose, Kleine Nuss
Schmalz	Schweinefett, Schmant
Schopf(braten)	Hals, Kamm vom Schwein
Schöpsernes	Hammelfleisch
Schulterscherzel	Schaufelstück, Schaufelbraten, Mittelbug, Mittleres Blatt
Schwammerln	Pilze
Schwarte	Haut
Schweinsstelze	Eisbein
Selchfleisch	Räucherfleisch
Selchkarree	Kasseler Rippchen
Semmel	Weißbrötchen, Wasserbrötchen
Semmelbrösel	Weckmehl
Senf	Mostrich
Spanferkel	Milchferkel
Spätzle	Eiernudeln, Spätzle
Speigerl, Spalte	Schnitz
Staubzucker	Puderzucker
Streifen	Striemen
Striezel	Zopf
Suppe	Brühe
Tafelspitz	Huftspitz
Tafelstück	Mittelschwanzstück, Äußeres Scherzel
Topfen	Quark
Vogerlsalat	Rapunzelsalat, Ackersalat
Vorderes Ausgelöstes	Unterrippe
Wadelstutzen	Dicker Henkel, Dickes Beinfleisch, Dicker Waden
Wadschinken	Hesse, Wadschenkel
Weichsel	Sauerkirsche, Schattenmorelle
Weißes Scherzel	Rolle, Mäuserl, Pökelstück, Rundes Schwanzstück, Walze
Weißkraut	Weißkohl
Zapfen	Knopfstück, Vorschlag, Sternrose
Zwerchried	Zwerchrippe, Spannrippe, Querrippe
Zwetschke	Zwetschke, Zwetschge, Quetsche

Stichwortverzeichnis

Bildnachweis

S. 8, Tranchieren, Kempinski Hotels & Resorts S. A., Genf, Schweiz
S. 81, Lachs, Lachsfarm, Klaus Köstler, Deutschland
S. 87, Petersfisch, Wolfgang Pölzer, Deutschland
S. 180, 181, Kaviarsorten, Kaviardosen, Caviar House, Deutschland
S. 182, Kaviar auf russische Art, Caviar House, Deutschland
S. 188, Milch, Dicklegen von Milch, Berglandmilch reg. Gen. m. b. H., Österreich
S. 189, Käsereifung, Berglandmilch reg. Gen. m. b. H., Österreich
S. 193, Käseteller, Berglandmilch reg. Gen. m. b. H., Österreich
S. 194, Service von Käse, Berglandmilch reg. Gen. m. b. H., Österreich
S. 228, Weinempfehlung, Kempinski Hotels & Resorts S. A., Genf, Schweiz
S. 233, Köchin, Kempinski Hotels & Resorts S. A., Genf, Schweiz

Alle weiteren Fotos wurden von Mag. Wolfgang Kraml erstellt und sind Eigentum des Trauner Verlages.

Die Karikaturen stammen aus der Feder von Arnulf Kossak.

Literaturnachweis

„Beef – von Steak bis Tafelspitz", 1993, Teubner Edition, Füssen
„Blunzn, Graukas, Zwetschkenröster – ein literarisches Menü", 2001, Otto Müller Verlag, Salzburg – Wien
„Das große Buch der Meeresfrüchte", 1985, Teubner Edition, Füssen
„Das große Buch vom Fisch", 9. Auflage, 1999, Teubner Edition, Füssen
„Das große Buch vom Fleisch", 2000, Teubner Edition, Füssen
„Die Kunst des Kochens – Geflügel", 8. Auflage, 1985, Time-Life Books B. V., Amsterdam
„Shrimps, Hummer & Langusten", 1994, Teubner Edition, Füssen
A. Arroyo L., „Fisch- & Krustentierfibel", 1995, Rungis Express GmbH, Meckenheim
Christian Teubner, „Food – die ganze Welt der Lebensmittel", 2001, Teubner Edition/Gräfe und Unzer, Ganske Verlagsgruppe, München
Christoph Wagner, „Käse für Kenner", 1. Auflage, 1993, Edition Epikur im Verlag Christian Brandstätter, Wien
Erika Casparek-Türkkan, „Fische und Meeresfrüchte", Sigloch Edition, Künzelsau
Gudrun Bichler, Barbara Heraut, „Gerichte mit Geschichte", 1. Auflage, 1994, Edition S, Verlag Österreich, Wien
Gutmayer u. a., „Servierkunde", 7. Auflage, 2002, Trauner Verlag, Linz
Hannes Bertschi/Marcus Reckewitz, „Von Absinth bis Zabaione", 2002, Argon Verlag, Berlin
Hans Tapper, „Tranchieren und andere Arbeiten beim Tisch des Gastes", 1994, Hugo Matthaes Verlag, Stuttgart
Hermann Bareiss, „Wie isst man das? 77 schwierige Gerichte", 1996, Augustus Verlag, Augsburg
Horst Hanisch, „Kulinarischer Knigge – Umgangsformen rund um Essen und Trinken", 1997, Falken Verlag, Niedernhausen/Ts.
Jürgen Schach von Wittenau/Harald Schmitt, „Wild & Wildgeflügel", 1992, Ceres Verlag, Bielefeld
Karl Duch u. a., „Handlexikon der Kochkunst, Band 1", 19. Auflage, 2002, Trauner Verlag, Linz
Macher u. a., „Service, Getränke und Betriebsorganisation", 4. Auflage, 2005, Trauner Verlag, Linz
Margret Uhle, „Caviar en vogue", 1986, Mosaik Verlag, München
Marianne Kaltenbach, „So isst man das! – Es gibt keine schwierigen Gerichte", 1997, Urania Verlag, Berlin
Mitsche u. a., „Küchenmanagement", 2. Auflage, 2005, Trauner Verlag, Linz
Peter M. Vazny, „Tranchieren und Flambieren beim Tisch des Gastes", 4. Auflage, 1993, Trauner Verlag, Linz

Ein herzliches Dankeschön

Ein besonderes Dankeschön der Firma Rist, die uns für die Fotoaufnahmen Serviergegenstände in großer Zahl in der typisch unkomplizierten Art zur Verfügung gestellt hat.

Ebenso möchten wir uns bei der Firma Rechberger und ihren Mitarbeitern für die freundliche Unterstützung und das Entgegenkommen beim Verleihen von Serviergegenständen bedanken.

Der Firma Schedlmayer in Krems ein herzliches Danke für Teller und Platten, die sie uns freundlicherweise für Fotoaufnahmen zur Verfügung stellte.

Ein besonderes Dankeschön gilt Herrn Willibald Schrefl, der die wunderbaren Gerichte für die Fotoaufnahmen in der Küche zauberte und uns mit Rat und Tat zur Seite stand. So nebenbei war es eine Lust, diese Gerichte auch zu verkosten.

Der Höheren Bundeslehranstalt für Tourismus Krems möchten wir für das freundliche Entgegenkommen bei Fotoaufnahmen danken.

Ebenso möchten wir Herrn Josef Stiendl, seines Zeichens Käsesommelier, für die engagierte Beratung bei der Erarbeitung des Käsekapitels unseren Dank aussprechen.

Ein herzliches Dankeschön der Firma Berglandmilch für die Bereitstellung des Käsesortiments für die Aufnahmen zu unserem Käsekapitel.

Kempinski Hotels & Resorts S. A., Genf, danken wir für die großzügig zur Verfügung gestellten Fotos.

Besonderer Dank gilt Herrn Frank Brömmelhaus von der Firma Caviar House, der uns Bildmaterial zum Thema Kaviar zur Verfügung gestellt hat.

Wir danken Herrn Fixl von der Räucherei Balik in Toggenburg in der Schweiz, der uns mit guten Tipps zu neuen Kontakten verhalf.

Der Essig-Brauerei Gegenbauer ein herzliches Dankeschön für die vielen Essigsorten, die sie uns freundlicherweise für das Kapitel „Marinieren" zur Verfügung gestellt hat.

Herzlichen Dank an die Mitarbeiter folgender Hotels, die uns mit Tipps zur Seite standen: Brenner's Park-Hotel & Spa, Hotel ADLON Berlin, Hotel Traube Tonbach, Hotel Bareiss.

Die Autoren

Wilhelm Gutmayer,

Absolvent der Gastgewerbefachschule Wien, sammelte berufliche Praxis in der Schweiz, in Frankreich, England und Österreich. Seit 1983 Lehrer an der Höheren Lehranstalt für Tourismus in Krems und seit 1987 am ITM (Internationales Institut für Tourismus und Management), seit 1994 Lektor an der Fachhochschule für Tourismus und Freizeitwirtschaft in Krems. Autor verschiedener Lehr- und Fachbücher.

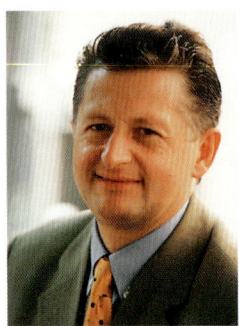

Hans Stickler,

Absolvent der Fremdenverkehrsschule St. Pölten, erwarb Praxis in Österreich, der Schweiz, auf Jersey, in den USA und auf der MS Vistafjord. Ab 1983 Lehrer in den Salzburger Tourismusschulen Bischofshofen und Kleßheim und in der Bundeslehranstalt für Tourismusberufe Semmering. Seit 1995 Fachvorstand an der Höheren Lehranstalt für wirtschaftliche Berufe in Baden. Schulungstätigkeiten im In- und Ausland, Autor für Lehr- und Fachbücher.

Heinz Lenger,

tätig in zahlreichen renommierten Hotels in Österreich, der Schweiz, England, Schottland, Wales, den USA, Kanada und vielen Ländern des Orients sowie auf diversen Kreuzfahrtschiffen. Ab 1969 Lehrer an der Berufsschule für das Gastgewerbe Wien. Seit 1980 Fachbuchautor. Konsulententätigkeit im In- und Ausland.

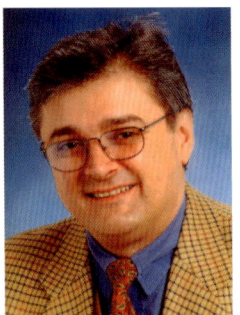

Walter Kalinka,

Lehre zum Restaurantfachmann im Hotel „Intercontinental Vienna". Ab 1977 immer wieder Lernaufenthalte in diversen Luxushotels und Restaurants in Österreich, Deutschland, Frankreich und den USA. Aufbau eines Party-Service für das Restaurant „Scampi" und Leiter des Caterings für „Gerstner" und Palais „Auersperg" in Wien. Seit 1996 als Lehrer an der Höheren Lehranstalt für Tourismus in Wien tätig.